LES NOUVEAUX ENTREPRENEURS

LE GUIDE POUR DONNER VIE À VOS IDÉES, INCARNER VOS PROJETS ET CRÉER UNE ENTREPRISE ULTRA RENTABLE À L'ÈRE DU DIGITAL

ALEC HENRY

Préface de
OUSSAMA AMMAR

jikji

JIKJI PUBLISHING OÜ
Tallinn, Estonie
www.jikji-editions.com

ISBN : 978-9916-4-1774-4

Dépôt légal : Juin 2023

À mon père, parti trop tôt...

À ma mère qui, malgré tout, a toujours été là pour moi...

TABLE DES MATIÈRES

BONUS

Pour vous remercier d'avoir acheté ce livre, je vous offre un pack de ressources supplémentaire qui va grandement vous aider dans votre quête entrepreneuriale.

Ce ne sont pas de simples informations trouvables gratuitement sur internet. Certains gourous du web vendent même ces ressources très chers. J'ai décidé pour ma part de vous les partager ici.

Accédez à ces ressources gratuitement en scannant ce QR code :

PRÉFACE

OUSSAMA AMMAR

Un jour, en flânant sur les réseaux sociaux, je suis tombé sur Alec Henry sans vraiment savoir qui il était. Mon jugement, basé sur des bribes d'Instagram et de contenus en ligne, était hâtif et stéréotypé. À première vue, je ne pensais pas qu'on pourrait s'apprécier.

Et pourtant, le destin en a décidé autrement, nous amenant à collaborer ensemble. J'ai ainsi eu l'opportunité de briser mes préjugés et de découvrir la vraie personnalité d'Alec, bien loin de l'image superficielle que j'avais en tête. Derrière l'écran, se cachait un esprit vif et un individu unique que j'ai appris à connaître et à apprécier.

J'avais tort de voir Alec comme un novice sans expérience du terrain. Je ne pensais pas qu'il savait ce qu'être entrepreneur signifiait, mis à part les clichés des infopreneurs en ligne promettant monts et merveilles. Or, certaines promesses sont vraies et même si la lassitude peut parfois brouiller notre jugement, ma curiosité demeure intacte. C'est pourquoi j'ai accepté son offre d'interview, impatient de découvrir l'homme derrière l'image.

Quelle interview ! Des questions pertinentes et rigoureuses, un cadre professionnel. Tout inspirait confiance et sérieux. C'est là que j'ai réalisé mon erreur, celle de confondre la forme et le fond, cette source de biais souvent imperceptible.

C'est avec cette même curiosité que j'ai dévoré le livre d'Alec, et quelle surprise ! Loin des clichés, il propose un guide concret pour ceux qui veulent devenir de vrais entrepreneurs. Ses conseils, ses réflexions et les témoignages d'entrepreneurs prospères nous plongent dans un monde passionnant où le succès est accessible à ceux qui sont prêts à se donner corps et âme.

Le livre ne se limite pas aux bases de l'entrepreneuriat. Il explore des sujets tels que le marketing, la gestion d'équipe, la finance et la résilience face aux échecs. Alec nous entraîne dans les coulisses du monde des affaires, montrant comment les plus grands ont surmonté leurs obstacles pour réussir.

Vous y apprendrez comment créer une entreprise durable et florissante en utilisant des stratégies éprouvées et des techniques novatrices. Vous découvrirez comment gérer vos émotions et votre stress face aux défis inévitables. Enfin, vous maîtriserez l'art de la négociation et du réseautage, compétences clés pour évoluer dans ce milieu.

Vous le verrez, avec cet ouvrage Alec ne s'est pas arrêté au monde limité de l'infopreneuriat. Au fur et à mesure des chapitres, vous trouverez des conseils que beaucoup de dirigeants de startups devraient eux aussi mettre en application.

Je vous invite donc à lire ce livre l'esprit ouvert, curieux et critique — en étant à la fois sceptique et enthousiaste.

Alec partage les secrets qu'il a lui-même appris et appliqué, afin de vous aider à avancer plus vite et à éviter certaines erreurs. En somme, il vous offre un véritable raccourci vers la réussite entrepreneuriale.

Alors, chers lecteurs, je vous souhaite une lecture enrichissante, pleine de découvertes et d'enseignements. Puissiez-vous vous inspirer des conseils et des histoires d'Alec Henry pour vous lancer à votre tour dans l'aventure entrepreneuriale et, qui sait, écrire votre propre histoire de succès.

Bon vent et que le courage vous accompagne dans cette quête de liberté !

INTRODUCTION

Vous les avez sûrement déjà vues.

Ces vidéos sur internet qui parlent d'argent facile, de revenus passifs automatiques, des mille et une manières de devenir riche très vite, sans trop d'efforts. Et, bien sûr, qui racontent la *dolce vita* sous le soleil des tropiques et la Lamborghini prête pour partir en virée...

Les promesses de ce genre pullulent sur internet : c'est un peu comme les touristes en short au mois d'août.

Si vous êtes avide de liberté et d'indépendance, peut-être avez-vous été séduit par l'une ou l'autre de ces vidéos ? Vous vous demandez alors comment faire pour entrer à votre tour dans la danse : vous adoreriez devenir votre propre maître, comme le type que vous avez vu sur YouTube ou sur TikTok...

Mais, ce dont vous avez réellement envie, en fait, ce n'est sans doute pas de la Lamborghini rutilante, ni même de glander sur un transat à longueur de journée ! Non, ce qui vous motive vraiment, c'est l'idée de vivre la vie de vos rêves, d'être le capitaine de votre navire, et d'être indépendant financièrement.

Vous aimeriez vous sentir libre et être fier de vous. Je vous comprends : la liberté n'a pas de prix !

Cela dit, vous vous posez des questions. Des questions du genre : « Par où commencer ? À qui puis-je faire confiance ? Quelle serait la meilleure opportunité pour moi : l'immobilier, les cryptomonnaies, le commerce en ligne, le trading, les logiciels, les formations en ligne, le coaching, le consulting, les prestations de services en freelance ? Une autre opportunité ? »...

L'actuelle surabondance d'informations vous perturbe, et c'est parfaitement compréhensible.

Peut-être aussi avez-vous déjà franchi le pas et créé votre propre entreprise, mais sans atteindre pour l'instant les résultats espérés ?

La réalité est la suivante : le « Nouveau Monde », celui d'internet et des réseaux sociaux, existe, et il offre effectivement d'incroyables opportunités, jamais vues auparavant. Aujourd'hui, tout est possible... mais rien n'est facile pour autant !

Si ce que je viens d'écrire vous parle, si vous avez envie de devenir libre et que vous êtes prêt à travailler pour concrétiser votre rêve, je vous engage à lire ce livre. Mais lisez-le activement : prenez des notes, clarifiez vos idées, et mettez consciencieusement en place des actions précises chapitre après chapitre.

Mon objectif en écrivant ce livre était de vous fournir un guide détaillé, étape par étape, pour vous aider à naviguer dans le Nouveau Monde, celui des Nouveaux Entrepreneurs libres et indépendants, auquel j'ai la chance d'appartenir aujourd'hui.

Quatre vérités sur le nouveau monde

Mais j'aimerais tout de suite éclaircir des points importants, afin de mieux cerner les enjeux qui se profilent aujourd'hui.

Vous saurez ensuite si ce livre est fait pour vous... ou pas !

- **Première vérité :**

Si aujourd'hui vous êtes un peu sceptique par rapport aux promesses dont regorge le web, vous n'avez pas tort ! Il y a de tout sur internet, effectivement : du bon, du moins bon et même du carrément contestable... Ce n'est d'ailleurs pas propre à l'ère du numérique, mais à la nature humaine. Ni plus ni moins.

Donc, c'est très bien de ne pas tout prendre pour argent comptant.

- **Deuxième vérité :**

Si on vous explique qu'il suffit de mettre en place un système extraordinaire en quelques clics, de bosser quelques petites heures au début, puis d'attendre, sourire béat aux lèvres, l'arrosage automatique de votre compte en banque… eh bien, voici mon conseil : fuyez !

- **Troisième vérité :**

Si vous êtes encore persuadé qu'à l'ère du numérique, rien n'a en fait fondamentalement changé. Si vous êtes intimement convaincu que, globalement, tout ce que l'on peut vous expliquer sur le sujet n'est que du vent, du *bullshit*, du baratin de vendeurs de rêves… alors, ne lisez pas ce livre ! Il ne vous servira à rien. Et retournez bosser pour votre patron bien aimé, il n'y a aucun mal à cela.

- **Quatrième vérité :**

Internet a révolutionné notre mode de vie et nos habitudes de consommation. De nombreuses barrières, notamment financières, se sont effectivement envolées. Aujourd'hui, le Nouveau Monde offre d'innombrables opportunités à toutes celles et tous ceux qui ont vraiment envie d'en profiter et à toutes celles et tous ceux qui ont soif de liberté financière, géographique et hiérarchique.

J'affirme qu'en moins d'un an, six mois peut-être, si vous êtes motivé et persistant, si vous prenez les choses dans l'ordre, vous pouvez gagner de 1500 à 5000 € par mois et devenir, à votre tour, un Nouvel Entrepreneur. Et ce ne sera sans doute qu'un début – tout dépendra de vous.

Comme vous allez le découvrir au fil des pages suivantes, j'ai demandé à des entrepreneurs de mon réseau – certains sont des amis, d'autres des clients – d'intervenir tout au long des différents chapitres de ce livre, et de vous faire part de leur expérience.

Pour quelle raison ?

Parce que toutes et tous illustrent parfaitement mes propos ! Parce qu'ils ont su mettre à profit les codes du Nouveau Monde pour créer leur propre entreprise à partir de rien, ou sinon les adapter à leur business existant, et qu'ils ont connu une réussite fulgurante dans leur domaine respectif.

Ils ont surmonté leurs doutes et leur peur initiale, et actionné les deux leviers fondamentaux de la réussite. Le premier : apprendre de nouvelles connaissances, les interpréter, les comprendre et les appliquer. Et le second levier : développer leur réseau personnel, ne pas jouer tout seul dans leur coin.

Ces deux leviers simples sont extrêmement puissants. Cumulés avec le passage à l'action, ils permettent de gravir des montagnes, et à quasiment n'importe quel individu déterminé de réussir dans l'entrepreneuriat. Personnellement, ces deux leviers ont constitué des éléments déterminants de mon succès.

À la fin de ce livre, si vous appliquez rigoureusement les recommandations prodiguées, chapitre par chapitre, vous aurez mis en place les bases de votre premier business rentable.

Le petit Suisse qui voit grand

Mon nom est Alec Henry. Je suis Suisse, et j'ai grandi dans une toute petite ville de Romandie. Ma mère était esthéticienne, et elle m'a élevé seule. Nous n'étions pas riches. J'étais un garçon timide, mal dans ma peau, pâlichon, et je passais mes journées – et une partie de mes nuits – devant les jeux vidéo. C'était ma seule obsession, mon seul plaisir.

Adolescent, je vivais même totalement dans ce monde parallèle des jeux vidéo. Enfin, vivre, si l'on peut dire…

À 16 ans, j'ai quitté l'école pour faire un apprentissage de technologue en emballage, dans une usine. J'étais destiné à mener une vie très banale et pas très *fun*. Puis, quelque chose a changé…

Aujourd'hui, je suis un Nouvel Entrepreneur. J'ai créé ma première entreprise en 2017, à Lausanne, en Suisse. À l'heure où j'écris ces lignes, je vis à Dubaï, après avoir habité à Londres pendant près de deux ans.

J'ai actuellement des participations financières dans six entreprises, dont le chiffre d'affaires cumulé se compte en millions d'euros. Je ne mets plus vraiment la main à la pâte dans la partie strictement opérationnelle : je gère et je supervise mes business en *remote* (à distance) avec mes équipes et associés.

Je côtoie tous les jours des entrepreneurs créatifs, à l'esprit ouvert et constamment aux aguets, que ce soit à Dubaï (une véritable ruche, au-delà des clichés !) ou au cours de mes nombreux voyages. Je connais la plupart des grands noms du web, qui sont devenus des amis. Et j'ai aidé des milliers d'entrepreneurs du Nouveau Monde à développer leur entreprise, et à vivre leurs rêves.

J'en suis très fier.

Ce que ce livre va vous apporter

J'ai conçu ce livre comme un manuel détaillé pour vous guider pas à pas dans le lancement de votre entreprise. Chaque étape est soigneusement expliquée pour faciliter votre compréhension et votre progression.

En amont, nous allons bien sûr parler de *mindset*, c'est-à-dire de l'état d'esprit propre au Nouvel Entrepreneur. Je vais vous aider à mieux révéler les principaux traits de votre personnalité, à comprendre vos forces et vos faiblesses, et à vous appuyer davantage sur vos points forts.

Nous allons aussi travailler sur vos motivations réelles et profondes : souvent, on ne prend pas la peine de se poser les bonnes questions. C'est pourtant fondamental.

Nous verrons ensuite très concrètement quel type d'offres vous pourriez proposer rapidement, sans que cela vous coûte de l'argent au départ, et à quel public très précisément ! Cela dépendra beaucoup de vos connaissances et de vos qualités personnelles.

Vous apprendrez à vous démarquer et à créer votre propre identité, à vous singulariser dans la jungle des produits et offres en tout genre qui essaiment sur le web.

Vous saurez également comment cibler votre avatar client avec une précision chirurgicale, car c'est capital.

Nous verrons ensemble comment vous pourrez générer du cash rapidement : rien ne sert de vouloir viser trop haut, trop vite !

Et vous ferez vous aussi partie des Nouveaux Entrepreneurs.

Bonne lecture !

Alec Henry

PARTIE I

L'ENTREPRENEURIAT DU NOUVEAU MONDE DÉCRYPTÉ

1

L'ENTREPRENEURIAT EST MORT, VIVE L'ENTREPRENEURIAT !

En quelques années, notre univers a été complètement chamboulé. Internet a révolutionné notre manière de communiquer et de consommer, mais également notre façon de travailler. On a assisté, en très peu de temps, à une véritable révolution, un grand chambardement ! Un séisme qui transforme notre mode de vie de manière aussi puissante que la révolution industrielle a transformé, au 19e et au début du 20e siècle, l'économie et la manière de vivre de nos ancêtres.

La révolution numérique est largement aussi marquante que l'invention de l'automobile, qui a complètement transformé nos paysages, nos villes et notre manière de nous déplacer. Et la récente crise du Covid-19 a amplifié de manière quasiment exponentielle ce bouleversement. Télétravail, nouvelles habitudes de consommation en ligne, numérisation des entreprises et émergence rapide d'un nouveau type d'entrepreneurs : bienvenue dans le Nouveau Monde !

Faut-il le déplorer, ou s'en réjouir ? Chacun a le droit de se faire sa propre opinion, bien sûr. Mais cela ne changera rien à l'affaire, finalement, car une seule chose est sûre : on ne reviendra jamais en arrière ! À partir de cette constatation lucide, c'est à nous de choisir : va-t-on se contenter de subir cette mue de la société en maugréant, ou au contraire, allons-nous chercher à nous adapter ? Et s'adapter, cela pourrait signifier saisir cette formidable opportunité pour créer la vie que l'on a envie de vivre ! Tout simplement.

Aujourd'hui, que l'on soit un entrepreneur confirmé ou que l'on ait l'âme d'un futur entrepreneur, on doit comprendre une chose capitale : quoi qu'on pense d'internet, et malgré ses dérives (petit clin d'œil aux addicts du smartphone), le Nouveau Monde regorge en effet d'opportunités. C'est un nouvel univers qui s'offre à nous. Il est immense, il est stimulant, et il est... remarquablement égalitaire !

Égalitaire ? Oui, et voici pourquoi.

Créer sa boîte dans l'Ancien Monde

Je vous propose un petit flashback : revenons trente ou quarante ans en arrière, dans « l'Ancien Monde ». Dans les années 1980-1990, par exemple. Et mettons-nous un instant dans la peau d'un entrepreneur débutant. On va l'appeler Jean-Luc.

Jean-Luc est un jeune homme dynamique, à l'esprit libre et indépendant, qui n'a qu'une envie : créer son entreprise et devenir son propre patron. Comme il n'est pas du genre à faire les choses à moitié, il commence donc par préparer pendant des mois un business plan bien étoffé, avec une jolie mise en page et un joli logo, afin de prouver aux banques – ou à d'autres investisseurs – la viabilité de son projet.

Parce qu'à cette époque, quel que soit le type de business que vous comptiez démarrer – ouvrir un salon de thé ou une salle de sport, éditer un magazine, créer une école de langues, ouvrir une boutique – vous deviez forcément avoir un capital de départ, et donc trouver de l'argent (si vous n'en aviez pas personnellement). Cela pouvait aller de quelques dizaines de milliers d'euros (on parlait de francs, à l'époque !), si vous souhaitiez simplement créer une petite entreprise de ramonage de cheminées (les outils, la tenue, la camionnette), à l'équivalent de plusieurs centaines ou même de plusieurs millions d'euros, selon l'envergure de votre projet.

Si vous aviez besoin de recruter des employés, par exemple, le montant nécessaire grimpait forcément.

Si vous étiez fauché, originaire d'une famille modeste ou sans partenaires financiers, vous risquiez très vite de reprendre le chemin du salariat, parce que l'argent était vraiment le nerf de la guerre. Alors, après avoir fait quelques calculs et entrepris quelques démarches infructueuses, il ne vous restait plus qu'à enfiler votre bleu de travail ou votre costume-cravate pour retourner au bureau, c'est selon.

Vous deviez rentrer dans le « droit chemin », en quelque sorte...

Car dans un business traditionnel, il faut trouver des locaux (bureaux, entrepôt, magasin...), et les meubler, bien sûr. Il faut aussi acheter du matériel et des fournitures, et déposer une garantie de loyer de plusieurs mois – une fois que vous avez enfin déniché l'emplacement idéal ! Mais ce n'est pas tout : vous devez aussi vous engager sur un bail commercial de plusieurs années, afin de prouver à la régie immobilière[1] que vous n'êtes pas en train de faire un caprice... Il vous faut démontrer de votre sérieux à chaque étape.

Revenons à Jean-Luc. Il possède bien quelques petites économies à investir dans l'aventure, mais il n'est pas ce qu'on appelle un « fils à papa ». Ses parents et ses amis sont comme lui, issus d'un milieu modeste. Il n'a pas non plus fait de longues études. En revanche, il est riche d'idées et bourré d'énergie ! Il doit donc absolument trouver des partenaires financiers pour que son rêve entrepreneurial prenne forme, pour que sa vie se transforme et corresponde à ce qu'il en attend vraiment, tout au fond de lui...

Par acquit de conscience, Jean-Luc fait rapidement le tour de sa famille et de ses relations, sans succès – comme il s'y attendait. Il décide donc d'aller frapper aux portes des banquiers et peut-être, pourquoi pas, à celles de ces fameux « business angel » dont on parle tant dans les magazines économiques.

Il lui faut absolument convaincre un banquier que son projet de « fitness réservé aux femmes » est l'idée du siècle, une future mine d'or ! Mais Jean-Luc, qui n'est pas tombé de la dernière pluie, sait très bien que sa bonne mine ne suffira pas à charmer les prêteurs, et qu'il devra donner de solides garanties.

Donc, le jeune homme se renseigne, il travaille scrupuleusement sur son étude de marché, il agite sa calculette dans tous les sens, il transpire sur son dossier et il finit par rédiger un document dont il est très fier, avec de jolis graphiques colorés. Il met alors son plus beau costume et achète un attaché-case dans lequel il range son précieux document – ça fait sérieux.

Le cœur battant, il se rend à son premier rendez-vous, fier de la qualité de son travail.

Et là... c'est la douche froide ! À répétition, même ! Une première banque refuse, une seconde n'entre pas en matière, la troisième lui rit au nez, la quatrième avance que « la conjoncture est mal choisie... », la cinquième lui conseille de revenir quand il aura des solides garanties financières et de l'argent à investir... Jean-Luc précise quand même à son interlocuteur cravaté que, s'il avait de l'argent à investir, il n'aurait pas besoin d'un prêt, justement ! Mais l'homme reste intraitable.

Un brin déprimé, notre héros comprend toute la justesse de l'adage « on ne prête qu'aux riches »...

Jean-Luc s'entête, parce qu'il croit à son projet. Six mois plus tard, notre entrepreneur en herbe a enfin trouvé un partenaire financier qui lui avance une somme rondelette. Sa persévérance a fini par payer !

Jean-Luc est ravi et un an plus tard, sa salle de sport peut enfin ouvrir. Pour annoncer le lancement, le nouvel entrepreneur doit encore investir une somme importante dans des affiches publicitaires à travers la ville, et aussi quelques encarts dans des journaux locaux, ce qui achève de plomber sa trésorerie.

Selon le business plan qu'il a concocté, Jean-Luc devait être à l'équilibre en deux ans. Idéal sur le papier, le calcul s'avère finalement très éloigné de la réalité. Jean-Luc transpire chaque mois sur ses livres de comptes, avec le sentiment d'être constamment sur la corde raide, jonglant entre le loyer, les salaires des employés, et le leasing des machines de cardio et de musculation...

Certaines nuits, Jean-Luc se réveille en sueur, en imaginant qu'il ne lui reste plus que son mouchoir pour pleurer... Ah, si seulement il avait une fortune de famille et de l'argent devant lui, quel soulagement ce serait !

Vous voyez où je veux en venir, quand j'affirme que l'Ancien Monde était foncièrement inégalitaire, notamment pour tous ceux qui rêvaient de créer une entreprise ? Dans le Nouveau Monde, chacun a enfin sa chance ! Aujourd'hui, plus que de l'argent, il faut avant tout avoir des idées, l'envie de se retrousser les manches et surtout, surtout, le bon état d'esprit, le *mindset*, comme on dit dans le milieu entrepreneurial.

Je ne suis pas en train de vous dire qu'aujourd'hui, tout est facile et que l'on peut réussir sans travailler. Certainement pas. Il faut faire preuve de volonté et d'énergie, il faut connaître son marché… et il faut un mental de gladiateur – on y reviendra dans le chapitre suivant !

Mais tout est possible pour celles et ceux qui le désirent vraiment.

Bienvenue dans le Nouveau Monde !

Retour aux années 2020. Internet s'est incroyablement développé depuis dix ans. Aujourd'hui, si vous souhaitez créer votre entreprise en ligne, beaucoup d'obstacles sont levés. Le prix du « ticket d'entrée » est désormais insignifiant.

Récapitulons.

D'abord, vous n'avez plus besoin de chercher des locaux ni de payer un loyer pour votre bureau, votre magasin ou votre atelier. Par conséquent, aucun besoin non plus de signer un bail qui vous engagera automatiquement sur plusieurs années ! Vous n'avez pas besoin d'acheter du mobilier et du matériel, ni même de payer pour une hypothétique place de parking, puisque vous pouvez travailler depuis votre domicile. Ou depuis votre bistro préféré, si vous en avez envie !

Vous n'avez pas besoin d'engager des salariés et de gérer une équipe, contrairement à un bon nombre de business physiques traditionnels. En fonction du développement de votre entreprise, vous pourrez bien sûr faire ce choix par la suite, mais ce n'est en aucun cas une nécessité.

Par voie de conséquence, vous n'avez pas besoin de risquer toutes vos économies personnelles ! Vous êtes aussi dispensé de séduire un banquier sceptique dans l'espoir qu'il vous avance les fonds nécessaires. Fonds que vous auriez dû rembourser partiellement chaque mois majorés d'intérêts, ce qui n'aurait pas manqué de grever votre budget mensuel. Et d'augmenter le niveau des recettes nécessaires à votre équilibre financier !

N'oubliez jamais que les banquiers ne font pas de cadeau – ce n'est pas leur rôle.

Mais finalement, de quoi avez-vous vraiment besoin pour devenir entrepreneur dans ce Nouveau Monde ?

On va faire simple.

Concrètement, vous pouvez créer votre entreprise avec... un ordinateur et une bonne connexion wi-fi ! C'est tout. Ah oui : une chaise, une table ou un bureau, aussi.

D'un point de vue strictement financier, vous devrez peut-être payer un abonnement ou deux, par exemple pour accéder à une plateforme qui vous permettra d'héberger vos produits. Mais tout dépend de votre type d'offre. Et dans un premier temps, le montant ne devrait pas dépasser le prix d'une place de parking en ville.

Dans le Nouveau Monde, votre plus gros investissement, vous le ferez en vous-même ! Vous investirez votre temps, c'est certain, et un peu d'argent pour vous former, pour comprendre les mécanismes de l'entrepreneuriat sur internet. Mais cet investissement-là pourrait bien vous apporter un retour sur investissement toute votre vie durant.

Le Nouveau Monde comporte d'autres avantages appréciables. Vous pouvez travailler où vous voulez, en ville, à la campagne, à la montagne, selon vos préférences. Votre « bureau » est mobile, souple, adaptable, minimaliste.

Et vous pouvez très bien créer un business à destination de clients francophones tout en habitant vous-même à l'étranger : qui s'en soucie ?

Tant que vous avez un accès à internet, tout va bien !

Aujourd'hui, certains des Nouveaux Entrepreneurs qui ont des clients en France, au Canada ou en Suisse résident à Malte, à Dubaï, en Angleterre, au Portugal, au Maroc, en Estonie, en Roumanie, en Asie... Tout est possible : ils sont totalement libres géographiquement !

À l'heure où j'écris ces lignes, je vis à Dubaï (depuis décembre 2021). Auparavant, j'ai résidé pendant environ deux ans à Londres, et précédemment j'habitais en Suisse, mon pays d'origine. Tous les membres de mon équipe travaillent à distance, en remote, comme on dit désormais : à Dubaï, en France, en Belgique, en Suisse, à Bali, à Madagascar, en Asie... Là où ils en ont envie, en fait ! Cette mobilité géographique – que nous permet la technologie – est l'une des caractéristiques du Nouveau Monde !

Autre point important : les Nouveaux Entrepreneurs jouissent d'une liberté totale en matière d'horaires de travail. Ils n'ont pas besoin de se lever tôt le matin pour ouvrir leur boutique ou aller au bureau, si ce n'est pas leur truc.

L'essentiel pour réussir, c'est de faire preuve de concentration au quotidien, tout simplement. Persévérant. Assidu.

J'allais oublier : l'entrepreneur du Nouveau Monde économise aussi un temps précieux qu'il peut consacrer à son travail, à sa famille ou à ses loisirs, car il n'est pas obligé de rester coincé deux heures par jour dans les embouteillages ou les transports en commun ! D'ailleurs, s'il a une voiture, il fait aussi des économies sur le budget essence...

L'intelligence artificielle ? Une révolution !

30 novembre 2022. Un tsunami déferle sur le Nouveau Monde. Personne, ou presque, ne l'avait vu venir : ChatGPT-3, un agent conversationnel (ou chatbot) hyper-performant, est soudainement accessible au grand public, gratuitement.

En moins d'une semaine, plus d'un million d'utilisateurs ont déjà testé ChatGPT-3. Du jamais vu de mémoire de geek ! Cet outil extraordinaire, créé par l'entreprise OpenAI, fait le buzz durant les mois qui suivent. Sur la Toile d'abord, puis dans les médias. Les YouTubeurs rivalisent de vidéos toutes plus enthousiastes les unes que les autres. Et bientôt, la presse se réveille à son tour.

Chacun y va de son avis. Pour beaucoup (dont je fais partie), on est en train d'assister à une véritable révolution ! L'IA, à mon sens, c'est l'apparition d'une technologie disruptive qui va changer le monde, un peu comme Internet en son temps. Les plus négatifs, quant à eux, mettent en avant le fait que ChatGPT peut se tromper, qu'il commet des erreurs, et vont même jusqu'à relativiser l'intérêt de cet outil du futur.

Sans se rendre compte que cette IA (et les autres aussi) évolue très, très vite !

D'autres encore s'inquiètent pour différentes raisons : l'intelligence artificielle va-t-elle finir par remplacer l'humain ? Par prendre le pouvoir sur nous, pauvres bipèdes faits de chair et de sang ? Ou, a minima, va-t-elle faire disparaître de très nombreux jobs, notamment dans le digital ?

Quelques mois après le spectaculaire lancement grand public de ChatGPT-3, le 14 mars 2023, ChatGPT-4 déboule à son tour dans nos vies. C'est la dernière version, dopée aux stéroïdes. Désormais, au moment où j'écris ces lignes, il faut souscrire un abonnement payant de quelque 20 $ mensuels pour pouvoir interagir avec cette version encore plus performante du chatbot haut de gamme. Ce qui n'est franchement pas grand-chose en soi, par rapport à la valeur ajoutée qu'elle peut apporter.

Car soyons clairs : l'intelligence artificielle d'une manière générale, et ChatGPT en particulier, c'est tout simplement une véritable révolution ! Le mot n'est pas trop fort. L'IA change la donne, elle redistribue complètement les cartes, notamment pour les Nouveaux Entrepreneurs malins et créatifs. Cet outil extraordinaire qu'est notamment ChatGPT permet à tous de tirer profit d'un assistant virtuel hyper-efficace !

Nous avons aujourd'hui à notre portée encore plus d'opportunités, encore plus de possibilités, et tout ça en faisant moins d'efforts.

Comme tout le monde, ou presque, j'ai été un peu chamboulé quand, en décembre 2022, j'ai découvert cette IA. Il faut dire que personne ne s'attendait vraiment à ça ! L'intelligence artificielle nous challenge, elle remet en question notre façon de travailler et d'appréhender l'entrepreneuriat.

Grâce à elle, les Nouveaux Entrepreneurs peuvent aujourd'hui multiplier leur productivité sans avoir besoin d'engager une équipe. D'ailleurs, en ce qui me concerne, mes collaborateurs et moi-même utilisons quotidiennement aujourd'hui l'IA.

Les applications concrètes sont quasiment infinies, et concernent de très nombreux domaines : l'éducation, l'apprentissage, la création de textes, d'images, de vidéos, de contenus divers... Car on parle beaucoup de ChatGPT, mais il existe aujourd'hui des dizaines d'IA qui fonctionnent avec l'audio, la vidéo, l'image, etc.

Je sais bien qu'à l'heure où j'écris ces lignes, certains relativisent le séisme créé par l'IA, un peu comme, en son temps, on a relativisé l'arrivée d'Internet ou du téléphone portable. Résultat : ces technologies ont changé notre vie quotidienne. Vous voyez ce que je veux dire...

Mais d'autres éprouvent aussi, comme je l'ai mentionné, un sentiment de panique, notamment certains professionnels du Web : « Va-t-on perdre notre job ? Va-t-on se faire totalement remplacer par l'intelligence artificielle ? ». En fait, je suis convaincu d'une chose : l'avenir appartient aux créatifs, aux curieux, aux malins qui sauront tirer parti de cet outil, comme de tous ceux du Nouveau Monde.

L'avenir appartient aux entrepreneurs qui comprendront qu'il faut apprivoiser l'IA, et qu'elle fait désormais partie de l'écosystème actuel. À l'instar d'ailleurs des IA que l'on connaît déjà, et que l'on utilise sans même s'en rendre compte, comme celles des moteurs de recherche qui nous aident à faire nos requêtes sur le Web, ou encore celles qui paramètrent les algorithmes des réseaux sociaux...

Ces Nouveaux Entrepreneurs seront créatifs et apprendront à rédiger des prompts – les indications que vous donnez à l'agent conversationnel – efficaces et précis. Et donc bien contextualisés ! Ils auront la curiosité de poser leurs questions de différentes façons, jusqu'à obtenir les meilleures réponses.

Très concrètement, les nouvelles formes d'IA peuvent aujourd'hui vous aider à trouver des idées de business, à rédiger des scripts de vidéo, à rédiger des postes LinkedIn, à résumer ou à structurer un texte, à créer des images et des dessins, à gérer votre SAV, à remplacer dix personnes sur un support client, et j'en passe !

Certains jobs disparaîtront peut-être, d'autres seront créés, beaucoup seront transformés.

L'une de mes principales activités est de mettre mes compétences au service des entrepreneurs, en leur donnant des recommandations pour les aider à développer leur business. Or, en fin de compte, l'IA est également capable de donner des conseils business : est-ce que je panique pour autant ? Non, certainement pas ! J'ai tout simplement la chance d'avoir un assistant efficace, multifonction, et bon marché, en plus de mes équipes...

Quoi que l'on décide d'en faire, l'IA va envahir nos vies, sans nous demander notre avis. On peut considérer que c'est une nouvelle et formidable opportunité que nous offre le Nouveau Monde pour créer notre entreprise et vivre libre. Ou on peut rouspéter tout seul dans son coin...

L'itinéraire d'un petit Suisse

Vous l'avez compris à travers ces exemples précis : il n'y a pas photo ! L'accès à l'entrepreneuriat est aujourd'hui beaucoup, beaucoup plus facile qu'auparavant. Dans l'Ancien Monde, il était réservé aux élites et à ceux qui avaient les moyens. C'était injuste, mais c'était comme ça.

Aujourd'hui, M. et Mme Tout-le-Monde peuvent entreprendre s'ils en ont vraiment envie. Mais, même si de nombreuses barrières ont volé en éclats, cela ne veut pas dire que l'on va vous dérouler le tapis rouge.

Être un entrepreneur, c'est comme être un sportif d'élite. Cela demande du travail, de la persévérance, de l'assiduité, une grande capacité d'adaptation et un mental d'acier. La bonne nouvelle, c'est que l'on peut acquérir et développer ces qualités et qu'elles se renforcent avec de l'entraînement.

Mon parcours est révélateur. J'ai grandi dans une petite ville de Suisse romande, à Avenches. Quand j'avais deux ans, mon père a quitté le foyer familial et ma mère m'a élevé seule. J'étais un enfant timide, introverti et mal dans ma peau. Rien ne m'intéressait vraiment, à part les jeux vidéo.

Adolescent, les choses ne se sont pas arrangées, au contraire. Je me suis encore plus réfugié dans les jeux vidéo : ils me permettaient de m'extraire de la réalité et de vivre dans un monde parallèle. Dans ce monde-là, j'étais un héros qui affrontait tous les dangers. Un preux chevalier qui n'avait peur de rien ! J'étais entreprenant, je résolvais tous les problèmes qui se présentaient à moi, et j'étais enfin motivé par quelque chose, même si ce n'était pas la vraie vie.

Je n'étais plus « ce bon à rien d'Alec », dénigré par mes profs, et même par ma propre mère...

Quand je rentrais à la maison après les cours, je fonçais me planter devant mon écran. J'étais complètement accro, comme dans ces reportages inquiétants que l'on voit parfois à la télé. À un moment donné, je passais près de... cinq heures par jour dans ce monde virtuel !

Je ne sortais pas avec les copains – je n'en avais pas beaucoup, de toute façon. Je ne voyais rien de la campagne qui m'entourait, je ne faisais pas de sport, je sautais des repas et je faisais l'impasse sur mes heures de sommeil... Je jouais, encore et encore, de manière obsessionnelle, avec d'autres joueurs du monde entier. Franchement, quand j'y repense, c'était de la folie ! Ma santé s'était dégradée, j'avais maigri, j'étais pâlichon...

Rien, absolument rien, ne me prédisposait à devenir un entrepreneur dynamique, créatif, ouvert sur le monde et sur ses opportunités foisonnantes. J'ai connu un succès rapide, je ne dis pas ça pour me vanter, c'est une constatation. Mais je peux vous assurer que lorsque j'avais 15 ou 16 ans, personne n'aurait misé un centime sur ma réussite professionnelle ni même sur ma capacité à avoir une vie épanouie, tout simplement !

En échec scolaire – logique, étant donné le peu de temps que je consacrais aux études – j'ai quitté l'école dès l'âge de 15-16 ans, et j'ai choisi d'effectuer un apprentissage sur quatre ans, organisé comme ceci : quatre jours en usine, un jour à l'école, comme cela se pratique en Suisse. J'ai suivi une formation de « technologue en emballage » dans une usine.

Au début, c'était mieux que l'école – au moins, j'apprenais des choses concrètes. Et j'avais l'impression d'être entré dans le monde des adultes. Mais j'ai assez rapidement compris que la vie qui m'attendait risquait d'être très monotone. Me lever tôt le matin, l'usine toute la journée, la gamelle à midi, puis une courte soirée, et c'est reparti ! Il y avait bien les week-ends, comme de petites pauses pour reprendre son souffle, mais rien de bien exaltant. Au fond de moi, je n'avais vraiment pas envie de vivre cette vie qui m'attendait, et dont les premiers sillons étaient déjà en train de se tracer. Une petite existence rétrécie et sans passion.

Quand j'ai décidé de sortir de ma coquille et de passer à l'action, en juillet 2017, j'ai mis autant d'énergie dans la création de mon entreprise que celle que je mettais auparavant dans les jeux vidéo ! Je voulais être libre et indépendant, ne pas être condamné à vivre une vie au rabais, sous prétexte « d'être raisonnable ». Pas question que mon avenir me file entre les doigts !

Deux ans plus tard, tout avait changé. En 2019, j'ai pris 45 fois l'avion – j'étais invité en tant que speaker à de nombreux séminaires d'entrepreneurs. Le business et la société que j'avais créés (Trading House Online Sàrl) avec mon ami et associé Amin avaient décollé, et nous avions lancé d'autres offres parallèlement. Je n'étais plus le même homme... Ça paraissait incroyable. J'avais l'impression d'être en constante évolution, de me transformer. Mais cela ne s'est pas fait en restant avachi dans mon canapé et en regardant des séries sur Netflix !

Franchement, j'ai traversé des moments difficiles, des moments de doute. Je ne suis pas devenu du jour au lendemain un type au portefeuille bien rempli, béat de bonheur et de satisfaction – d'ailleurs, qu'est-ce que le bonheur ? Je crois que c'est avant tout aimer ce que l'on fait, aimer la vie que l'on a, malgré les difficultés inhérentes à l'existence. C'est aimer se lever le matin pour démarrer sa journée.

C’est ça, être vraiment riche ! Et, de ce côté-là, mes attentes ont été exaucées.

Je l’affirme donc bien fort : si je l’ai fait, si je suis devenu libre et indépendant en étant parti d’où je suis parti, c’est que c’est possible ! Dans le Nouveau Monde, plus que d’argent, vous avez besoin de la bonne attitude mentale (le mindset) et des bonnes stratégies. Et de travailler, aussi ! Ça, ça n’a pas vraiment changé…

Trois types de business model

J’aimerais attirer votre attention sur trois points essentiels que vous devez bien comprendre si vous souhaitez créer une entreprise à succès. Cela va vous aider à cerner rapidement la nature réelle du business en général, et du vôtre en particulier !

- **Premier point**

Sachez qu’il y a trois grands niveaux de conscience dans un business :

- vous-même ;
- le marché ;
- vos prospects (à titre individuel et à titre collectif).

On y reviendra plus en détail dans la suite de ce livre.

- **Deuxième point**

Il existe aujourd’hui principalement trois types de business model :

- Les business à cash-flow, qui vous permettent avec un minimum de ressources potentielles de générer un maximum de résultats.
- Les « gros business », sur lesquels on va s’aventurer quand on est déjà un entrepreneur confirmé, et que l’on dispose de fonds de trésorerie permettant de capitaliser et de valoriser une entreprise.
- Les business d’investissement, dans lesquels on va investir – comme le nom l’indique – et chercher un retour sur investissement direct. Prenons comme exemple l’achat ou la construction de biens immobiliers, ou encore l’investissement dans des entreprises existantes.

Dans ce livre, nous allons nous concentrer sur la création d'un business à cash-flow, parce qu'il s'agit de la voie la plus rapide et la moins coûteuse pour créer de la richesse et de la valeur, la voie royale pour développer aujourd'hui une entreprise !

- **Troisième point**

Il existe trois grandes catégories d'offres quand on lance une entreprise :

- Le « Done For You » : vous faites essentiellement de la prestation de services.
- Le « Done With You » : vous ne faites pas *pour* votre client, mais vous faites *avec* votre client.
- Le « Do It Yourself » : vous apprenez à vos clients à faire la même chose que vous.

Dans la suite de ce livre, nous allons voir où vous situer, et quel type d'offres vous allez pouvoir développer selon l'avancement de votre business. Vous aurez ainsi une vision beaucoup plus claire de ce que vous pourrez faire, ou ne pas faire, dans un premier temps.

À présent, résumons tout cela !

Nous avons vu que dans le Nouveau Monde, vous bénéficiez de nombreux avantages pour créer un business à cash-flow prospère :

- La barrière financière est très faible.
- Vous n'avez pas besoin de compétences spécifiques.
- La création de votre entreprise est rapide et plutôt simple.
- Un business à cash-flow est « scalable[2] » : vous pouvez le développer très rapidement et de manière exponentielle.
- Une valorisation est souvent possible à terme, selon l'orientation prise par votre entreprise.

Un grand nombre d'entrepreneurs, jeunes et moins jeunes, ont connu des réussites foudroyantes en développant leur entreprise sur internet.

Le Nouveau Monde au service de l'Ancien

Je viens d'opposer deux mondes, deux époques, et j'espère vous avoir convaincu que l'évolution technologique actuelle constitue une formidable opportunité pour les entrepreneurs. Elle permet à des gens qui n'auraient auparavant jamais songé à créer leur propre entreprise, faute de moyens financiers, d'enfin se lancer et de connaître des réussites fracassantes.

Bref, internet change la vie des entrepreneurs. Cependant, il serait absurde de mettre systématiquement ces deux mondes en opposition. C'est-à-dire d'opposer business physique et business en ligne – même si je viens en quelque sorte de le faire, pour des raisons pédagogiques.

Aujourd'hui, même les entreprises physiques traditionnelles tirent profit des avantages de la numérisation. Et, si elles ne le font pas, c'est une grosse erreur ! De plus en plus de sociétés proposent des catalogues de produits en ligne, parallèlement à leurs offres en magasins. Vous souhaitez acheter une voiture neuve ? Vous pouvez configurer avec précision le véhicule de vos rêves sur le site internet du concessionnaire, et la réserver en ligne ! Vous préférez une voiture d'occasion ? Installez-vous dans votre canapé, et choisissez tranquillement, en affinant vos critères de recherche sur les sites des garagistes ou des concessionnaires : vous avez désormais accès aux modèles proposés dans toute la France, ou même dans les pays voisins si vous le souhaitez !

Vous avez l'intention d'acheter un sac de luxe pour l'anniversaire de votre épouse ? Sur internet, pas de problème : il vous suffit de surfer sur les boutiques en ligne des marques prestigieuses, et de commander !

Parallèlement à leurs boutiques en ligne, beaucoup d'entreprises physiques font aussi de la publicité sur internet. Et pas que les grosses sociétés ! Les artisans s'y mettent aussi de plus en plus souvent. Un créateur de bijoux pourra par exemple faire de la publicité ciblée sur Facebook ou en utilisant Google Ads. Un garagiste nouvellement installé pourra cibler ses prospects dans une zone géographique très précise. Un petit producteur de produits bio pourra les faire connaître et les vendre – au moins partiellement – en ligne. Quant aux viticulteurs, ils réalisent aujourd'hui une partie non négligeable de leur chiffre d'affaires en ligne.

Voici un exemple très concret et parlant. Notre premier client important était un jeune homme originaire d'Avenches, ma ville natale. Il n'était parti de rien (tout comme moi !), et il venait d'ouvrir sa salle de sport dans cette petite ville de Suisse romande. J'ai d'ailleurs été l'un de ses premiers clients. Anthony souhaitait développer la visibilité de sa salle de fitness, mais son esprit était encore encombré d'une conception très conventionnelle du marketing : pub radio et affiches dans la rue, à l'ancienne ! Il ne maîtrisait pas encore les réseaux sociaux ni la pub en ligne.

Nous en avons discuté ensemble franchement, et je lui ai expliqué qu'en digitalisant sa communication, non seulement il dépenserait beaucoup moins, mais qu'il aurait aussi certainement de bien meilleurs résultats. Comme Anthony est très ouvert d'esprit et curieux de nature, il a bien voulu m'écouter et confier à mon agence un mandat mensuel de community management, avec l'objectif de faire connaître sa salle et d'attirer des adhérents.

Très rapidement, en quelques mois et en n'investissant que quelques milliers d'euros, Anthony a obtenu des résultats dépassant très largement son prévisionnel. Il était ravi, et nous aussi, bien sûr. Depuis cette époque, début 2018, Anthony est devenu un ami, que je revois très volontiers dès que je rentre en Suisse. Très entreprenant, il a ouvert d'autres salles de fitness, tout en développant sa propre expertise.

Les exemples foisonnent : les outils numériques sont au service de tous !

EXERCICE

EXERCICE :

Réalisez une liste de 5 inconvénients de créer une entreprise dans l'ancien monde (non-digitale). Pour chaque inconvénient, notez la solution qu'apporte le nouveau monde (digital). Par exemple : Inconvénient 1 : Je dois faire de la publicité sur des panneaux d'affichage dans ma ville → Solution du nouveau monde : je peux faire de la publicité sur les réseaux sociaux sans avoir à gérer toute la logistique et l'impression d'affiches.

Inconvénients de l'ancien monde :

1. ....
2. ....
3. ....
4. ....
5. ....

Solutions du nouveau monde :

1. ....
2. ....
3. ....
4. ....
5. ....

ENGAGEMENT :

Identifiez les défis auxquels vous pourriez faire face en créant une entreprise dans l'ancien monde et discutez-en avec un ami ou collègue.

CHALLENGE :

Imaginez un scénario où vous créez une entreprise dans l'ancien monde. Réfléchissez aux ressources et aux compétences dont vous auriez besoin pour réussir.

Réfléchissez maintenant aux ressources que vous pouvez utiliser pour créer cette entreprise dans le monde digitalisé.

2

LA VOIE QUI MÈNE AU NOUVEAU MONDE

Voilà en substance le message que j'aimerais absolument transmettre dans ce premier chapitre : aujourd'hui, créer une entreprise est vraiment à la portée de tous ! Peu importe que vous soyez issu d'un milieu favorisé ou non, peu importe que vous ayez suivi de longues études ou non, peu importe que vous estimiez avoir de solides compétences ou non : si vous rêvez d'être indépendant, si vous avez soif de liberté, si vous avez vraiment envie de vous épanouir en partageant vos passions, si vous n'aimez pas qu'on vous dicte vos lois, vous pouvez entreprendre !

Comme je l'ai fait moi-même, et comme beaucoup d'autres l'ont fait.

Vous êtes peut-être en train de vous dire : « OK, j'ai bien compris tout ça et c'est très tentant, mais qu'est-ce que je pourrais bien proposer, moi ? Quel type d'offre vendre, et à quels clients ? Est-ce que je vais faire du coaching, de la prestation de services, du consulting ou créer des formations en ligne ? Je ne suis pas un expert d'internet et encore moins du marketing... »

Rassurez-vous : si vous avez une réaction de ce genre, c'est tout à fait normal ! Il est naturel d'être un peu perplexe face à ce monde fascinant mais inconnu qui nous entoure, un monde rempli d'opportunités, certes, mais aussi de contradictions apparentes ! Sur le web, les informations arrivent de toutes parts, et chaque opportunité, chaque stratégie paraît plus belle que la précédente. Les mirages existent. On a tous connu ça.

Vos interrogations sont donc parfaitement légitimes. Au fil des chapitres, je vais tenter de vous accompagner pas à pas et vous donner le maximum de valeur, afin que vous puissiez avoir en tête les fondamentaux qui vous permettront de vous lancer ensuite sur des bases solides. Et ne pas perdre de temps !

L'aventure vous paraît séduisante ? OK, alors suivez-moi, et commençons par le commencement, afin de comprendre comment appréhender au mieux votre futur business à six ou sept chiffres annuels.

Quels types d'offres proposer : l'échelle des services !

Dans un premier temps, quels types d'offres pouvez-vous proposer sur internet ? Afin d'avoir une vision d'ensemble, je vous propose de synthétiser tout ça avec une « échelle des services ». Cela vous permettra déjà d'y voir plus clair.

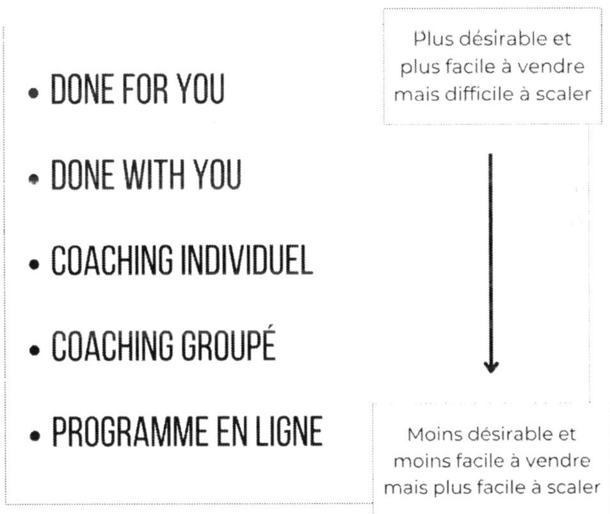

- **Le Done For You**

Dans ce cas de figure, vous faites le travail pour votre client. Vous fournissez les services vous-même, ou avec l'aide de vos collaborateurs. Vous faites donc de la prestation de services.

C'est plus ou moins ce que je recommande quand vous vous lancez, et que vous réalisez jusqu'à environ 50 000 € de chiffre d'affaires annuel.

- **Le Done With You**

Cette fois, vous faites une partie du travail et vous en faites faire une autre partie par votre client. C'est en quelque sorte un accompagnement avec partage des tâches, par exemple du coaching hybride. Vous conseillez, suivez et corrigez votre client si nécessaire.

Ce business model fonctionne bien pour des chiffres d'affaires de 50 000 à 100 000 € par an, voire 150 000 € annuels si vous êtes dans une niche, donc un chiffre d'affaires mensuel compris entre 5 000 à 10 000 €.

- **Le coaching « one to one », ou coaching individuel**

Vous conseillez votre client sur ce qu'il doit faire dans le cadre d'un accompagnement individuel.

Le chiffre d'affaires se situe généralement entre 150 000 et 250 000 € par an.

- **Le coaching groupé**

Vous conseillez vos clients sur ce qu'ils doivent faire, mais dans le cadre d'un accompagnement de groupe.

À ce stade, le chiffre d'affaires se situerait plutôt entre 250 000 € et 750 000 € annuels.

- **Un programme en ligne**

Vous créez un programme en ligne et vous laissez vos clients apprendre par eux-mêmes et appliquer vos directives.

Le chiffre d'affaires est potentiellement exponentiel, car ce modèle est particulièrement *scalable*. On peut très bien se situer entre 750 000 € et… 10 millions d'euros annuels !

Un rappel, quand même : tous ces chiffres sont des ordres de grandeur, sujets à d'importantes variations d'un entrepreneur à l'autre.

Ce sont donc les principaux types d'offres basiques que vous pourriez proposer avec vos connaissances personnelles et sans grand investissement financier. Mais, si certains chiffres font rêver, un conseil : ôtez-vous de la tête que les business models les plus rémunérateurs sont ceux que vous devriez vous-même privilégier dès le démarrage. Ce serait une grossière erreur – une erreur que font sans doute beaucoup de débutants !

En effet, ce qui peut convenir à un entrepreneur confirmé du numérique ne fonctionnera pas forcément pour un débutant. Il faut passer par certaines étapes, et ne pas mettre la charrue avant les bœufs !

Je vous invite donc à ne pas vous précipiter et à agir intelligemment d'un point de vue chronologique, c'est-à-dire en suivant une certaine logique. Par exemple, ne commencez pas à vouloir faire du coaching groupé si vous n'avez pas déjà fait du coaching individuel et si vous n'avez pas récolté des résultats concrets, et de jolis témoignages à la clé (on y reviendra).

Ainsi, selon un processus logique, vous pourriez par exemple proposer au démarrage du Done For You, de la prestation de services. Et, par la suite, du Done With You, avec par exemple un coaching hybride (vous faites une partie du travail et vous encadrez votre client pour le reste)... Quand vous avez atteint un certain palier, vous enchaînez avec du coaching individuel. Une fois que cette étape fonctionne bien et que vous avez des recommandations de vos clients, vous proposez alors un coaching groupé.

Enfin, quand votre business commence à être bien rodé, que vous avez des témoignages de clients enthousiastes, vous pouvez proposer une formation en ligne, ce qui vous permettra de passer un palier supérieur en scalant[1] votre business.

Cette progression n'est pas gravée dans le marbre, bien sûr, mais elle suivrait a priori un ordre logique. J'estime qu'il est plus judicieux, durant les premiers mois du développement de votre entreprise, de vous orienter vers des offres du type Done For You, Done With You ou même de coaching individuel.

Et, dès lors que vous aurez généré plusieurs milliers ou plusieurs dizaines de milliers d'euros de chiffre d'affaires avec ces activités, et que vous êtes en mesure, grâce à la validation de vos clients, de passer aux paliers suivants, faites-le !

Comment gagner sa vie rapidement…

À ce stade, ce qu'il faut bien comprendre, c'est que si vous partez de zéro, la prestation de services – le Done For You – est plus facile à vendre, mais sera aussi plus difficile à scaler, puisque vous échangez votre temps de travail contre de l'argent. C'est logique.

En revanche, un programme en ligne sera théoriquement nettement plus difficile à vendre qu'une prestation de services, mais beaucoup plus facile à scaler, puisque, que vous en vendiez 1, 10 ou 100, l'effort en temps et argent est quasiment identique.

Tout dépend aussi du prix de votre offre !

Je m'explique. Si vous vendez 5 € un programme en ligne par exemple, ou même disons 50 €, cette petite formation sera effectivement plus facile à vendre qu'une prestation de services à 500 € ou à 5 000 €. Mais je suppose que votre objectif, quand vous lancez votre entreprise, c'est de gagner votre vie le plus rapidement possible. Cela me paraît normal.

Alors, n'oubliez pas une chose importante qui vous permettra de comprendre mon point de vue : si vous démarrez de zéro, vous n'aurez sans doute pas les audiences nécessaires pour pouvoir vivre de votre programme en ligne « bon marché ». C'est difficilement atteignable au début, car il vous faudrait alors vraiment beaucoup de clients, et vous n'êtes encore qu'un parfait inconnu !

C'est la raison pour laquelle, malgré tous les « bruits » que l'on entend sur internet, je ne recommanderai pas à un débutant qui souhaite rapidement gagner sa vie sur le web de démarrer avec des programmes en ligne. À mon sens, comme je l'ai mentionné, il est plus judicieux de développer des offres du type Done For You, Done With You et, pourquoi pas, du coaching individuel durant les premiers mois d'existence de votre entreprise : c'est le meilleur moyen de facturer quelques milliers ou quelques dizaines de milliers d'euros de chiffre d'affaires assez vite.

Ensuite, une fois que vous aurez validé votre offre et obtenu des témoignages de clients satisfaits, vous serez en mesure d'opter pour l'une ou l'autre des solutions suivantes : a) j'augmente mes prix b) j'adapte mon offre de façon à pouvoir convaincre et satisfaire davantage de clients.

Mais avant cela, ne commencez pas à essayer de coacher des dizaines de personnes en groupe, ou de mettre en place LE produit en ligne qui va révolutionner le marché, et d'avoir dix mille... alors que vous n'en avez même pas dix !

C'est important de comprendre cela, pour éviter de vous brûler les ailes.

Que pouvez-vous vendre, et à qui ?

Pour créer votre entreprise sur le web, de quoi avez-vous besoin ? Je ne parle pas d'argent.

Si je résume de manière simplifiée, il vous faut maîtriser une compétence, mais sachez que vous pouvez aussi la sous-traiter. Vous allez ensuite proposer une offre, une valeur ajoutée, à des personnes qui en ont besoin. L'essentiel – je vous en dirai plus dans le chapitre 4 – c'est d'avoir une niche très spécifique, d'être différent des autres.

Pensez aux trois éléments suivants :

- un domaine que vous connaissez bien et qui vous inspire ;
- les besoins et les désirs du marché ;
- les compétences que vous avez, ou que vous pouvez apprendre.

C'est simple, en théorie : votre niche devra se trouver au croisement de ces trois éléments !

EXERCICE

EXERCICE :

Mettez votre minuteur sur 10 minutes. En ce temps imparti, trouvez autant d'idées de business que vous pouvez lancer aujourd'hui à partir de votre ordinateur.

ENGAGEMENT :

Choisissez vos 3 préférées et partagez-les avec votre entourage pour avoir un point de vu externe.

CHALLENGE :

Sur ces 3 idées, allez chercher les principaux acteurs du marché et observez leurs pratiques, leur communication, leur histoire et leurs résultats.

3

INTERVENANT : ROBIN JANSSENS

ENTREPRENEUR & WEB3 ENTHUSIAST

Le focus et la flexibilité

Dans le Nouveau Monde, les possibilités de créer son propre business sont nombreuses, et beaucoup d'informations circulent déjà sur Internet. C'est une chance. Mais à mon sens, la première chose à faire, c'est d'affiner sa vision personnelle : « Quel style de vie est-ce que je veux avoir ? Qu'est-ce que je veux faire d'ici 1 an ? D'ici 5 ans ? Ou même d'ici 10 ans ? »

Je conseillerais à un débutant de commencer par un business assez simple : créer une agence, de la prestation de services, du e-commerce, du dropshipping, des infoproduits... L'idée, c'est de commencer à mettre les mains dans le cambouis et de faire ses premières expériences entrepreneuriales.

Mais ensuite, en fonction de vos ambitions personnelles, n'hésitez pas à rapidement voir plus grand. Dites-vous bien une chose : dans la vie en général, et dans le business en particulier, vous n'avez pas besoin de réussir à chaque fois !

Vous pouvez échouer cinq, dix ou vingt fois : il suffit d'une seule réussite pour atteindre votre objectif, et obtenir la liberté et une certaine sécurité financière. Car c'est finalement ce que l'on cherche tous.

On l'oublie trop souvent : une seule fois ! Plus vous allez essayer, plus vous allez remettre le couvert, plus vous avez de chances que cela marche... une seule fois ! L'échec fait partie du process, et il serait anormal de ne pas se planter. Vous êtes en train d'apprendre, de grandir, d'avancer et de vous rapprocher de votre objectif.

La clé, c'est de se créer un bon environnement global. Se lever tôt, faire du sport, écouter des podcasts, lire des livres, avancer et travailler régulièrement sur son projet, même si ce n'est que deux heures par jour. Il est important de bien s'entourer, aussi.

Je crois que tout le monde connaît la recette théorique du succès : il faut activer les leviers nécessaires et avancer. Avoir un « vision board » de sa vie, et définir « ce que je dois faire pour atteindre mes objectifs, et ce que je ne dois pas faire ».

À ce propos, je vous invite à lire l'excellent *Atomic Habits* (de James Clear), un livre très puissant, car l'auteur explique très bien que ce sont les habitudes, les routines qui structurent notre vie. Ce bouquin précise aussi comment remplacer de mauvaises habitudes (celles qui nous freinent par rapport à nos objectifs) par de bonnes habitudes.

Laissez tomber l'idée de vouloir tout changer d'un seul coup : créer votre business, faire 1 h de sport par jour, arrêter de fumer, lire une heure par jour… C'est trop drastique, et le meilleur moyen pour tout lâcher ! La clé, c'est la stratégie simple et facile du « petit pas par petit pas ».

Ma stratégie business personnelle

Il existe tout un panel de qualités et de compétences qui permettent de réussir en tant qu'entrepreneur. Parmi celles qui me paraissent particulièrement importantes, j'en citerai deux, apparemment contradictoires.

Première qualité : le fait d'être focus et concentré sur un projet précis pour le faire avancer. C'est très bien d'avoir une vue à 360 degrés et de créer un écosystème assez complet, mais il faut savoir être focus sur un projet précis.

Deuxième qualité : la capacité à se diversifier. Que ce soit en termes de revenus ou d'investissements, il est important de savoir quand saisir une opportunité intéressante. Si l'on veut atteindre un haut niveau, il faut d'abord construire les bases, les fondations de son business, puis être à l'écoute des opportunités.

A priori, ces qualités peuvent donc paraître contradictoires. Mais en fait, pas tellement. Quand on démarre, la capacité d'être focus sur un projet est essentielle. Mais ensuite, si on souhaite vraiment aller plus loin, il est important d'opter pour une diversification de ses sources de revenus.

Saisir les fenêtres d'opportunité

Je suis convaincu que, dans la vie, il y a des tendances, des modes, des courants, qui déboulent d'un seul coup, puis s'en vont... Certaines choses marchent très bien à un moment donné, puis beaucoup moins bien peu de temps après. D'ailleurs, si dans votre entourage on vous parle d'une opportunité, c'est souvent qu'il est déjà trop tard...

Il faut donc être très vif. Le « market timing » est fondamental : le moment où vous lancez un projet. Mais dites-vous bien une chose importante : dégainer rapidement, cela a un prix, et ce prix, c'est de renoncer au perfectionnisme. Quand on mise sur les fenêtres d'opportunités, il ne faut pas rater le train !

Cela a par exemple été le cas pour les NFT : si vous arriviez au bon moment, vous pouviez gagner beaucoup d'argent, même avec un projet assez bancal, et cela a été le cas pour certains. Quelques mois plus tard, même un projet très léché serait passé totalement inaperçu.

Quoi qu'il en soit, quand une tendance agite le marché au point que des centaines de milliers ou des millions de dollars sont subitement échangés dans un enthousiasme général qui frise l'hystérie, c'est généralement que la tendance ne va pas durer. D'où l'importance du market time !

En ce qui me concerne, j'ai été le premier à me positionner sur les NFT avec l'intelligence artificielle, et cela a très bien marché. Mais c'est notamment parce que nous avons été les premiers sur ce projet.

Le « time to market », le temps nécessaire à la création du produit, du projet à sa mise sur le marché, doit être réduit au maximum. En fait, il faut faire preuve de flexibilité et d'agilité, et savoir mettre son focus au bon moment.

4

INTERVENANTS : SAMUEL DUMURE ET JEREMY MATHEVET

ENTREPRENEURS.COM

L'entrepreneuriat n'est pas un long fleuve tranquille

Auparavant, tout était plus lisse, plus conventionnel et prévisible. Et puis, Internet est arrivé. L'entrepreneur du Nouveau Monde est désormais connecté. La grande différence avec l'Ancien Monde, c'est à l'évidence le digital. Le Web a tout changé : un ordinateur et une connexion Internet, et vous avez déjà les outils nécessaires au démarrage de votre aventure entrepreneuriale. Et ça, c'est totalement nouveau !

L'information est également beaucoup plus accessible.

Dans le Nouveau Monde, chacun peut exprimer son potentiel, mettre en avant ses compétences, exprimer sa différence... Ce n'est pas toujours facile, mais c'est possible ! Chacun peut prendre la responsabilité de sa vie, s'il le souhaite vraiment.

Une collaboration fructueuse

Vouloir créer sa propre entreprise, c'est se distinguer de la masse des gens ordinaires, qui n'appréhendent pas les choses de la même manière que nous. Résultat : on peut se sentir très seul et bien isolé dans son coin, surtout au début !

Nous nous sommes rencontrés en participant à l'un des programmes d'Alec. Cela nous a également permis d'intégrer une communauté de personnes mues par les mêmes objectifs et les mêmes ambitions personnelles.

Ce qui nous a sans doute réunis et donné l'envie de collaborer, c'est une douleur commune : nous n'avions jamais véritablement trouvé notre place dans le monde professionnel traditionnel. Nous nous sommes vite rendu compte que nous avions la même vision des choses et des compétences complémentaires.

Nous voulions aider les autres en nous aidant nous-mêmes : c'est de cette vision que notre entreprise est née. Durant huit mois, nous avons collaboré et appris à nous connaître, alors que nous ne nous étions pas encore rencontrés !

C'est marrant, et c'est assez typique du Nouveau Monde finalement.

Dès que nous avons gagné nos premières centaines d'euros, on s'est dit : oui, c'est possible !

Comme beaucoup d'autres, nous avons investi pas mal d'argent dans des formations, et pas toujours à bon escient. « Nouveau Monde » ne rime pas forcément avec le meilleur des mondes...

Les erreurs font partie du jeu

Vous ferez peut-être vous aussi des erreurs, jusqu'à ce que vous ayez trouvé le mentor qui partage votre vision des choses. L'entrepreneuriat n'est pas un long fleuve tranquille. On a investi énormément d'argent, on a connu notre lot d'échecs, on s'est planté plus d'une fois !

Nous avons connu de grosses désillusions qui auraient pu nous inciter à abandonner.

Il y a beaucoup de promesses sur Internet, et de nombreux chemins pour atteindre ses objectifs. En fait, l'important n'est pas tellement la forme, mais bien le fond. La plupart des gens se demandent : « Qu'est-ce que l'autre peut m'apporter de plus ? » Or, il faut inverser le raisonnement et se dire : « Qu'est-ce qu'on peut apporter de plus aux autres ? ».

Il faut aussi prendre la décision de toujours assumer la responsabilité de ses erreurs. Si l'on se plante, ce n'est pas la fin du monde. Il faut simplement améliorer les choses, et avancer, encore et toujours ! Se concentrer sur ce qui doit être fait, et suivre sa ligne de conduite. En ce qui nous concerne, pendant un an et demi, nous avons investi une grande partie de nos revenus pour continuer à progresser.

Grâce à notre communication sur les réseaux sociaux, nous sommes arrivés à avoir nos premiers clients en trois mois. La machine était en route. Nous avons lancé un podcast intitulé « L'Art d'entreprendre » et nous avons choisi d'inviter Alec. Deux mois plus tard, il nous recontactait, et on a finalement décidé de travailler ensemble au sein de l'équipe d'entrepreneurs.com : un collectif très performant et, surtout, avec une vraie vision.

C'est une belle aventure !

PARTIE II

LE MINDSET DES NOUVEAUX ENTREPRENEURS

5

VOTRE CHANGEMENT COMMENCE AUJOURD'HUI

Il nous arrive à tous de traverser des périodes particulièrement agitées, des bouleversements qui chamboulent notre univers bien huilé. Personne n'échappe à ces petites tempêtes de l'existence : la vie n'est pas un long fleuve tranquille. Un licenciement, un nouveau job, un défi professionnel inhabituel, des examens à passer, la création de notre propre entreprise, un important déménagement : soudain, nous perdons nos repères habituels ! Or, nous avons tous besoin de repères : ils jalonnent notre vie depuis notre plus tendre enfance.

Tous les matins, le soleil se lève à l'est, et tous les soirs, il se couche à l'ouest. Chaque lundi matin, on retourne au bureau, à l'usine, à l'école, et chaque week-end, on fait une pause. Au travail, nous connaissons nos collègues, nos chefs, le fonctionnement de l'entreprise, et nous avons nos petites habitudes. Chaque été annonce la période des vacances, suivie en fin d'année des frimas de l'hiver, des fêtes de Noël et des réunions de famille...

Les repères, petits et grands, font donc partie de nos vies. Quand survient un changement, volontaire ou non, nous pouvons très vite nous sentir déboussolés. Car tout changement de situation est, par essence, une perte concrète de repères ! Si vous souhaitez lancer une nouvelle entreprise, démarrer une nouvelle activité, vous pénétrez dans un monde totalement inconnu.

Avez-vous entendu parler du Voyage du héros ? Non ? Alors, lisez ce qui suit : il vous permettra de vous situer dans votre voyage personnel, et d'avoir de nouveaux repères.

Le Voyage du héros

En 1949, le professeur en anthropologie Joseph Campbell publie un livre, *Le héros aux mille et un visages*[1]. Joseph Campbell est mythologue : cela signifie qu'il est spécialiste des mythes et mythologies. Sa thèse est la suivante : il existe une trame commune aux mythes véhiculés par les différentes cultures et sociétés humaines. Cette trame, il l'appelle le « Voyage du héros ».

Georges Lucas s'en est inspiré pour réécrire le scénario de *Stars Wars*. D'autres scénaristes hollywoodiens l'ont également utilisée pour affiner leurs propres œuvres. Christopher Vogler, écrivain et analyste d'Hollywood, a écrit une synthèse de sept pages du livre de Campbell, intitulé *« Un guide pratique du héros aux mille visages de Joseph Campbell »*.

Ce guide est par la suite devenu *Le guide du scénariste*[2], et il a tôt fait de passer de main en main à Hollywood. Des films comme *Matrix*, *Le Roi Lion*, *Titanic* ou encore *Le Seigneur des Anneaux* s'en inspirent.

Le Voyage du héros découpe toute histoire en douze étapes, comme autant de points de repère. Des repères qui, au-delà des mythes et des scénarios hollywoodiens, sont également pertinents dans nos propres existences, quand nous sommes confrontés à un changement important. N'oubliez pas : nous sommes tous les héros de notre vie personnelle !

Si vous créez votre entreprise, vous allez forcément passer par certaines étapes. C'est inévitable. Le Voyage du héros vous permet de vous situer dans ce parcours, d'augmenter votre résilience, en ancrant des repères dans ce voyage personnel.

Mais rien ne remplace les exemples concrets. Je vais donc illustrer mon propre voyage, parallèlement à celui d'une célèbre entrepreneuse américaine : Robin Chase, la fondatrice de Zipcar, grande société américaine d'autopartage.

- **Étape 1 : Le Monde ordinaire**

À ce stade, le héros nous est présenté, ainsi que le monde dans lequel il vit habituellement.

Alec : Quand j'ai décidé de changer de vie et d'aller de l'avant, j'étais encore un ouvrier spécialisé. Je travaillais dans une usine sans la moindre passion ni le moindre objectif stimulant à court, moyen ou long termes. Je n'avais aucune confiance en moi. Chaque matin, je partais travailler avec ma gamelle du déjeuner sous le bras, et chaque soir je rentrais, fatigué, dans l'attente de la journée suivante.

Robin : Fille d'un diplomate américain, Robin Chase a suivi un parcours scolaire assez classique, se terminant par des études supérieures (MBA). Elle a été sensibilisée très tôt à l'écologie. Elle a trois enfants et mène une vie a priori agréable, mais finalement assez banale.

- **Étape 2 : L'Appel de l'aventure**

L'aventure frappe à la porte du héros !

Alec : Un jour, on me propose une opportunité séduisante dans le marketing de réseau, qu'on appelle aussi le MLM (multi level marketing), ou marketing relationnel. Peu de temps auparavant, la mort subite de mon père m'avait déstabilisé, et je me posais de sérieuses questions sur la vie que je voulais mener. J'ai très vite compris l'intérêt et la puissance potentielle de ce modèle économique. J'avais envie d'être indépendant, alors je me suis lancé.

Robin : En 1999, une de ses amies propose à Robin Chase de faire équipe, pour créer ensemble une entreprise dont le business model serait un service de partage de voitures, aux États-Unis bien sûr. On appelle cela l'autopartage. Le principe sous-jacent, basé sur une idée écologique, intéresse d'emblée Robin, car elle se sent concernée par le problème climatique.

- **Étape 3 : Le Refus de l'appel**

Le héros n'est pas encore prêt à accepter l'aventure qui se présente à lui.

Alec : J'ai connu une réussite rapide avec le MLM, et gagné pas mal d'argent en tant que leader de mon groupe. J'avais commencé avec une société de produits anti-âge. Mais, attiré par le chant des sirènes, au lieu de continuer à collaborer avec cette entreprise honnête et sérieuse, j'ai cédé aux promesses d'une société malhonnête, Get Easy. Quand je me suis rendu compte de l'arnaque, déçu et écœuré, j'ai préféré abandonner totalement le marketing de réseau.

Du coup, je suis rentré dans le rang et je me suis recentré sur mon boulot à l'usine.

Robin : Malgré son parcours universitaire, la jeune mère de famille doute d'elle-même. Elle se rend compte qu'elle n'a aucune expérience dans le secteur automobile, mais surtout qu'elle n'a jamais été une entrepreneuse ! Elle sait très bien que c'est un métier en soi. Robin n'est pas très sûre non plus qu'un modèle économique basé sur le partage automobile puisse fonctionner aux États-Unis.

Elle hésite donc beaucoup à se lancer.

- **Étape 4 : Le Mentor**

Une personne extérieure vient donner au héros le coup de pouce qui lui permet d'aller de l'avant.

Alec : Malgré mes déboires, le MLM m'avait donné confiance en moi et démontré que j'avais de réelles capacités, contrairement à ce que mon parcours personnel m'avait donné à penser. Une étincelle avait jailli ! J'ai décidé de faire des économies, pris un deuxième job dans la sécurité, et même un troisième le week-end, en tant qu'arbitre de foot, alors que je n'y connaissais pas grand-chose !

Au mois d'avril 2016, j'ai investi toutes mes économies dans une formation sur le trading, et je me suis rendu à un séminaire à Bordeaux : j'étais un gamin perdu au milieu de dirigeants d'entreprise et de quinquagénaires aisés.

Et c'est là que je rencontre Amin, l'un des organisateurs, lui aussi très jeune. On sympathise immédiatement, et on reste en contact, avec l'envie tenace de créer ensemble notre propre boîte, au plus vite… Grâce à Amin, mon rêve – celui d'être libre – commençait à se préciser.

Robin : Passé l'enthousiasme initial, Robin Chase se met à douter sérieusement. Mais son amie l'appelle et la rassure. Elle lui explique notamment qu'en Allemagne, par exemple – pays dans lequel son amie avait vécu plusieurs années – le concept du partage automobile fonctionnait déjà très bien !

Et si c'était l'avenir, finalement ?

- **Étape 5 : Le Passage**

Le héros a maintenant toutes les informations nécessaires pour se décider. Il se lance !

Alec : Avec Amin, nous avons décidé de créer Trading House Online Sàrl alors que je travaillais encore à l'usine. En juillet 2017, je m'autorise à franchir le pas pour de bon : très fier, je donne ma démission, et je me lance corps et âme dans notre nouvelle entreprise, avec l'envie de tout dévorer !

Robin : Robin Chase est désormais convaincue par ce projet, et elle estime que ce business model pourrait s'avérer viable. Les deux femmes se mettent donc d'accord : ce sera 50/50 ! Robin décide de laisser ses peurs et ses doutes au vestiaire, et elle se lance à fond dans l'aventure.

- **Étape 6 : Tests et découvertes**

Le héros a accepté l'aventure et il entre dans un nouveau monde, dont il ne connaît pas encore les règles. Il doit donc faire des tests, et apprendre qui sont ses alliés et ses ennemis.

Alec : Nous démarrons notre société, avec l'objectif d'aider des entreprises dans le trading à attirer des prospects et des clients. Durant environ six mois, nos débuts sont compliqués. On a un premier client, puis un deuxième : ils nous rémunèrent à la commission. Je bossais comme un fou, et je dépensais le strict minimum !

Notre premier client important, Anthony, venait d'ouvrir sa salle de sport à Avenches. Très satisfait de nos services, il nous ouvrira par la suite les portes de son réseau. Nous nous recentrons alors sur le consulting en marketing digital pour tous les types de sociétés.

Robin : La jeune entrepreneuse se trouve rapidement confrontée à l'ampleur de la tâche. Elle doit réaliser un business plan solide, et ensuite trouver les fonds nécessaires, ce qui n'est pas une mince affaire. De plus, elle se rend vite compte que l'équilibre 50/50 ne sera pas vraiment d'actualité :

c'est clairement à elle que revient le plus gros du travail. Elle fait ses armes, pas à pas.

- **Étape 7 : L'Approche**

Le héros se prépare à affronter ses ennemis pour la première fois.

Alec : Nous acquérons petit à petit d'autres clients, en proposant des prestations de services et du coaching, rémunérés au mandat ou à la commission... Nous avons mis un certain temps avant de nous verser un vrai salaire – un an et demi ou deux ans. Cela marchait de mieux en mieux, c'était cool, mais nous nous sommes assez rapidement rendu compte que ce modèle avait quand même ses limites.

Comment voir plus grand et nous développer, par la suite ?

Robin : Contrairement à ce qu'elle croyait avant de lancer son business, Robin n'a plus le temps de s'occuper correctement de ses trois enfants. La création d'entreprise lui dévore tout son temps. Elle est partagée entre deux sentiments, car elle ne veut absolument rien lâcher : ni sa famille bien sûr ni Zipcar ! Robin pense alors qu'elle est une très mauvaise mère.

- **Étape 8 : L'Épreuve**

Le héros doit affronter sa plus grande peur, en montrant un changement profond.

Alec : J'avais conservé un petit boulot parallèle afin de gagner un peu d'argent, 500 ou 1000 francs suisses par mois. J'avais complètement mis de côté toute vie sociale ! Je dormais souvent au bureau, d'ailleurs, plutôt que dans l'appartement que nous partagions avec quatre potes à Genève... Ma seule obsession, c'était de gagner mon indépendance avec mon entreprise : je devais y arriver, par tous les moyens !

En fin de compte, je n'étais même pas gêné par ce mode de vie monacal, tellement j'étais focalisé sur mon objectif.

Robin : Têtue, Robin a alors une grande idée : elle va demander à son mari s'il est d'accord de quitter son travail pour s'occuper des enfants. Et il accepte ! Rassurée, la jeune femme peut se consacrer corps et âme à la création de son entreprise...

- **Étape 9 : La Récompense**

Le héros a passé l'épreuve avec succès et reçoit en récompense un objet ou une compétence.

Alec : Un jour, nous avons eu l'occasion de gérer la communication numérique d'un très gros client, qui vendait des formations en ligne sur la Bourse. Et nos campagnes ont remarquablement bien marché ! En septembre 2018, notre agence de consulting ayant désormais acquis une réelle légitimité, nous avons décidé de proposer à notre tour une formation en ligne, dans le but d'aider les gens à démarrer leur activité de consultant.

Robin : En juin 2000, tout est enfin prêt ! Robin a pu réunir les fonds initiaux, et Zipcar est lancé pour de bon. Après des mois de travail acharné, elle a acquis les compétences de base d'une vraie cheffe d'entreprise : elle sait où elle va, elle a créé quelque chose, son rêve s'est concrétisé !

- **Étape 10 : Le Chemin du retour**

Le héros se prépare à l'affrontement final.

Alec : Avec le-Consultant.fr, nous expliquions à nos clients comment, grâce à un ordinateur et une connexion internet, ils pouvaient monétiser leurs compétences en tant que consultant, en faisant profiter les autres de leur expertise. Mais le succès de ce nouveau produit en ligne allait-il être au rendez-vous ? C'était une approche totalement nouvelle pour nous ! Cette fois, il s'agissait de partager notre expérience de consultant, et cela pourrait nous permettre de scaler notre business, de dissocier temps et argent.

Robin : Zipcar est donc lancé, et en septembre 2000, l'entreprise gère déjà entre 12 et 15 voitures. Les clients arrivent, petit à petit. Robin est fière de ce lancement : à la fin de l'année, Zipcar comptabilise déjà 400 membres !

Mais est-ce que ce sera suffisant pour que l'entreprise soit viable à terme ?

- **Étape 11 : Résurrection**

C'est l'affrontement final : le héros peut vivre... ou mourir !

Alec : Le doute était là, mais la formation le-Consultant.fr a cartonné, au-delà de nos espérances ! L'année 2019 a été une vraie folie. Parallèlement, j'ai accompli ma mue, passant de jeune homme timide et introverti à entrepreneur à succès, suivi sur les réseaux sociaux par des dizaines de milliers de followers.

J'allais de partout, j'étais invité à participer à des séminaires réunissant de 50 à 3 000 personnes !

Robin : Consternée, enfermée dans son bureau, Robin doit refaire ses calculs, encore et encore. Mais l'évidence s'impose à elle : elle s'est trompée dans son business plan ! Elle n'a pas d'autre choix que d'augmenter drastiquement ses tarifs... de 25 % ! Elle envoie un mail à tous ses clients, expliquant la situation franchement. À sa grande surprise, la grande majorité accepte sans rechigner cette majoration...

Robin peut aller de l'avant.

- **Étape 12 : L'Élixir**

Le héros victorieux célèbre sa victoire et partage avec le monde sa nouvelle connaissance.

Alec : Nous avons ensuite décidé de ne pas nous contenter d'aider les consultants, mais tous les entrepreneurs. Nous avons donc lancé, en avril 2020, en plein confinement, entrepreneurs.com : c'est un succès à nouveau !

Nous avons lancé différents produits : le Codex, Incubateur (devenu notre produit phare ultra-complet), l'Accélérateur (destiné aux entrepreneurs aguerris)... Nous avons aussi proposé du coaching individuel, et également un mastermind[3] réunissant un réseau d'entrepreneurs.

Bref, le succès nous a donné des ailes, l'élan financier et mental, ce qui nous a permis de nous diversifier !

Robin : Zipcar a grandi. L'entreprise possède aujourd'hui une flotte de milliers de voitures, et comptabilise plusieurs centaines de milliers de membres, répartis entre l'Amérique du Nord et l'Angleterre. La société Avis a racheté Zipcar en 2013, mais Robin Chase, après avoir fondé deux autres sociétés, a réuni 170 ONG et entreprises du secteur privé autour des « principes de mobilité partagée pour rendre la vie plus agréable en ville ».

Elle est aujourd'hui considérée comme l'une des pionnières de l'économie partagée.

EXERCICE

EXERCICE :

Rédigez une liste de 3 objectifs à court terme et 3 objectifs à long terme pour votre parcours entrepreneurial.

Objectifs court terme :

1. ....

2. ....

3. ....

Objectifs long terme :

1. ....

2. ....

3. ....

ENGAGEMENT :

Partagez vos objectifs avec un ami, un mentor ou un entrepreneur avec qui vous aimez discuter. Ensuite, demandez-leur des commentaires et suggestions d'amélioration.

CHALLENGE :

Mettez en place un plan d'action pour atteindre l'un de vos objectifs à court terme dans les 30 prochains jours. Pour ça, suivez ces 3 étapes :

1. *Définir uniquement les actions IMPORTANTES & URGENTES pour réaliser votre objectif*
2. *Sélectionner des temps de travail pour réaliser ces actions*
3. *Passer massivement à l'action pour atteindre votre objectif*

6

RENTREZ DANS LA TÊTE DES ENTREPRENEURS À SUCCÈS !

La grande majorité des gens estiment que la sagesse suprême, c'est de « devenir riche lentement ». Qu'est-ce que j'entends par là ? Cela signifie : faire si possible de bonnes études, puis travailler dur en tant que salarié cinq jours par semaine, durant, disons... 30 ou 40 ans ! Ça vous parle ? C'est normal, c'est le mode de pensée et de conduite de notre société occidentale depuis plus d'un siècle. Cet itinéraire serait donc le meilleur moyen pour avoir une vie heureuse et épanouie. L'idée, c'est de faire des économies au fil des ans, lentement mais sûrement, et de cotiser afin de s'assurer une retraite paisible, au cours de laquelle nous aurons enfin le temps de faire ce qui nous plaît : voyager, pratiquer nos hobbys préférés, nous lever quand nous en avons envie...

Bref, nous pourrons alors disposer totalement de nos journées et rattraper le temps perdu, en quelque sorte. « Vivement que je sois vieux et enfin peinard ! », c'est un peu l'idée générale du projet... Pour la plupart des gens, le salariat traditionnel est donc le meilleur moyen pour vivre une vie confortable et sans risques. On se lève tôt et on serre les dents, du lundi au vendredi. On se fait plaisir de temps en temps, bien sûr : un petit voyage pendant les vacances, un nouveau smartphone à Noël, et même, tous les cinq ou six ans, une nouvelle voiture, pourquoi pas ?

Mais ça, c'est la vision de l'Ancien Monde.

C'est sans doute le chemin que j'aurais suivi si j'étais resté employé à l'usine. Avec de l'énergie et de la bonne volonté, j'aurais pu obtenir une promotion, après quelques années de bons et loyaux services. À moi les congés payés et les primes de Noël, à moi le compte épargne et les pots de départ des collègues qui partent à la retraite, les petits veinards... À moi aussi les samedis soir un peu trop arrosés, puis les dimanches peinards en famille. Jusqu'au lundi matin, qui arrive toujours beaucoup trop vite !

Les disciples de l'Ancien Monde considèrent les entrepreneurs comme des casse-cous inconscients, qui travaillent sans filet. Ce sont de doux rêveurs – ou de doux dingues – aux yeux de la plupart de nos contemporains. Bien sûr, ils considèrent avec un certain respect teinté d'envie – ou de jalousie – les milliardaires célèbres : Elon Musk, Mark Zuckerberg et Jeff Bezos, pour ne citer qu'eux. Mais bon, soyons sérieux, quand même : « Ces gars-là vivent sur une autre planète, et ils ont eu de la chance, un peu comme les gagnants du loto... ».

Tout le monde pense comme ça, ou presque. Et c'est normal : c'est ce que l'on nous a inculqué depuis notre plus tendre enfance. À l'école, au lycée, et même à l'université. Les médias pensent comme ça, nos parents pensent comme ça, nos voisins pensent comme ça, même nos animaux de compagnie pensent comme ça !

Pourtant, j'estime que cela relève d'un paradigme propre à l'Ancien Monde, et non pas d'une vérité absolue. Je crois que pour être heureux rapidement (pas seulement à l'âge de la retraite), mieux vaut devenir riche rapidement ! Être riche – on y reviendra – c'est mener la vie que l'on a envie de mener.

En ce qui me concerne, mon entreprise Trading House Online Sàrl a été créée en juillet 2017, et elle n'a vraiment décollé qu'environ un an et demi plus tard. Je ne vous cache pas, comme je l'ai déjà mentionné, que les six premiers mois ont été compliqués. Puis à partir du mois de septembre 2018, notre croissance a été continue ! Aujourd'hui, je gère plusieurs entreprises parallèlement, et j'ai souvent simultanément plusieurs projets sur le feu. Je fais ce que j'aime, je mène une vie stimulante et, si je bosse beaucoup, c'est parce que j'aime ça !

Le salarié, un gagnant sur tous les tableaux ?

En fait, le salariat procure un faux sentiment de sécurité, basé sur des sables mouvants. Vous prenez des risques, mais pas les bons risques !

Voici pourquoi :

- Vous donnez les rênes de votre vie à quelqu'un d'autre ! À votre entreprise, à votre patron, au petit chef qui vous supervise. Pour que tout se passe comme prévu, encore faut-il que votre entreprise ne décide pas de procéder à des licenciements économiques ni de vous virer parce que votre tête ne plaît pas au nouveau directeur.
- Vous mettez tous vos œufs dans le même panier, puisque votre train de vie dépend uniquement de votre seul et unique salaire, et des bons rapports que vous entretenez avec votre hiérarchie. En plus, votre profession pourrait s'avérer obsolète dans dix ans !
- Vous consacrez la plupart de votre temps à votre travail, qu'il vous plaise un peu, beaucoup... ou pas du tout !
- Malgré cela, vous avez peut-être des sueurs froides quand des factures imprévues s'empilent dans votre boîte aux lettres. Bon nombre de salariés vivent un stress financier insidieux.
- Vous subissez peut-être les sautes d'humeur d'un supérieur hiérarchique frustré, mais vous serrez les poings plutôt que de les lui coller sur la figure. C'est une sorte de dépendance psychologique, qui peut s'avérer toxique.
- Vous ne pouvez pas faire vos propres choix, tester vos propres idées, organiser votre temps comme vous le souhaitez, vivre au rythme qui vous convient, faire ce qui vous plaît vraiment... et ce jusqu'à l'âge de la retraite !

Allez-vous y arriver sain et sauf, à cette fameuse retraite ? Je vous le souhaite de tout cœur, mais la vie est pleine d'imprévus, vous le savez comme moi. Vous faites donc un pari sur le futur.

L'autre solution : devenir riche rapidement

Je vous propose une autre voie : développer votre propre entreprise et vivre la vie que vous aimez, mais avant l'âge de la retraite ! Je sais très bien que mes propos peuvent sembler provocants, ou même « vendeurs de rêve ». Et je sais aussi que pas mal de gens sont contents d'être de fidèles salariés.

Nous sommes tous différents, et je n'ai aucun problème avec ça. Il va de soi que je m'adresse spécifiquement à tous celles et ceux qui ont envie d'autre chose, au fond d'eux-mêmes. D'une autre vie...

Et je sais aussi qu'ils sont finalement assez nombreux à ne pas savoir comment franchir le pas.

Donc, avant de jeter ce livre par la fenêtre, permettez-moi de vous présenter mes arguments. Quand vous créez votre propre entreprise :

- Vous prenez le contrôle de votre vie ! Vous êtes seul responsable de vos décisions, de vos choix stratégiques, et de vos futures sources de revenus.
- Pas besoin d'avoir beaucoup d'argent, comme on l'a vu. Au départ, il vous suffit d'avoir une compétence, et de la proposer aux bonnes personnes, c'est-à-dire à celles qui en ont besoin. Nous allons détailler tout ça dans les chapitres suivants.
- Vous avez tout à fait le droit d'échouer plusieurs fois, et il est même normal que ça ne roule pas comme sur des roulettes dès le début ! Mais, dès que vous aurez trouvé le bon business model, vous commencerez à creuser les fondations de votre liberté.
- L'apprentissage peut vous sembler laborieux et difficile, mais vous évoluez constamment et vous vous adapterez. Si vous faites les choses intelligemment, vous apprendrez de vos erreurs. Et avec le temps, comme tout ce que l'on entreprend avec constance et régularité, vous finirez par trouver les bonnes méthodes.
- Vos efforts, votre travail, vos idées sont totalement sous votre contrôle : profitez-en !
- Vous pouvez démarrer avec un business à cash-flow, c'est-à-dire à faible investissement financier et haut retour sur investissement. C'est ce que je vous recommande dans un premier temps. Par exemple, de la prestation de services.

Cela dit, on ne va pas se voiler la face : l'argent ne rentrera pas toujours comme prévu. Mais cette « pauvreté » n'est que temporaire. Si vous considérez vos « échecs » comme de simples informations, des retours, et si vous essayez de comprendre pourquoi vos tentatives n'ont pas fonctionné comme vous l'espériez, vous allez améliorer les choses, progressivement.

Il faut se détacher de l'aspect purement émotionnel de l'échec et en tirer de précieuses leçons. Cela permet de corriger le tir, quitte à parfois négocier des virages à 90 ou 180 degrés ! Votre capacité d'adaptation est capitale. L'essentiel, c'est de rester flexible tout en gardant le cap sur votre objectif. Alors, vous aurez le mindset des Nouveaux Entrepreneurs !

EXERCICE

EXERCICE :

Choisissez 3 entrepreneurs à succès et identifiez les facteurs clés qui ont contribué à leur réussite.

Entrepreneur 1 : ....

Quels sont les facteurs de son succès selon toi ?

....

....

Entrepreneur 2 : ....

Quels sont les facteurs de son succès selon toi ?

....

....

Entrepreneur 3 : ....

Quels sont les facteurs de son succès selon toi ?

....

....

ENGAGEMENT :

Partagez votre découverte avec un groupe d'amis et demandez-leur leur avis sur le sujet.

7

LA QUESTION À LAQUELLE VOUS DEVEZ ABSOLUMENT OBTENIR UNE RÉPONSE

Nous avons tous des motivations très différentes dans l'existence. Mais si vous décidez de créer votre entreprise, je vous invite à être très au clair sur un point vraiment fondamental : « POURQUOI ? »

Pourquoi voulez-vous créer votre boîte, qu'est-ce qui vous motive profondément ? Qu'est-ce qui va vous pousser, tout au fond de vous, à aller de l'avant en surmontant tous les obstacles ? À garder le feu sacré, à faire preuve de patience et de ténacité ? À persévérer, à chercher des solutions, encore et toujours ? À vous lever le matin avec l'envie de vous mettre au travail ?

Vous avez peut-être déjà entendu parler du fameux « pourquoi » en vogue dans le monde de l'entrepreneuriat. C'est d'ailleurs le titre d'un ouvrage célèbre de Simon Sinek, *Commencer par Pourquoi*[1].

C'est une approche très intéressante, mais attention : j'insiste sur le fait que votre pourquoi ne doit pas seulement être superficiel, comme « gagner plus d'argent », « acheter une maison », ou « acheter la voiture de mes rêves ». Ces objectifs peuvent faire partie de l'équation, mais ils ne suffisent pas ! Sinon, vous serez en permanence à la recherche d'un nouvel objectif, d'une nouvelle motivation, dès que vous aurez atteint votre but.

Votre pourquoi personnel doit être la motivation profonde qui vous pousse à créer votre entreprise, celle qui est à la base de tout ! Je répète : quelle est votre réelle raison d'entreprendre ? Réfléchissez à cela ! Quand vous aurez des coups de mou, vous pourrez vous recentrer sur ce pourquoi : il vous rendra inarrêtable, parce que vous saurez que le jeu en vaut la chandelle ! Il sera votre fil conducteur et votre carburant secret.

Voici mon intention profonde, ma réelle motivation : la liberté ! Je n'ai rien à ajouter, car tout est dit. Je voulais absolument, viscéralement être libre et avoir la vie que je me choisirais moi-même. Pas une vie par défaut ! Je ne voulais pas devenir riche ni célèbre : je voulais la liberté !

Bien sûr, ma vision d'entrepreneur a ensuite évolué, au fil du temps et du développement de mes affaires. Au départ, je voulais que ma boîte, Trading House Online Sàrl, marche. Puis j'ai ajouté d'autres cordes à mon arc, j'ai développé d'autres entreprises, j'ai pris des participations dans des sociétés.

Mes objectifs financiers ne sont plus les mêmes non plus. Plus je développe mes affaires, plus je gagne de l'argent, et plus je sais que je vais en gagner... encore plus ! Ce n'est pas une fin en soi, mais plutôt une stimulation. Je sais que je serai milliardaire un jour... Mais je ne mets aucune pression sur ce genre de vision. Simplement, autant je suis incapable de me forcer très long temps à faire quelque chose que je n'aime pas – l'école ou l'usine, par exemple – autant, quand quelque chose me passionne, je vais mettre toute mon énergie pour atteindre mon objectif et progresser.

Dans l'immédiat, ma vision d'entrepreneur et mon plaisir dans la vie, c'est de continuer à avoir de l'influence, à coacher, à partager, à transmettre... Je me suis aperçu que j'ai cette faculté, et ça me plaît ! Alors...

Je vous invite vraiment à réfléchir à votre pourquoi et à votre vision d'entrepreneur. Cette vision évoluera, et c'est normal. Si aujourd'hui, tout n'est pas clair au sujet de votre business, c'est normal aussi. Vous allez évoluer, et si vous ne suivez pas exactement le chemin initialement prévu, vous allez vous adapter. C'est le secret de l'évolution sur Terre !

Ce qui aujourd'hui vous paraît impossible deviendra ordinaire demain. Je le sais : je l'ai vécu.

8

VOTRE CERVEAU EST VOTRE ALLIÉ… OU VOTRE ENNEMI !

Comment avoir le mindset d'un Nouvel Entrepreneur ? Comment devenir inarrêtable pour créer l'entreprise qui vous rendra libre, indépendant, et fier de l'être ? Un entrepreneur, c'est un peu comme un sportif d'élite : il doit avoir une bonne stratégie, certes, mais aussi et surtout… un mental d'acier ! Or, nous savons tous intuitivement que notre cerveau est parfois notre meilleur allié, mais qu'il peut aussi s'avérer notre pire ennemi.

L'objectif sera donc de faire de notre cerveau notre principal allié et notre meilleur ami.

Il y a quelques années, comme je vous l'ai expliqué, j'étais encore un jeune homme très timide, introverti, et surtout mal dans sa peau. J'avais le sentiment de ne pas être à la hauteur et j'éprouvais une peur bleue du rejet. Mon estime personnelle se situait quelque part… au ras des pâquerettes !

Aujourd'hui, j'ai confiance en moi. J'ose m'imposer, exprimer mon point de vue, mettre en avant mes qualités. Je me sens capable d'agir en direction de mes buts – c'est d'ailleurs ce que je fais chaque jour. Mais croyez-moi : je ne me suis pas réveillé un beau matin comme Spider-Man, bourré d'énergie, en me disant : « Ça y est, j'ai des super pouvoirs ! ». Je me suis posé, et j'ai réfléchi aux qualités que je devais avoir si je voulais atteindre mes objectifs, à savoir créer mon entreprise pour devenir libre et indépendant.

J'ai alors entamé progressivement une véritable mue, qui s'est accélérée dès que j'ai commencé à aller de l'avant et à obtenir des résultats, comme une boucle de rétroaction. Cela m'a aidé à exploser mon business, d'une manière qui dépassait mes espérances. Il ne s'agit pas de se comparer aux autres, mais plutôt de dépasser les limites que l'on s'impose trop souvent à soi-même.

Réinitialisez votre cerveau !

Je vous propose un petit exercice concret pour « réinitialiser » votre cerveau. Tenez compte du fait que cela ne se fera pas du jour au lendemain.

Prenez une feuille de papier et décrivez la version idéale de vous-même qui vous permettrait d'atteindre vos objectifs – avec ses compétences, ses qualités et ses traits de caractère. Quelles habitudes faudrait-il mettre en place ? Comment devriez-vous réagir face aux difficultés ? Quel état d'esprit devriez-vous avoir ?

Soyez précis !

Sur une autre feuille, notez le plus objectivement possible ce qui vous manque encore aujourd'hui, et les mauvaises habitudes qui pourraient entraver la poursuite de votre objectif. Par exemple, passer des heures à scroller sur les réseaux sociaux… ou encore commencer des projets pour les abandonner aussitôt.

Soyez franc et objectif.

Le but de cet exercice, c'est de procéder à un état des lieux franc et honnête de votre identité actuelle, et de définir les points précis qui nécessitent une transformation, plus ou moins radicale. Faites deux tableaux pour vous aider. Nous prenons rarement le temps de faire le point sur nous-même.

Le formidable pouvoir de nos croyances

Vous devez comprendre une chose très importante : nos croyances peuvent être notre pire ennemi ! Nous avons tous des croyances, et certaines d'entre elles sont limitantes.

Nos croyances nous incitent à avoir une certaine perception de la réalité. Étymologiquement, le mot « croyance » vient du latin « credo », qui signifie «

je crois ». Or, cette perception ne correspond pas forcément à la réalité objective, mais plutôt à notre façon de l'appréhender.

D'où proviennent nos croyances ? Notamment du conditionnement auquel nous avons été soumis depuis l'enfance : un conditionnement familial, culturel, psychologique, médiatique... Elles proviennent de tous les messages de notre environnement, mais aussi de nos expériences vécues, et de la façon dont notre entourage nous perçoit.

Au fil du temps, nous finissons aussi par nous percevoir nous-même d'une certaine manière : « je suis timide, je suis flemmard, je ne mène jamais rien à terme, je suis belle, je suis beau, je suis moche, je suis effacé, je suis un boute-en-train, je suis cynique... ».

Schématisons un peu tout cela.

Au début de chaque situation, il existe une réalité, quelle qu'elle soit. Nous percevons et interprétons cette réalité à travers le filtre de nos croyances, bien ancrées en nous. C'est un phénomène naturel. Nos croyances créent à leur tour des pensées. Et ces pensées suscitent des émotions, négatives ou positives : des émotions de doute, d'enthousiasme, de peur, de joie, de colère, de panique, de frustration, etc. Or, nos émotions nous poussent à adopter un certain type de comportement, à faire certaines actions précises. Ou au contraire à ne pas les entreprendre...

Bien sûr, nos comportements et nos actions provoquent des résultats, qui ont comme conséquence d'autorenforcer et d'autovalider nos croyances initiales. La boucle de rétroaction est bouclée.

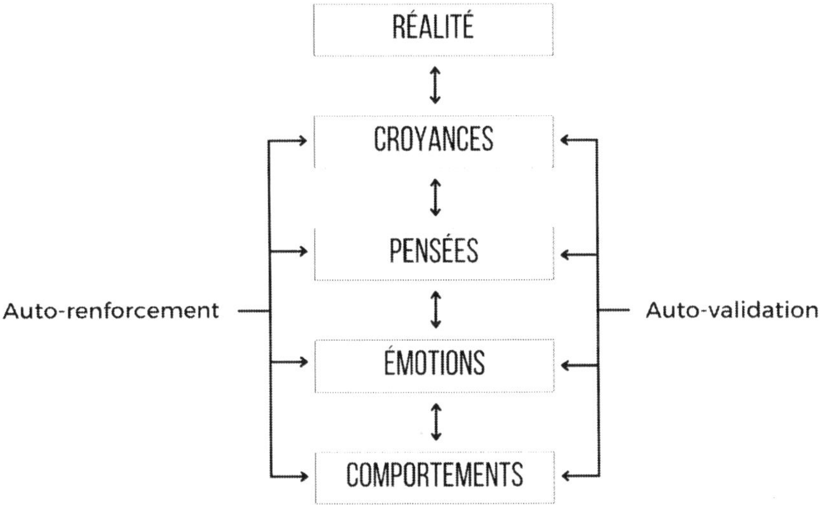

Pour illustrer ce schéma, prenons l'exemple de Cécile.

Depuis des années, Cécile est en surpoids. Elle a bien tenté de se mettre au sport à deux ou trois reprises : jogging, fitness en salle, vélo d'appartement... Mais, après quelques petites semaines, l'enthousiasme initial s'évapore et elle abandonne aussi sec.

Cécile a aussi suivi un régime à deux reprises, avec deux méthodes différentes. Elle a perdu des kilos pendant trois mois, ravie, avant de lâcher prise et de se ruer avec voracité sur les biscuits !

Depuis son enfance, sa mère lui répète en boucle « qu'elle n'a aucune volonté, qu'elle est trop grosse pour trouver un mari... »

Quelle croyance limitante pourrait bien s'être insinuée dans sa tête, à votre avis ? Peut-être celle-ci : « Je suis trop grosse parce que c'est ma nature, et de toute façon je n'ai vraiment aucune volonté ! Tout le monde le sait ! Tant pis... J'en ai vraiment marre, où sont les biscuits ? »

Pour changer d'attitude et de comportement, nous devons « casser » cette boucle de rétroaction, briser un des maillons de la chaîne, et le remplacer progressivement par un nouveau maillon ! Le but de cette gymnastique mentale est de créer une nouvelle croyance, qui provoquera de nouvelles pensées, de nouvelles émotions, et donc un nouveau comportement.

Ne l'oubliez surtout pas : un schéma de pensée peut évoluer dans le bon sens si vous le souhaitez ! Il n'est pas obligatoirement figé pour l'éternité, comme on le croit souvent.

Si nous sentons qu'une croyance nous entrave et nous empêche d'atteindre notre véritable potentiel, nous pouvons la modifier. En fait, nous devons le faire !

Un patch mental à appliquer… sans modération !

Voici un patch mental en cinq étapes que vous pourrez appliquer à volonté, quand le besoin s'en fait sentir, afin de « réinitialiser » votre cerveau.

Étape 1 – Exprimez votre ressenti vis-à-vis de l'objectif que vous visez, en l'imaginant déjà atteint. Par exemple : « Je me sens libre et indépendant ».
Étape 2 – Exprimez votre passion.
Étape 3 – Énoncez la croyance limitante qui vous empêche d'exprimer pleinement cette passion et d'atteindre vos objectifs.
Étape 4 – Exprimez l'inverse de vos croyances limitantes. Par exemple : « Je ne peux pas, je suis trop jeune, je n'y arriverai pas… » devient : « Je peux le faire, je ne suis pas trop jeune, je peux parfaitement y arriver… »
Étape 5 – Énoncez ce qui vous comble le plus dans la vie.
Étape 6 – Énoncez une série de faits indiscutables à l'appui de votre objectif.

Les étapes de ce patch logique permettent d'écrire un scénario afin de créer de nouvelles croyances. Voici un exemple concret :

- « Si ma passion est de créer un business rentable dans le conseil en diversification de patrimoine… »
- « Et que je me sens comblé à l'idée de développer une entreprise… »
- « Et que je me sens comblé à l'idée d'agir afin de réaliser mes rêves… »
- « Et que je connais des personnes qui, en ne partant de rien, ont monté de très belles entreprises… »
- « Et que j'ai déjà prouvé à maintes reprises que je suis un battant en gagnant telle compétition, en réussissant tel concours, en réalisant tel projet au sein de telle société… »
- « Alors, il est logique de penser que je suis tout à fait capable de créer ce business rentable avec les moyens dont je dispose, quel que soit le contexte économique actuel. »

Le patch logique vous permettra de révéler vos croyances limitantes par rapport à votre objectif, et de les remplacer par de meilleures croyances. Vous pouvez bien sûr ajouter autant de « Et » que vous le souhaitez, du moment que cela apporte un élément positif à votre scénario.

Quelle est la limite de cet exercice ? C'est notre rationalité, puisqu'il s'adresse à notre logique : or, on ne peut pas toujours tout expliquer avec des concepts exclusivement rationnels. Et l'équilibre entre raison et sentiment est propre à chacun d'entre nous. Certains sont plus attachés au rationnel, d'autres à l'émotionnel.

Changer d'habitude : la méthode Kaizen !

Nous savons tous que les bonnes résolutions du premier jour de l'an sont généralement abandonnées en quelques jours. La méthode Kaizen[1] se situe complètement à l'opposé du fameux « tout ou rien » propre aux bonnes résolutions du 1er janvier (ou de n'importe quel autre moment de l'année, d'ailleurs !).

Il s'agit de mettre en place une minuscule amélioration quotidienne en direction de notre objectif, une amélioration qui passera quasiment inaperçue. Si l'on chiffre le processus, nous parlons de 1 % chaque jour, pas plus ! Ça fonctionne, quel que soit le domaine : sport, lecture, alimentation, business...

On ajoute de minuscules améliorations, pas à pas, afin de réussir une transition toute en douceur... comme si de rien n'était ! Cette stratégie est particulièrement efficace pour implémenter une nouvelle habitude.

Si vous faites un régime restrictif, vous allez perdre quelques kilos, puis vous en aurez assez des privations, et vous lâcherez tout d'un coup. C'est ce qui m'est arrivé à une époque : j'avais décidé de devenir végétarien du jour au lendemain... et j'ai lâché après une petite semaine !

Si vous souhaitez mincir, de petites modifications progressives dans votre alimentation passeront presque inaperçues : l'effet sera moins spectaculaire à court terme, mais très efficace sur la durée ! Pourquoi ? Parce que vous finirez par intégrer dans votre quotidien une nouvelle habitude : manger beaucoup plus sainement... Ne visez pas la perfection, mais l'amélioration continue !

Nos quatre piliers de vie

Créer sa propre entreprise, c'est un marathon, pas un sprint. Gardez en tête que la vie est un tout. Une vie heureuse et épanouie, c'est une complémentarité et une forme d'équilibre – toujours précaire et instable – entre différents aspects fondamentaux de notre existence.

Je n'entends pas me transformer en gourou du développement personnel, mais j'aimerais vous faire part de mon ressenti à ce propos, et de mon expérience de jeune entrepreneur à succès, bouillonnant d'énergie, mais parfois parti en dérapage non contrôlé...

Il existe à mon sens quatre principaux piliers de vie : la santé, les relations, la carrière et les finances. Pour avoir un quotidien épanouissant et stimulant, nous avons donc tous besoin d'une forme d'équilibre, qui nous est propre, entre ces différents piliers.

- **La santé**

Concrètement, la santé, c'est avant tout la vitalité. Nous le savons tous : cette vitalité s'entretient en mangeant sainement, en faisant du sport très régulièrement, et en dormant suffisamment. Prenez le temps de réfléchir à vos habitudes personnelles, et de corriger le tir si besoin est : la santé est la base de tout. Elle nous permet de profiter de la vie et d'avoir l'énergie pour entreprendre de belles choses.

- **Les relations**

Elles concernent le couple, la famille, les amis et les relations de travail. En ce qui me concerne, j'ai perdu de vue les gens que je fréquentais durant mon enfance et mon adolescence. Au fur et à mesure de mes succès entrepreneuriaux, nos chemins ont rapidement divergé... Mes relations venaient du même univers que moi, mais restaient figées dans une vision du monde qui n'était plus la mienne. Nous n'avions plus rien à nous apporter, plus rien en commun.

Je pense personnellement que nous sommes faits pour évoluer. Quand on n'avance pas, on se sent mourir lentement. C'est sans doute aussi un élément qui me différenciait de mes amis.

- **La carrière**

La carrière, c'est l'état d'avancement de nos projets professionnels. En tant qu'entrepreneur, je préconise une approche pragmatique : commencez par supprimer les problèmes économiques dans un premier temps, en misant sur un business à cash-flow et sur la sécurité matérielle. Ensuite seulement, une fois que gagnez assez d'argent, vous pouvez faire évoluer votre business en le diversifiant, en le scalant, en élaborant de nouveaux concepts, avec un brin de folie...

- **Les finances**

Les finances, ce n'est pas seulement l'argent. L'argent n'a pas d'émotion, il est neutre. Je vous invite à penser en termes d'abondance, une notion bien plus joyeuse ! Commencez donc par gagner votre vie avec votre entreprise, puis, dans un deuxième temps, investissez pour avoir des actifs. Vous aurez alors une certaine visibilité sur le futur.

Le déséquilibre : expérience vécue !

J'aimerais vous faire part de mon expérience personnelle, en toute honnêteté. En 2019, je commençais à très bien gagner ma vie, mais je n'étais pas heureux, parce que mes quatre piliers n'étaient pas équilibrés ! Comme quoi, le proverbe « l'argent ne fait pas le bonheur » est assez juste...

Au niveau santé, j'avais mis tellement d'énergie dans mes projets entrepreneuriaux que je n'étais pas en forme : je mangeais mal, j'avais lâché le sport, et j'avais perdu 12 kg de muscles environ... Pas terrible ! Mes relations ? C'était le désastre ! Je venais de vivre une rupture sentimentale, mes rapports avec ma mère étaient conflictuels, et j'avais des tensions avec mes partenaires de travail.

Bref, je n'avais jamais gagné autant d'argent de toute ma vie, mais je ne me sentais pas vraiment bien. J'étais même carrément déprimé, à certains moments... Mais bien sûr, j'affichais exactement le contraire sur les réseaux sociaux : l'image d'un jeune entrepreneur à qui la vie sourit, un « gagnant », comme on dit, très satisfait de son sort !

Il faut être honnête avec soi-même. C'est en tout cas ce que j'ai essayé de faire. Un an plus tard, j'avais enclenché une routine sportive, et je faisais attention à ce que je mangeais. Mes relations s'étaient améliorées avec mon équipe, et surtout avec ma mère ! De plus, j'avais une nouvelle relation de couple beaucoup plus satisfaisante. Je me sentais beaucoup mieux dans ma peau. Mais j'évolue, comme tout le monde, et dans certains domaines, mes standards d'hier ne sont plus forcément ceux d'aujourd'hui. C'est normal. On arrive rarement à une sorte de nirvana, de béatitude bienheureuse – en tout cas, je n'y crois pas beaucoup.

Il n'en reste pas moins que faire le point très honnêtement, de temps à autre, est un excellent moyen pour reprendre les choses en main, et donc pour évoluer dans le bon sens.

Et finalement pour être plus heureux !

EXERCICE

EXERCICE :

Notez 3 caractéristiques principales d'un mindset d'entrepreneur et expliquez brièvement pourquoi elles sont importantes.

Caractéristique 1 : ....

Pourquoi est-elle importante ?

....

....

Caractéristique 2 : ....

Pourquoi est-elle importante ?

....

....

Caractéristique 3 : ....

Pourquoi est-elle importante ?

....

....

ENGAGEMENT :

Discutez avec d'autres entrepreneurs ou personnes intéressées par l'entrepreneuriat pour comparer et échanger sur les différents mindsets.

CHALLENGE :

Identifiez les aspects de votre propre mindset qui pourraient être améliorés et établissez un plan pour les développer.

9

INTERVENANTE : LÉA TRAVEL COWGIRL

FONDATRICE TRAVEL COWGIRL

Concentrez-vous sur vos rêves !

J'étais là, couchée dans mon lit à la suite d'un accident, déprimée. Je savais que j'allais passer les trois prochains mois allongée, à attendre de pouvoir remarcher. Mais est-ce que j'allais vivre ces mois à venir comme un échec, ou comme une opportunité ?

L'opportunité de pouvoir enfin focaliser toute mon attention sur le business que j'avais toujours rêvé d'entreprendre. Un business qui me rend vraiment libre, qui me permet de quitter mon job de kiné et qui me fait kiffer ! Je suis convaincue d'une chose : les challenges que la vie nous donne nous offrent l'opportunité de grandir.

C'est la lecture de *Business* , le premier livre écrit par Alec, qui m'a aidée à passer concrètement à l'action. Ça a été le déclic. Parce que se former, c'est important, mais passer à l'action, que ce soit pour créer du contenu, proposer une offre ou pour développer son réseau, c'est mieux ! Les vrais résultats viennent de la pratique, pas de la théorie. Et puis, s'inspirer des meilleurs, ça aide !

À l'heure où j'écris ces lignes, je gagne plus de 300 000 € par an. Je suis digital nomad, et j'adore la vie que je mène. Pourtant, je suis vraiment partie de zéro ! Alec ne connaissait pas mon existence il y a 2 ans et, aujourd'hui, j'interviens dans son nouveau livre. Il m'a même interviewée dans son podcast : alors, dites-vous bien que tout est possible !

Depuis le début de l'aventure, j'essaie toujours d'imaginer l'entrepreneure que je serai dans trois ans. Quelle décision prendrait-elle à ma place aujourd'hui ? Aurait-elle peur de se montrer, ou au contraire déciderait-elle de passer à l'action, quoi qu'il advienne ?

Si je veux ressembler à cette business woman que je visualise, je me dois de réfléchir comme elle. Je me demande régulièrement si mes actions sont à la hauteur de mes ambitions. Et franchement, 90 % du temps, ce n'est clairement pas le cas : je dois donc changer ça.

Voici ma règle : tant qu'il subsiste un écart entre ce que je veux et ce que je fais concrètement pour l'obtenir, je ne peux pas me plaindre si ça n'avance pas. Et je crois profondément que tout est possible, quand on veut vraiment quelque chose, et que l'on s'en donne les moyens.

La plupart du temps, c'est la peur qui nous retient. Mais, plus vite tu fais des erreurs, plus vite tu réussiras ! Et puis, au pire, quoi ? Tu ne vas pas en mourir. Crois-moi : la meilleure chose qui puisse t'arriver, c'est de te planter rapidement, ça te permettra de savoir quoi faire, mieux, et plus vite.

Ta vie actuelle, tous domaines confondus, c'est le résultat des décisions que tu as prises ces cinq dernières années. Si ça te convient, tant mieux, super ! Mais, si tu as aujourd'hui ce livre entre les mains, je suppose que ce n'est probablement pas le cas. Si tu ne changes rien aujourd'hui, rien n'aura changé dans cinq ans. Ni dans dix ans. Ni même dans 50 ans... Et à la fin, on meurt.

Quand il s'agit de prendre une décision, soit tu passes à l'action, soit tu trouves des excuses, mais tu ne peux pas faire les deux en même temps ! Personne ne viendra te sauver : tu es le seul responsable de ta vie.

Tu sais déjà ce qu'il faut faire, mais tu te racontes juste que tu n'es pas assez prêt, que ce n'est pas le bon timing, histoire de repousser le moment de passer à l'action. Alors, rappelle-toi que l'avis des autres ne paiera pas tes factures, et fonce ! Mon seul regret, personnellement, c'est de ne pas avoir osé commencer plus tôt. Ma dernière question pour toi : qu'est-ce que tu attends ?

10

INTERVENANT : LUCAS BIVERT

FONDATEUR ECOM EMPIRE

La question à laquelle vous devez absolument avoir la réponse

Salarié, chômeur, entrepreneur stressé, entrepreneur libre, fonctionnaire, étudiant : nous avons tous deux points communs :

1. Nous sommes tous nés sur cette planète.
2. Nous allons tous mourir sur cette planète.

Autrement dit, nous avons tous démarré à partir de la même case de départ, et nous allons tous terminer notre parcours à la même case, aussi...

Alors, à quoi bon tourner en rond dans le même labyrinthe sans issue pendant 40 ans ?

Le laps de temps entre notre naissance et notre mort est extrêmement court. Nous devons continuellement rêver, toute notre vie ! Nos rêves se transformeront alors en objectifs concrets. Mais si nous ne nous battons pas pour les atteindre, une chose est sûre et certaine : personne d'autre ne le fera à notre place, simplement pour nous faire plaisir ou pour nos beaux yeux.

Dès l'âge de 18 ans, j'ai compris que je n'allais pas faire comme tout le monde. Je ne voulais pas vivre ma crise de la quarantaine comme tout le monde. Je ne voulais pas rentrer chez moi tous les jours à 18 h, me mettre à table, et ensuite m'affaler devant la télé, en répétant ce schéma pendant 40 ans, dans le seul but d'attendre désespérément ma retraite pour être enfin libre.

Libre ? À 65 ans, perclus de rhumatismes, quand les beaux jours seront finalement loin derrière moi ?

J'ai quitté l'école à 19 ans avec 500 € en poche, en allant à contre-courant de la plupart des gens. J'ai aujourd'hui 24 ans, et j'écris ces lignes à l'arrière d'un taxi, en direction d'Abu Dhabi, pour aller terminer ma journée sur la plage avec ma copine. Et je l'affirme haut et fort : je suis l'homme le plus riche du monde !

Le plus riche du monde, parce que la richesse ne se résume pas à l'argent qui s'accumule sur un compte bancaire : à mes yeux, elle repose essentiellement sur les expériences que l'on peut vivre, et sur la liberté que l'on a de faire ce qu'on veut, quand on veut...

Aujourd'hui, je me sens riche car je ne dépends de personne. Le matin, je ne suis obligé de me lever pour personne, et j'ai le très grand privilège de pouvoir choisir les gens qui m'entourent au quotidien.

J'ai généré plusieurs millions de chiffre d'affaires avec mes entreprises, mais ma vraie richesse, c'est certainement la liberté. Et je me suis battu pour l'obtenir, parce que je ne voulais pas être emprisonné jusqu'à la fin de ma vie.

PARTIE III

VOTRE PREMIER PAS DANS LE NOUVEAU MONDE

11

RÉVEILLEZ LE GÉNIE QUI SOMMEILLE EN VOUS !

Le Nouveau Monde vous tend les bras, vous l'avez compris, et vous avez très envie de vous lancer. Mais comment procéder concrètement ? Avant d'entrer dans le vif du sujet, j'entends par là entamer la partie de ce livre consacrée à votre stratégie, à votre niche et à votre marketing, vous devez construire les fondations de votre mutation. Le Nouveau Monde a ses propres règles, et vous devez les connaître. Mon ambition est de vous transformer en guerrier – pacifique, bien sûr !

Nous allons commencer par définir votre zone de génie. Nous avons tous une ou plusieurs zones de génie. La vôtre est sans doute différente de la mienne. Chacun a sa propre manière de fonctionner, d'appréhender le monde et les gens. À nous de trouver nos points forts et de les exploiter au maximum.

Quand nous prenons pleinement conscience de notre fonctionnement personnel, soudain, beaucoup de choses s'éclairent ! Nous arrivons alors à décoder nos façons de réagir et d'interagir avec les autres. Nous nous comprenons mieux nous-mêmes et, cerise sur le gâteau, nous comprenons mieux le fonctionnement d'autrui.

Mais comment procéder ?

Je ne vous suggère pas de faire dix ans de psychanalyse avant de vous lancer, rassurez-vous ! On va faire simple et efficace : il existe aujourd'hui différents outils qui permettent de faire le point sur nous-même, sur nos qualités et faiblesses, sur notre manière de fonctionner, sur notre type de personnalité... Utilisons-les !

Le test de personnalité MBTI (Myers Briggs Type Indicator)

Des chercheurs en psychologie ont réussi à catégoriser les principaux traits de personnalité de l'être humain en fonction de critères bien précis. Bien sûr, nous conservons aussi nos propres spécificités au sein de chacune de ces catégories. Et nous évoluons en permanence (surtout si nous le décidons !) : rien n'est jamais gravé dans le marbre.

Néanmoins, vous pourriez être surpris par la justesse de l'analyse de tests apparemment très simples à réaliser.

Je vous invite à utiliser un outil d'évaluation psychologique qui s'appelle le Myers Briggs Type Indicator, plus connu sous l'acronyme MBTI. Il permet de déterminer le profil psychologique d'un sujet, et s'avère utile pour mieux se connaître et se comprendre. Il permet aussi de mieux comprendre les autres. Cerise sur le gâteau, le test est rapide – un petit quart d'heure – et plutôt ludique. Ensuite, prenez le temps de bien lire vos résultats : c'est parfois étonnant !

Le principe général du MBTI

Le MBTI « réactualisé » recense cinq catégories principales qui se rapportent à notre manière d'être, de percevoir, à notre façon de choisir et d'agir. Il s'agit de cinq aspects qui nous caractérisent et lorsqu'ils sont combinés, définissent notre type global de personnalité.

Ces différentes catégories, symbolisées par des lettres spécifiques, déterminent par exemple si vous êtes plus ou moins extraverti ou introverti, votre façon de recueillir l'information dans le monde qui vous entoure, ou encore d'organiser votre travail et votre vie, etc.

- **Par exemple, la première catégorie répond à la question : « Comment tirez-vous votre énergie ? »**

Ce trait de caractère détermine en fait la façon dont nous interagissons avec notre environnement. Soit nous avons une prédominance E (Extraverti), soit une prédominance I (Introverti). Une personne extravertie (E) tire principalement son énergie du monde extérieur et du contact avec les autres, alors que l'introverti tire son énergie de son monde intérieur, de sa réflexion personnelle. Il a besoin de moments de solitude pour se ressourcer.

- **La deuxième catégorie répond à la question : « Comment préférez-vous recueillir l'information, et où dirigez-vous votre énergie mentale ? »**

Une personne de type S (Sensation) s'attache prioritairement aux faits et au concret, elle se concentre sur ce qui s'est déjà passé, et elle a souvent de fortes habitudes. L'individu plus intuitif s'attache aux nouvelles possibilités, et à ce qu'il ressent. Il est très ouvert d'esprit et très curieux, préfère globalement la nouveauté à la stabilité.

- **La troisième catégorie répond à la question : « Comment prenez-vous vos décisions et comment gérez-vous vos émotions ? »**

Un individu de type T (Thinking, pour Pensée) décide de façon logique, rationnelle et pragmatique. Celui de type F (Feeling, pour Sentiment) décide de préférence selon ses propres sentiments et ses valeurs personnelles. Il est plus empathique et moins compétitif.

- **La quatrième catégorie répond à la question : « Quel est votre mode de vie idéal ? »**

Elle reflète notre approche du travail, de la planification et de la prise de décisions.

L'individu de type J (Jugement) préfère un mode de vie organisé, bien structuré, minutieux. Il apprécie la clarté, la prévisibilité, la planification au travail. Le type P (Perception) privilégiera un mode de vie plus souple et intuitif, adaptable.

- **Enfin, la cinquième catégorie, qui sous-tend toutes les autres, s'intéresse au niveau de confiance que nous avons dans nos capacités et nos décisions.**

L'individu A (Assertif) concerne le sujet plutôt sûr de lui, affirmé, confiant dans son propre jugement, d'humeur égale et plutôt résistant au stress. Il refuse de s'inquiéter et ne va pas se rendre malade pour atteindre ses objectifs. L'individu T (Turbulent) est en revanche sensible au stress, plus émotif, et globalement moins affirmé, un peu moins confiant dans son jugement.

Petite précision : ce n'est jamais « tout noir ou tout blanc », et nous avons tous plutôt une forme de prépondérance par rapport à un trait de caractère.

Ces différentes manières d'être, de percevoir, de choisir et d'agir permettent de déboucher sur 16 principaux types de personnalités. Il existe également quatre grandes catégories qui regroupent ces 16 personnalités : les analystes, les diplomates, les sentinelles et les explorateurs. Présenté ainsi, cela peut paraître compliqué, mais le plus simple est de faire le test. Vous allez voir, c'est amusant, et vous pourriez être surpris par la justesse de l'analyse finale.

Je vous invite néanmoins à tenir compte de deux recommandations.

La première : faites ce test en étant le plus honnête possible – cela vous prendra moins d'un quart d'heure ! Inutile de le refaire deux ou trois fois de suite, en biaisant vos réponses dans le but d'aboutir au type de personnalité qui vous paraît le plus enviable... L'objectif, pour que ce soit valable, c'est avant tout la spontanéité et l'honnêteté. Sinon ça ne sert pas à grand-chose.

La seconde : prenez ce test comme une photographie de votre personnalité à l'instant T. Nous évoluons tous en permanence, en fonction des événements, de notre parcours de vie et de nos expériences. Par exemple, j'ai déjà effectué ce test moi-même il y a quelques années, et je n'avais pas abouti au même type de personnalité qu'aujourd'hui (je suis actuellement « Entrepreneur », ce qui me correspond assez bien).

C'est normal : j'ai évolué, mon parcours professionnel n'est plus le même. Je me suis adapté à de nouveaux défis quotidiens, et mon caractère s'est partiellement transformé également.

Note pratique : Pour faire ce test, rien de plus simple. Faites une recherche en tapant « Test de personnalité MBTI » sur Google, par exemple... et prenez un quart d'heure ! Un peu plus, en fait, car vous lirez ensuite tranquillement le compte-rendu de vos résultats.

L'exercice du Miroir Secret

Un autre exercice complémentaire intéressant, c'est celui du miroir secret : il consiste à aller à la découverte de vos héros personnels favoris. C'est un petit retour en enfance amusant, mais qui en dit parfois long !

Voici le principe :

Prenez une feuille de papier, ou un document Word. Dans un premier temps, indiquez vos héros lorsque vous étiez a) enfant, b) adolescent et c) jeune adulte. Par exemple, cela pourrait être : Zorro, Superman, Michel Vaillant, Tintin, Batman, Che Guevara, Spider-Man, ou tout autre personnage...

Dans un deuxième temps, notez maintenant vos héros actuels, en choisissant a) un sportif b) le héros de votre film favori et c) un entrepreneur.

La suite consiste à indiquer ce qui, selon vous, caractérise vos héros préférés. Quels sont leurs traits de caractère principaux ? Pour quelles raisons les admirez vous ? L'effet miroir stipule que les traits de caractère du héros en question sont en fait des qualités déjà bien présentes en vous, qui ne demandent qu'à être mobilisées et décuplées !

Enfin, notez la phrase suivante : « *Prénom* est une personne (*qualité et caractéristiques qui vous plaisent chez vos héros)* ». Faites ce petit exercice consciencieusement. Et ensuite, notez votre propre prénom.

Puis réfléchissez : comment vous sentez-vous ?

Matrice SWOT et Super Pouvoir

Toujours dans l'optique de mieux vous connaître, de faire un état des lieux le plus précis possible de votre personnalité actuelle, je vous propose parallèlement une autre technique souvent utilisée en analyse stratégique marketing pour identifier les forces, les faiblesses, les opportunités et les menaces qui entourent une entreprise. En fait, cet outil peut tout aussi bien s'appliquer à un projet précis et unique... ou être utilisé sur le plan purement personnel ! C'est ce qui en fait tout son intérêt dans le cas présent.

Il s'agit de la matrice SWOT. SWOT, c'est tout simplement l'acronyme des mots anglais Strengths (Forces), Weaknesses (Faiblesses), Opportunities (Opportunités) et Threats (Menaces).

La matrice SWOT est un tableau en quatre cases, qui vous permet de mieux vous rendre compte de vos atouts et de vos faiblesses. C'est une sorte de petit audit personnel, à l'instant T.

Voici comment nous allons procéder. Prenez une feuille de papier ou ouvrez un document Word, et notez les points suivants :

- **S pour Strengths : Forces.**

Quelles sont vos facilités, vos zones de compétences ? Dans quels domaines êtes-vous naturellement bon, sans effort particulier ?

Notez-les sur une feuille !

- **W pour Weaknesses : Faiblesses.**

Quelles sont vos faiblesses ? Quelles sont les stratégies ou les connaissances qui vous manquent ou ce que vous n'avez pas réussi à apprendre et qui sont liées, selon vous, à vos plus gros échecs ?

Notez-les sur une feuille !

- **O pour Opportunities : Opportunités.**

Quelles tendances avez-vous récemment identifiées dans votre domaine de prédilection ? À quelles opportunités avez-vous accès grâce à votre réseau ?

Notez-les aussi !

- **T pour Threats : Menaces.**

Quelles sont vos plus grandes peurs et votre plus grande menace actuelle, pour votre vie personnelle et professionnelle ?

Notez-les également !

Un conseil : n'hésitez pas à faire participer votre entourage, vos amis, votre famille...

Maintenant, faites un tableau sur deux colonnes verticales et deux colonnes horizontales, à l'image du tableau ci-dessous. En résumé, la première colonne verticale représente vos atouts et la seconde, vos handicaps. La première colonne horizontale est tournée vers votre personnalité, et la seconde plutôt orientée vers le marché.

FORCES	FAIBLESSES
OPPORTUNITÉS	MENACES

Ensuite, procédez tout simplement à votre analyse SWOT en remplissant le tableau, qui recense dans la colonne de gauche vos forces et vos opportunités, et dans celle de droite vos faiblesses et vos menaces.

Grâce au test MBTI que vous aurez préalablement effectué, vous aurez une excellente vision de vos forces et de vos faiblesses ! Comme quoi, tout est lié...

Mais vous pouvez aussi vous aider en répondant aux questions suivantes :

Quelles sont vos forces ? Répondez à ces questions :

- Quelles sont vos compétences ? Listez-en au moins 10 !
- Quelles sont vos facilités et dans quels domaines êtes-vous naturellement bon ?
- Quelles sont les qualités et compétences pour lesquelles vous êtes souvent complimenté ?
- Quelles sont vos plus grandes réussites ?
- Qu'avez-vous de plus que les autres ?
- Quels diplômes ou quelles certifications avez-vous ?

Quelles sont vos faiblesses ? Répondez à ces questions :

- Quels sont les éléments, les stratégies et/ou les connaissances que vous n'avez pas pu apprendre ?
- Quels ont été vos plus gros échecs, et pourquoi ?
- Quels sont vos pires défauts, selon vos proches ?
- Quel genre de situation peut vous mettre en difficulté ?

Quelles opportunités s'offrent à vous ? Répondez à ces questions :

- Quelles tendances avez-vous récemment identifiées dans votre domaine ?
- À quelles opportunités avez-vous accès grâce à votre réseau ?
- Avez-vous identifié un problème particulier à résoudre dans votre domaine ?
- Quelles opportunités vous viennent spontanément à l'esprit ?

Qu'est-ce qui vous menace ? Répondez à ces questions :

- Quelles sont vos plus grandes peurs actuelles concernant votre vie personnelle et professionnelle ?
- Quels événements futurs représentent un risque ?
- Qui sont vos concurrents ?
- Est-ce que quelqu'un pourrait réaliser votre projet à votre place ?

À partir du test MBTI et des réponses à ces différentes questions, remplissez à présent la matrice SWOT. Cela vous permettra d'en tirer un état des lieux personnel riche en enseignements. Mais vous constaterez sans doute une chose intéressante en refaisant cet exercice dans six mois ou dans un an : vous n'aurez pas forcément les mêmes résultats ! Et c'est tout à fait normal. Car, encore une fois, nous évoluons tous constamment et c'est aussi ce qui rend la vie passionnante...

Affirmations et ressentis

Enfin, je vous propose un quatrième exercice afin de mieux cerner votre super pouvoir : les affirmations liées au ressenti.

C'est très simple. Prenez une feuille, et complétez cette liste d'affirmations :

- Je me sens bien quand je fais...
- J'ai naturellement de la facilité pour...
- On m'a toujours félicité pour...
- Je me sens dans mon élément quand...
- J'aide souvent mon entourage à...
- Je me sens à ma place lorsque je suis...

Ce petit exercice n'a l'air de rien, mais, cumulé avec les autres, il affinera encore votre analyse. Car cette fois-ci, on travaille essentiellement sur l'émotionnel.

Maintenant, sans doute êtes-vous en train de vous dire que ces quatre exercices sont redondants, que de toute façon vous pensez déjà connaître la réponse, ou que ce sont des points de détails. Mais je vous recommande néanmoins de prendre le temps de les effectuer. Vous êtes en train de poser les piliers qui vous aideront à identifier beaucoup plus facilement votre future triade gagnante : c'est-à-dire votre niche, votre avatar et votre offre.

Cette étape est donc particulièrement importante.

Il est toujours intéressant de se pencher sur soi, de procéder à un petit bilan bienveillant. Pour vous faire une place dans le Nouveau Monde, il est nécessaire de bien connaître vos forces et vos faiblesses, vos atouts et vos handicaps. Je reprends une analogie parlante : vous êtes comme un sportif professionnel, qui veut progresser et aller de l'avant, qui prépare de grandes compétitions stimulantes. Faire le point, cela permet d'évoluer dans le bon sens, mais sans aller à contre-courant de soi-même pour autant...

Acceptez vos différences et faites-en une force ! Qu'elles soient visibles ou invisibles, elles vous rendent uniques, parfois à votre avantage, et parfois moins, bien sûr. Quoi qu'il en soit, à vous de les exploiter au mieux. Car le jugement que vous porterez sur ces fameuses différences vous appartient. Ne laissez pas cette responsabilité aux autres : je le répète, vous êtes seul juge !

En guise de conclusion, je vais partager avec vous une petite recette très sympa : prenez un soupçon d'acceptation, une belle part d'amour pour vous-même, un gros morceau de responsabilité et une bonne dose de « rien à foutre »... et vous détenez la formule explosive qui vous permettra de libérer votre plein potentiel !

N'oubliez pas non plus une chose très importante : le but n'est pas, comme on nous l'apprend à l'école, d'essayer d'être a minima moyen de partout. Dans le Nouveau Monde, ça ne sert pas à grand-chose, croyez-moi ! Vous devez au contraire identifier vos points forts et les accentuer, pour qu'ils soient encore meilleurs ! C'est à ce moment-là que vous deviendrez unique et vous vous présenterez comme une personne de référence dans votre domaine...

12

VOUS N'AUREZ RIEN SANS RIEN

Créer sa propre entreprise réclame un engagement et un focus quotidiens – même si c'est à temps partiel – sur les tâches importantes à accomplir. La seule solution, c'est de faire une transaction avec soi-même : « Voilà ce que je veux accomplir, et voici ce que je m'engage à faire pour atteindre mon objectif d'indépendance et de liberté ».

Concrètement, vous devrez mettre en place une routine de travail qui vous permettra d'être productif, d'avancer rapidement et sûrement. Il existe de très nombreuses méthodes de productivité, et certaines se contredisent parfois. L'important, c'est de trouver celle qui vous convient à vous, personnellement ! Car une chose est sûre : il n'y a pas de méthode miracle qui soit universelle et qui soit adaptée à tout le monde.

Je ne vais pas entrer dans le détail, mais voici mes recommandations clés : à vous de les tester, et d'en faire le meilleur usage possible. N'oubliez pas que le voyage doit être agréable sur le long terme si vous désirez atteindre vos objectifs et ne pas lâcher prise en cours de route.

Votre meilleure arme : le laser focus

L'essentiel, c'est de rester concentré et focus sur ce que vous avez à accomplir à l'instant T. Pour y parvenir, je vous propose cinq habitudes de travail qui ont fait leurs preuves.

Habitude n° 1 : Éliminez toute source de distraction quand vous travaillez. Je vous recommande par exemple de couper les notifications sur votre ordinateur comme sur votre smartphone. Cela vous permettra de ne pas vous laisser déconcentrer.

Habitude n° 2 : En général, je recommande de commencer sa journée de travail par les tâches qui nécessitent le plus de concentration et d'énergie mentale. Celles qui mobilisent moins de concentration intellectuelle pourront être réalisées plus tard, en cours de journée. Et ne commencez pas forcément par ce qui vous plaît le plus : ce n'est pas un bon critère de choix pour démarrer une journée de travail…

Habitude n° 3 : Appliquez aussi la stratégie très efficace de la monotâche : cela consiste simplement à bloquer des demi-journées ou même souvent des journées entières pour travailler sur des tâches bien spécifiques. Par exemple lundi sera consacré à la rédaction de newsletters, mardi aux recherches de contenu, mercredi au tournage de vidéos, jeudi au marketing ou à toute autre tâche spécifique.

Il faut bien comprendre que le plus dur, ce qui demande le plus d'énergie et nous fait perdre le plus de temps, c'est toujours le démarrage : commencer quelque chose et entrer dans un nouveau sujet. Vous serez beaucoup plus efficace en concentrant vos efforts dans le temps.

Habitude n° 4 : Aimez ce que vous faites ! C'est quelque chose d'important, parce que si vous n'appréciez pas vraiment ce que vous faites, si tout est une corvée de A jusqu'à Z dans le seul but de générer du cash, il vous sera très difficile de rester concentré sur le long terme, et de devenir un véritable maître dans votre « art »… Bien sûr, nous devons tous effectuer des tâches qui nous rebutent. Néanmoins, nous devrions aimer le cœur de notre travail.

Habitude n° 5 : Le mode ermite. Si vous avez une deadline ou un gros projet à tenir, écartez-vous momentanément du monde ! Coupez votre téléphone, ne lisez pas vos mails jusqu'à ce que cette tâche soit terminée. C'est à mon sens une stratégie particulièrement efficace.

En matière de productivité et d'efficacité, il est bon également de s'inspirer de quelques grands principes, qui souvent nous renvoient sans fioritures à la réalité. J'ai donc sélectionné pour vous quelques-uns d'entre eux : certains vous parleront sans doute…

La loi de Parkinson

La loi de Parkinson[1] stipule que « tout travail augmente sa durée d'exécution jusqu'à occuper entièrement le temps qui lui est affecté ». Par exemple, si vous avez deux mois pour réaliser un projet, sa finalisation prendra effectivement deux mois au strict minimum. Mais si vous n'avez qu'un mois pour le réaliser, vous réussirez vraisemblablement à en venir à bout dans ce délai raccourci.

L'idée est la suivante : plus on se donne de temps pour réaliser un projet, plus notre énergie a tendance à se dissoudre sur la durée du temps imparti. Nous avons tous pu vérifier la validité de ce principe pendant nos études, quand il s'agissait de rendre un devoir ou de préparer un examen. Nous avions souvent tendance à nous y mettre au dernier moment...

Bien sûr, il ne faut pas non plus se donner des délais objectivement intenables, sous peine d'avoir beaucoup trop de pression. Il s'agit donc d'estimer au mieux combien de temps sera nécessaire, en se mettant quand même un minimum de pression.

La loi de Fraisse et de Laborit

La loi du psychologue Paul Fraisse[2] stipule notamment que notre notion du temps dépend énormément du plaisir que l'on éprouve à faire quelque chose. Or, nous avons tous une tendance naturelle à commencer par ce qui nous plaît le plus. Normal, selon Henri Laborit[3] : pour des raisons liées à l'évolution, l'être humain cherche avant tout à fuir l'ennui ou la douleur, et à rechercher le plaisir. Mais le problème, c'est que ce n'est pas un bon critère de choix pour démarrer une journée de travail ! Commencez par la tâche la plus ardue et énergivore, quelle qu'elle soit...

Toutefois, respectez aussi votre rythme naturel et votre niveau d'énergie personnelle tout au long de la journée. Par exemple, si vous adorez vous lever très tôt et que vous avez les idées claires au petit matin, mettez l'accent sur le travail énergivore à ce moment de la journée. Inversement, si vous êtes en pleine forme en fin de matinée et que vous avez le réveil difficile, choisissez d'effectuer le travail le plus important lorsque votre énergie est au plus haut.

Nous devons nous adapter à nos propres rythmes, quoi qu'en disent certains gourous de la productivité.

La loi de Pareto

Le célèbre économiste et sociologue italien Vilfredo Pareto (1848-1923) a chamboulé notre façon de penser sur bien des aspects. En termes de productivité, la loi de Pareto recommande de concentrer nos efforts sur 20 % des actions qui donneront 80 % des résultats… et pas l'inverse !

Souvent nous avons tendance à perdre notre temps pour régler des détails sans importance qui, en fin de compte, n'apportent pas vraiment de valeur ajoutée par rapport à notre objectif final. Par exemple, ce pourrait être de se concentrer sur le logo ou le visuel d'une newsletter, au lieu de se préoccuper du contenu. Donc, il est important de déterminer quelles sont les actions les plus efficaces en termes de résultat, et de mettre toute notre attention sur lesdites actions.

La loi de Carlson

Quel est à votre avis ce qui est le plus chronophage dans notre travail ? Ce sont les interruptions ! Cette loi nous vient d'un autre économiste, suédois cette fois-ci : Sune Carlson (1909-1999). Dans son livre *Executive behaviour*[4], Carlson précise : « Le temps perdu à cause de l'interruption d'une tâche est supérieur au temps de l'interruption elle-même ».

Plus nous sommes interrompus dans notre travail, plus nous perdons de concentration ! La loi de Carlson stipule que tout travail interrompu – par exemple par une discussion, un bruit environnant ou en scrollant sur les réseaux sociaux – sera moins efficace et prendra plus de temps que s'il était effectué de manière continue.

Mais attention : il ne faut pas confondre interruption intempestive et pause volontaire !

La loi d'Illich

Ivan Illich (1926-2022) était un prêtre catholique et philosophe autrichien, et il s'est surtout fait connaître pour sa critique de la société moderne. Cet auteur dénonce le travers de nos modes de fonctionnement. En termes de productivité, sa réflexion peut se résumer ainsi : « Au-delà d'un certain seuil, l'efficacité humaine tend à diminuer, voire à devenir négative ! ». En effet, à partir d'un certain seuil, nous aurons alors tendance à enchaîner les erreurs !

Les pauses volontaires – et non les interruptions intempestives, n'est-ce pas M. Carlson ? – sont donc absolument nécessaires. Pour faire l'analogie avec les sportifs : le repos fait partie intégrante de l'entraînement !

Il faut savoir s'écouter : n'hésitez pas à structurer et déstructurer vos sessions de travail quand vous en ressentez le besoin. Testez-vous ! Vous serez d'autant plus efficace.

La loi de Douglas

Elle repose sur un principe simple, que nous avons tous vécu de manière très empirique : elle stipule que nous sommes beaucoup plus efficaces quand nous avons un bureau bien rangé ! Un bureau physique, d'une part, mais aussi virtuel : les dossiers, sous-dossiers et fichiers de notre ordinateur, par exemple.

Cela paraît évident, mais croyez-moi : vous serez ainsi plus efficace, vous perdrez moins de temps et vous vous faciliterez grandement la vie.

13

3, 2, 1... GO !

Dans la première partie de ce livre, j'ai souvent fait référence à la notion d'évolution personnelle. Je suis en effet intimement convaincu que nous évoluons toute notre vie, en permanence. J'en suis le vivant exemple : j'étais timide, peu sûr de moi, ratatiné devant mes jeux vidéo, sans doute pour fuir le monde extérieur. Et j'ai énormément changé en quelques petites années. Aujourd'hui, je suis toujours Alec Henry, un jeune homme qui, comme tout le monde, a ses qualités et ses défauts... mais je ne suis plus le même ! J'ai eu la chance de comprendre très vite que l'on pouvait se transformer.

Quand on fait du sport régulièrement, on augmente notre niveau d'énergie, on renforce notre musculature, on améliore notre système cardio-vasculaire, on fait le plein d'endorphines et de dopamine... Bref, on se sent beaucoup mieux dans notre tête et dans notre corps !

Le sport est une forme de développement personnel très efficace et simple à mettre en pratique. Et dans le domaine de la forme physique comme dans la vie en général, c'est en nous confrontant progressivement aux challenges, aux difficultés, que l'on se renforce physiquement et mentalement. C'est le principe de l'hormèse. L'hormèse désigne le phénomène par lequel un organisme, exposé à de faibles quantités d'agents générateurs de stress qui seraient normalement toxiques, renforce sa résilience et présente une capacité accrue à supporter des doses plus élevées de ces mêmes toxiques ou facteurs de stress.

Développement personnel : attention, danger !

Je souhaiterais tout de même attirer votre attention sur les dérives potentielles du développement personnel. Qu'est-ce que j'entends par-là ?

J'ai suivi par curiosité certains séminaires de développement personnel. Et j'ai rencontré des participants, très sympathiques au demeurant, devenus complètement accros : certains d'entre eux n'hésitaient pas à dépenser des dizaines de milliers d'euros, au fil des années, pour suivre des formations et enquiller séminaire sur séminaire, à un rythme effréné !

À mon sens, il y a un vice derrière cette industrie : certains « adeptes » deviennent tout aussi addicts au « dev perso » que d'autres personnes peuvent l'être au crack ou au jeu ! Ni plus ni moins. Cet univers est assez « gouroutisé », et j'ai souvent eu envie de dire aux gens : réveillez-vous, les amis !

Certains séminaires frôlent d'ailleurs le ridicule. Pas tous, bien sûr. Et je comprends très bien que l'on ait besoin, de temps à autre, d'un petit shoot de dopamine pour affronter les difficultés de la vie ou un nouveau challenge. Mais de là à devenir complètement dépendant et à dépenser des fortunes...

Mon approche est un peu différente. Je vais préciser ma pensée en faisant l'analogie avec un coach sportif. Quel est le rôle concret d'un coach de remise en forme ? Il va motiver son client, bien sûr. Il va lui expliquer comment mieux manger, lui montrer comment travailler efficacement son gainage et sa musculature, renforcer son corps, entretenir efficacement sa forme cardio-vasculaire. Certes, il va aussi motiver mentalement son client, l'aider à maintenir ses nouvelles habitudes de vie, en lui expliquant par exemple comment mettre en place une routine qui lui permettra de se sentir beaucoup plus en forme au quotidien.

En revanche, il ne va pas lui demander de pousser des cris en imitant un chimpanzé en colère – ou en rut, c'est selon ! Et je vous assure que je caricature à peine... Il ne va pas lui demander de tapoter l'épaule de son voisin et de le regarder pendant cinq longues minutes dans les yeux, ni de marcher sur des braises.

Pourquoi, à votre avis ?

Parce que ce qui compte vraiment, c'est le concret ! C'est le fait de mettre en application, jour après jour, tout ce qui va nous permettre d'avancer vers notre objectif. Vous pouvez dépenser des milliers d'euros chaque année pour aller sautiller sur place et vous applaudir pendant deux ou trois jours, si cela vous chante, mais si par ailleurs vous ne mettez rien en œuvre très concrètement, en faisant preuve de persévérance au quotidien... alors, croyez-moi, il ne va rien se passer du tout ! « Dev perso » ou pas...

L'approche du parachutiste

Le courage, ce n'est pas d'ignorer la peur, c'est de savoir dompter sa peur et de la gérer. Quand nous sortons de notre zone de confort, quand nous sommes confrontés à quelque chose de nouveau, nous avons forcément des peurs, à divers degrés. C'est quelque chose de tout à fait normal : notre cerveau reptilien n'aime pas le changement !

Donc, la seule méthode à adopter, c'est de dompter sa peur par l'action.

Le Nouveau Monde n'est pas le monde des Bisounours. Et à aucun moment, je ne vous dirai que tout est rose et merveilleux : ce serait de l'enfumage pur et simple ! Comme tout ce qui en vaut vraiment la peine dans la vie, atteindre la véritable indépendance et la liberté a un prix. En l'occurrence, il se résume à : concentration, persévérance, travail, et courage d'affronter sa peur.

D'ailleurs, la peur surviendra de temps en temps, en fonction de certaines étapes du développement de votre entreprise. Quand par exemple vous allez parler du prix d'une nouvelle offre pour la toute première fois. Ou quand vous allez décider, pour différentes raisons, de monter en gamme, de proposer un nouveau partenariat, de lancer un nouveau produit sans trop savoir comment le marché va réagir...

À un moment donné, il n'y a plus qu'une seule solution : « 3, 2, 1... go ! ». Vous lancez mentalement le décompte, et vous y allez ! Un peu comme un parachutiste avant de se jeter dans le vide... Vous verrez : une fois que c'est fait, les choses sont souvent beaucoup plus faciles que prévu !

Mon coaching à 12 000 €

Voici une anecdote parlante, qui illustre, je crois, assez bien ce que je suis en train de décrire. La toute première fois que j'ai proposé un coaching à un tarif qui dépassait les 10 000 € (j'espérais le vendre 12 000 €), j'étais mort de peur pendant mon rendez-vous, et je me disais que jamais je n'arriverais à articuler ce prix...

À un moment donné, mon futur client étant très intéressé, il fallait bien que je me lance ! Alors, je me suis dit intérieurement : « 3, 2, 1... go ! ». Mais je ne sais pas ce qui m'a pris, car j'ai finalement annoncé quasiment le double...

Résultat : mon prospect a accepté mon offre sans broncher ! Comme quoi, quand on estime que notre produit en vaut la peine, autant tenter sa chance...

Voici le message : chaque fois que vous hésitez avant de vous lancer, répétez-vous mentalement « 3, 2, 1... go ! », et allez-y ! À ce stade, on ne réfléchit plus : on y va...

Les prochaines étapes

Maintenant que vous avez pris le temps de réfléchir à vos forces et à vos faiblesses, à vos principaux traits de caractère, nous allons rentrer dans le vif du sujet : la création de votre entreprise !

Dans les chapitres suivants, nous allons commencer par définir le positionnement de votre entreprise, et identifier ensemble votre marché cible. Vous allez comprendre comment cibler votre niche, choisir votre produit, définir son prix en fonction du marché, et choisir vos avatars clients.

Nous allons nous pencher également sur le marketing et le processus de vente. Être un entrepreneur, c'est créer de la valeur ajoutée ET la vendre – sinon, ça va être compliqué ! Nous parlerons aussi bien sûr de notions telles que le copywriting (conception-rédaction en français) et le trafic. Nous allons entrer ensemble dans la tête de vos prospects et de vos futurs clients.

Enfin, nous ferons un zoom sur la gestion financière de votre entreprise, et nous verrons comment automatiser certains processus, afin de scaler et de multiplier votre chiffre d'affaires !

Le programme est vaste et passionnant. Vous êtes prêt ? Alors, commençons par étudier le positionnement de votre entreprise.

EXERCICE

EXERCICE :

Réfléchissez à trois domaines dans lesquels vous pensez avoir un talent ou un potentiel inexploité. Écrivez une brève description de ce talent et comment il pourrait être utile dans le monde de l'entrepreneuriat numérique.

Domaine 1 : ....

Domaine 2 : ....

Domaine 3 : ....

CHALLENGE :

Mettez en pratique l'un de vos talents et montrez-le à un ami ou un proche.

14

INTERVENANTE : JUSTINE ROY

FONDATRICE DU MOUVEMENT LIBERTÉ DIGITALE

Le déclic

Tout a commencé durant l'été 2019.

Du jour au lendemain, je me suis retrouvée dans un lit d'hôpital, entre la vie et la mort. Une méchante infection pulmonaire s'est aggravée et, en quelques semaines, je me suis subitement retrouvée incapable de marcher, et même de parler…

J'ai été très malade pendant deux longs mois, et il m'a fallu ensuite encore quelques mois avant de retrouver une vie normale. Imaginez un peu : je venais tout juste d'avoir 21 ans, je n'avais rien vu, rien vécu, et je flirtais déjà avec la mort…

Cette terrible confrontation avec l'inimaginable a provoqué en moi un vrai déclic : je me suis fait la promesse, si je m'en sortais indemne, de ne pas laisser ma vie me filer entre les doigts. De la vivre à fond, intensément. De croire en moi, et de vraiment tout faire pour réaliser mes rêves.

Pour arriver à mes fins, je devais avant tout oser, aller de l'avant, me lancer malgré mes peurs.

Mon grand rêve, c'était de partir à Bali. Mais pour le réaliser, il me fallait deux choses : de l'argent, et du temps !

Qu'à cela ne tienne, j'étais bien décidée ! Je me suis donc formée et très vite lancée en tant que community manager, en freelance. J'étais encore très jeune, et je ne me sentais pas vraiment légitime, mais je m'étais fait une promesse : foncer, coûte que coûte ! En fait, j'ai bien fait, parce que j'ai rapidement pu gagner ma vie et concrétiser mon rêve de « digital nomad »...

Direction Bali et le soleil !

À cette époque, je gagnais environ 3 000 € par mois en freelance. Mais dès que je suis arrivée à Bali. , il s'est passé quelque chose : je me suis retrouvée entourée d'entrepreneurs dynamiques, et ce réseau m'a vraiment énormément aidée, tirée vers le haut !

J'étais satisfaite de mes revenus, mais les gens que je rencontrais me poussaient à revoir mes ambitions à la hausse. Je me souviens notamment d'un couple qui me demandait sans cesse : « Combien tu veux gagner, en fait, Justine ? » Alors, je me suis dit : « Et si je me donnais comme objectif de gagner 10 000 € par mois ? ».

Je faisais déjà un peu de coaching en plus de mes prestations de community manager, parce qu'on me posait des questions sur le développement de comptes Instagram, au point que je n'arrivais pas à répondre à la demande. J'ai donc décidé de créer une formation qui réunirait tous mes conseils, et ce parallèlement à mon activité.

Résultat : j'ai réalisé 12 000 € de ventes avec cette première formation, qui n'était pourtant proposée qu'à 67 € ! Moi qui pensais que peu de gens l'achèteraient... Mais en fait j'avais déjà une audience depuis quelques années sur Instagram, et pas mal de monde me suivait.

J'avais analysé toutes les stratégies, fait de l'affiliation avec des copines, bref, tout mis en place... et boum ! Mes premiers 12 000 € : j'avais l'impression d'avoir braqué une banque ! Cela a provoqué chez moi une vraie prise de conscience : j'ai compris que je pouvais aller beaucoup plus loin...

J'ai écouté mon marché et je me suis adaptée à ce que l'on me demandait. Par exemple, au départ, je pensais être coach Instagram, mais toutes les questions que je recevais tournaient autour de l'indépendance en freelance : comment avais-je réussi à vivre ma vie à Bali, etc.. Donc, j'ai répondu à la demande, et j'ai créé Liberté Digitale ! En plus, j'étais la première sur mon marché spécifique.

Aujourd'hui, j'ai 1 500 élèves dans ma formation, qui est hyper complète, avec des lives et du suivi individuel : on accompagne les filles jusqu'à ce qu'elles aient obtenu leur premier contrat, c'est l'objectif concret.

Sur mon compte Insta, je mettais régulièrement en avant mon lifestyle à Bali, ce goût de liberté, d'où le nom de ma formation, Liberté Digitale. Au départ, je l'ai proposée à un petit prix, et j'attendais de faire mes premières ventes avant de la finaliser, pour voir si le positionnement et l'offre marchaient, avant d'aller plus loin.

J'ai ensuite amélioré petit à petit ma formation, et j'ai vite été victime de mon succès. Je l'ai encore peaufinée, avec l'accompagnement en plus, ce qui me permet d'avoir aujourd'hui énormément de résultats et de filles qui vivent de leur business...

Je dois dire aussi que j'ai été accompagnée par mon associé Baptiste, qui m'a permis de faire un pas en avant dans le développement de l'entreprise.

C'est marrant, mais quand j'ai voulu lancer cette formation, on m'a dit : « Mais Justine, devenir community manager, ce n'est pas un besoin profond ! ». Oui, sauf qu'aujourd'hui, en réalité, beaucoup de jeunes femmes veulent devenir indépendantes. Elles n'ont pas forcément envie d'avoir un énorme business, mais elles veulent juste une activité qui leur permette de générer un petit revenu régulier.

C'est aussi ma force : je me suis positionnée sur un besoin très précis. Et bien sûr, ce qui m'a vraiment aidée, c'est mon personal branding !

15

INTERVENANT : EDOUARD CLERC

FONDATEUR ET CEO INVED

Le Nouveau Monde et l'immobilier suisse

Le problème quand vous êtes trop en confiance, c'est que vous pensez que rien ne peut vous atteindre. C'est exactement ce qui se passe sur le marché immobilier suisse.

L'immobilier en Suisse est un domaine réservé aux vieux : en tout cas, c'est ce que la génération Y s'est mis dans la tête.

Et à juste titre, car il est très très dur de s'imposer dans ce secteur, surtout dans un pays aussi petit, où tout le monde se connaît dans le milieu immobilier.

Grâce à Internet et aux réseaux sociaux, j'ai néanmoins pu montrer ma tête à tous les professionnels de l'immobilier en Suisse romande, du haut de mes 24 ans et, à la base, sans aucun réseau !

Il y a moins d'un an, personne ne me connaissait, et aujourd'hui on me mandate pour donner des cours dans les écoles, faire des interventions dans les plus grands événements immobiliers en Suisse, et devenir ambassadeur de certaines institutions...

Pour vous montrer à quel point être trop confiant nuira à votre succès, certains professionnels se disent encore : « Vraiment, je ne comprends pas à quoi ça sert de faire des vidéos sur TikTok et Instagram pour parler d'immobilier en Suisse… ».

Pourtant, ces personnes me connaissent aujourd'hui, et moi je ne les connais pas ! Alors que ça fait quatre ans que je suis actif dans le domaine, et qu'elles sont là depuis plus de 20 ans ! C'est surprenant, mais surtout c'est assez représentatif du manque d'ouverture d'esprit dans cette industrie.

Ne vous dites jamais que quelque chose ne sert à rien en vous basant sur des avis infondés. Apprenez et écoutez uniquement les meilleurs dans votre domaine, celles et ceux qui ont accompli des résultats dix fois plus importants que vos objectifs.

PARTIE IV

LE POSITIONNEMENT DE VOTRE ENTREPRISE

16

LE MARCHÉ ILLIMITÉ DU NOUVEAU MONDE

Le Nouveau Monde casse les codes. Vous pouvez désormais cibler la clientèle que vous souhaitez atteindre, où qu'elle se trouve, en fonction de ses aspirations personnelles et de ses spécificités. Aucune limite : hommes ou femmes, jeunes ou seniors, fans de muscu ou passionnés de golf, adeptes des médecines douces ou de la self-défense, entrepreneurs en herbe ou chefs d'entreprise confirmés…, vous pouvez cadrer vos prospects avec une grande précision, indépendamment de leur localisation géographique.

Souvenez-vous ! Il y a trente ans, si vous habitiez dans une petite ville de province et souhaitiez créer votre entreprise, votre clientèle cible se trouvait généralement parmi ses habitants, et peut-être même principalement dans votre quartier. En tant qu'entrepreneur, votre marge de manœuvre était forcément limitée : vous deviez en tenir compte lors de votre analyse de marché, avant même de démarrer quoi que ce soit.

Tout a changé aujourd'hui. Internet a fait voler en éclats les contraintes du passé. Vous n'avez plus besoin d'habiter dans la même ville, ni d'ailleurs dans le même pays que vos clients ! Vous pouvez cibler vos prospects en fonction de leur âge, de leurs goûts, de leurs passions, de leurs préoccupations, de leurs douleurs personnels… et ajuster votre message avec une précision chirurgicale, ou presque.

Mais est-ce que cela signifie pour autant que le Nouveau Monde est un véritable eldorado, dans lequel il suffit de se baisser pour ramasser des pièces d'or à la pelle ? Est-ce que cela veut dire que tout est facile, qu'il suffit de créer son site internet, de proposer ses produits et d'attendre tranquillement qu'ils se vendent comme des petits pains ? Certainement pas !

Si j'écris aujourd'hui ce livre, ce n'est pas pour vous vendre du rêve et vous faire des promesses illusoires. D'autres s'en chargent. Je préfère être très franc : malgré ces nouvelles facilités évidentes, créer son entreprise constitue un défi, qui peut être passionnant, stimulant et hyper motivant... mais un sacré défi quand même !

Il faut bien comprendre une chose importante, qui vous permettra de resituer les choses dans leur contexte.

En quelques années, internet a connu un succès absolument phénoménal. La crise du Covid-19 a accentué ce processus et participé à la transformation de nos habitudes de consommation. C'est une évidence : la numérisation du monde est en cours.

Parallèlement, depuis quelques années, des citoyens lambdas, lassés du monde du salariat – mais aussi des coachs, des thérapeutes et d'autres professionnels en activité – se sont rendu compte des incroyables opportunités qu'offrait le web.

Dans le domaine du business en ligne, des pionniers francophones – qui s'inspiraient souvent des Américains – ont créé leurs propres programmes et proposé des méthodes pour apprendre aux gens à vendre leur expertise sur le web. Certains ont connu un important succès et sont devenus riches. D'autres, qui avaient acheté ces programmes, les ont en quelque sorte dupliqués, en proposant ensuite leurs propres méthodes.

Le problème, c'est que de plus en plus de formateurs vendent des programmes alors qu'ils n'ont jamais rien réalisé de concret auparavant, qu'ils n'ont aucune expertise réelle, aucun résultat personnel à mettre en avant. Ils se contentent de reproduire le schéma qu'ils ont appris. Vous voyez les poupées russes ? Alors, vous avez une idée du processus...

Aujourd'hui, de nombreuses thématiques regorgent d'offres, de programmes et de produits. À tel point que le consommateur ne sait parfois plus où donner de la tête. À qui se fier ? Qui a raison ? Quel est le meilleur programme, la meilleure méthode ? Si vous souhaitez lancer votre propre business, vous allez devoir tenir compte de cette abondance d'offres en ligne, ce qui n'était pas le cas il y a dix ou quinze ans. Dans de nombreuses thématiques, l'internaute n'a souvent que l'embarras du choix.

Est-ce que cela signifie que « les carottes sont cuites », que certaines thématiques sont des bastions imprenables, complètement saturés ? On pourrait le présumer, mais voici ma réponse – version courte – à cette question : en fait, non ! Tout est possible. Si vos connaissances et vos intérêts personnels vous dirigent dans un secteur dans lequel l'offre est particulièrement abondante, comme la santé, la minceur, le bien-être, les médecines douces, les relations interpersonnelles, ou même le développement personnel : pas de panique !

Nous allons voir ensemble dans ce chapitre comment trouver votre place sur votre marché, grand ou petit, et comment valider le positionnement de votre entreprise. Nous verrons qu'il est également possible de « faire son trou » dans des marchés apparemment très confidentiels, et ceci en utilisant les bonnes méthodes.

Mais tout d'abord, quelles sont les thématiques apparemment saturées ?

Le « money market », ou l'art et la manière de faire de l'argent, est objectivement un marché saturé. Si vous souhaitez apprendre aux gens à gagner de l'argent sur internet, vous allez plonger dans une grande mare bondée de petits et de gros poissons. Il y aura même quelques requins... Au sein de cette grande niche, les thématiques sont nombreuses : la création globale de business en ligne, le e-commerce, le dropshipping, la vente de formations en ligne (infopreneuriat), l'immobilier, les cryptomonnaies, le copywriting, le closing (conclusion de l'acte d'achat)...

Les offres, toutes plus alléchantes les unes que les autres, sont proposées par des escadrons de formateurs plus ou moins aguerris et plus ou moins compétents. Si on résume : vous trouverez de tout. De l'excellent, du correct et du... beaucoup moins bon !

Certains formateurs qui vantent leurs produits sur YouTube ou Facebook n'ont parfois pour seul bagage qu'un programme qu'ils ont eux-mêmes suivi. Ils achètent par exemple une formation sur la création de business en ligne, sur le copywriting ou le e-commerce, puis expliquent aux gens comment développer leur business en ligne, faire du e-commerce ou devenir copywriter professionnel... En fait, ils n'ont concrètement jamais rien vendu d'autres que le copier-coller (ou presque) de la méthode qu'ils viennent d'apprendre ! C'est un peu comme si vous suiviez un cours sur la manière d'enseigner le karaté et que vous proposiez ensuite une formation sur ce thème, alors que vous n'avez jamais dépassé le niveau de la ceinture blanche…

La santé et la remise en forme sont aussi des domaines très porteurs de nos jours, qui regorgent de coachs et formateurs. Au sein de la thématique « santé », les sous-thématiques sont très nombreuses. La nutrition, la musculation, la perte de poids ou encore le bien-être ont le vent en poupe.

Et que dire du développement personnel ? C'est également un domaine porteur dans lequel les offres abondent et ne cessent d'ailleurs de se dupliquer les unes les autres. Avec des sous-thématiques, par exemple le coaching à tarif élevé (« high ticket » pour les intimes !), qui cible le développement de hautes performances. C'est devenu le Graal en quelques années : les offres foisonnent, dans le sillage des grands noms du marché, qui ont souvent eux-mêmes suivi le programme « high ticket » d'un autre grand nom du marché… La thématique des « relations interpersonnelles » marche également très fort, qu'il s'agisse de séduction, de parentalité, de charisme ou de leadership…

Vous envisagiez de vous lancer dans un de ces domaines phares et je viens de casser votre rêve ? Ce n'est certainement pas mon but ! Malgré cette profusion d'offres et le fait que certains marchés soient en apparence saturés, il est possible de percer et de gagner votre vie dans n'importe quel secteur.

Il faut bien comprendre une chose. Si un marché est porteur, s'il existe déjà une offre importante, cela signifie qu'il y a aussi, parallèlement, une importante demande : donc, des clients potentiels ! Et ça, c'est une très bonne nouvelle pour un entrepreneur débutant. C'est même nettement mieux qu'un marché hyper-spécialisé et tellement « niché » qu'il n'existe finalement pas… à part peut-être dans la tête d'un entrepreneur enthousiaste, mais déconnecté de la réalité.

N'essayez pas de devenir le nouveau Steve Jobs, le nouvel Elon Musk ou le Mark Zuckerberg des années 2020 ! Cela ne sert pas à grand-chose, à moins de bénéficier d'un gros coup de chance et d'avoir beaucoup, beaucoup d'argent à investir… N'essayez pas non plus de créer un besoin et un marché de toutes pièces, à partir de rien ! Vos chances de succès seront très minces. Il est très difficile de créer un nouveau besoin avec un produit révolutionnaire, mais il est en revanche tout à fait possible d'éveiller un besoin existant.

Inversez votre approche stratégique

Créer une entreprise sur internet, c'est créer un écosystème global interconnecté. Vous devez d'abord positionner votre entreprise sur le marché, c'est-à-dire définir votre niche, choisir votre avatar client, et ensuite travailler sur les différentes variables du marketing. La plupart des gens qui échouent raisonnent ainsi : « J'ai un produit et je dois absolument le vendre ! ». C'est très égoïste, comme approche. Alors qu'ils devraient plutôt se dire : « J'ai créé un produit pour aider les gens : comment faire pour qu'ils prennent conscience que ce produit est celui dont ils ont réellement besoin, qui pourra vraiment les aider ? ».

Nous devons porter notre attention sur le prospect plutôt que sur nous-même. Voici des exemples concrets qui vous aideront à saisir l'importance d'une approche stratégique globale, centrée sur le client.

Le domaine de la perte de poids est un marché dans lequel il y a énormément d'acteurs. Dans cette thématique, un de mes amis n'arrivait pas à engendrer de bonnes performances comme il le souhaitait, et il était un peu découragé. Or, à l'heure où j'écris ces lignes, il réalise de 5 000 à 10 000 € de chiffre d'affaires par jour, et son potentiel est encore énorme ! Il aurait très bien pu abandonner avant de connaître un tel succès... Mais il est resté dans son domaine de prédilection et il a simplement changé son approche stratégique : à ce moment précis, il a enfin cartonné !

Parfois, pour relancer un business, il suffit de modifier notre façon d'aborder nos prospects, de présenter l'offre que l'on propose d'une autre manière. Voici un autre exemple parlant. L'un de mes clients, actif dans la vente de formations en ligne sur le e-commerce, n'arrivait plus à trouver son public. Nous lui avons conseillé de « pivoter » en faisant un pas en arrière, en proposant du coaching plutôt que des formations en ligne. Et alors qu'il avait auparavant baissé ses prix sans succès, nous lui avons recommandé au contraire de les augmenter, étant donné le nouvel accompagnement très personnalisé qu'il offrait.

Il nous a pris pour des fous, mais ça a marché ! Pourquoi ? Parce que ce dont les gens avaient besoin, à ce moment précis, c'était d'un véritable accompagnement personnalisé, tout simplement. Et pas d'une formation de plus...

Pourquoi définir votre niche ?

Vous avez peut-être déjà entendu cette phrase : « Quand on s'adresse à tout le monde, on ne parle finalement à personne ! ». C'est très vrai. Nous allons donc nous intéresser maintenant à la meilleure façon de positionner votre entreprise sur un marché très précis et d'identifier votre niche.

Le problème n'est pas tellement qu'un marché soit saturé ou non – sinon, on ne ferait plus grand-chose. Le problème pour un débutant, c'est surtout de ne pas cibler sa niche de façon très précise, à plus forte raison s'il se positionne au sein d'un marché grand public. Comprenez une chose capitale : votre capacité à faire face à la concurrence sera inversement proportionnelle à la taille du marché potentiel que vous visez. Si vous ciblez trop large au début, vous allez avoir affaire à de gros acteurs du secteur, qui sont connus et reconnus, et qui ont également – outre leur notoriété – les moyens d'investir massivement en publicité et en marketing de contenu intensif.

Pour prendre une métaphore pugilistique : en tant que débutant, vous êtes un poids plume, et si vous ciblez trop large, vous risquez de monter sur le ring face à des poids lourds ! Un conseil précieux : restez dans votre catégorie, et affrontez les autres poids plume, ce sera beaucoup plus équitable...

Rappelez-vous une chose : rien ne vous empêchera par la suite d'élargir votre offre, une fois que vous aurez fait votre nid. Et de changer de catégorie... Rien n'est figé, rien n'est gravé dans le marbre. Tout est question de stratégie.

Ne faites pas ces erreurs :

- **Erreur n° 1 : Penser que vous ne pourrez plus élargir votre niche ni pivoter par la suite**

Il est toujours possible de modifier des éléments de son business. Voici un exemple personnel. Quand nous avons lancé Trading House Online Sàrl avec mon ami et associé Amin, nous avions prévu de nous centrer sur l'offre de prestations de marketing digital dans le secteur du trading. Quelques mois plus tard, après avoir aidé le patron d'une salle de sport à acquérir des clients, nous avons choisi d'élargir notre offre au conseil en marketing digital global. C'était une adaptation stratégique, un léger pivot.

- **Erreur n° 2 : Essayer de copier d'autres entrepreneurs à succès de votre thématique**

Ce qui marche pour eux ne fonctionnera pas forcément pour vous. N'oubliez pas que les gros acteurs du marché ont une notoriété et une réputation, et ce n'est pas votre cas en tant que débutant. Je sais bien que l'être humain aime le mimétisme. Nous avons naturellement tendance à faire la même chose que les personnes qui nous entourent, ou que l'on connaît.

- **Erreur n° 3 : Partir dans tous les sens**

N'essayez pas de jouer sur tous les tableaux, par exemple en tentant de lancer plusieurs business à la fois, ou en changeant constamment votre fusil d'épaule. Trouvez votre niche personnelle, et lancez-vous ! Ne cédez pas au syndrome de l'objet brillant, très fréquent sur le web, qui consiste à passer d'une opportunité « mirobolante » à l'autre, à la vitesse de l'éclair.

Comment définir votre niche, très concrètement ?

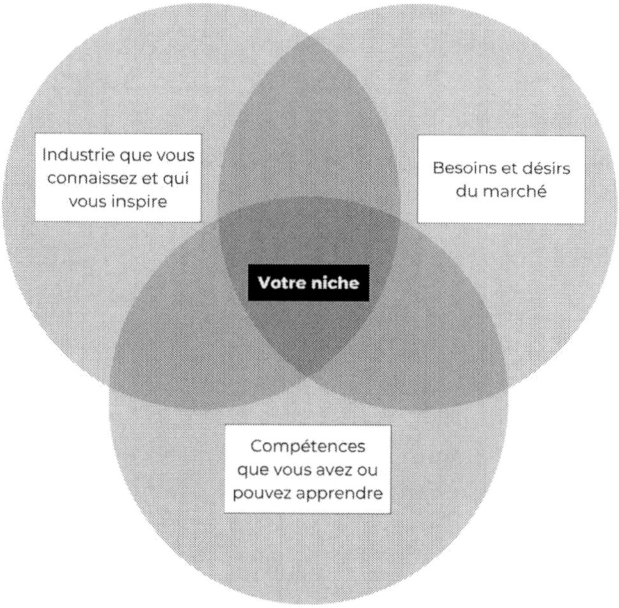

Vous allez la trouver à l'intersection des trois éléments suivants :

- un domaine que vous connaissez et qui vous inspire ;

- les compétences que vous avez – ou que vous pouvez apprendre ;

- les besoins et les désirs objectifs du marché.

17

COMMENT TROUVER VOTRE NICHE ?

Avant de lancer votre business, je vous invite donc à effectuer un important travail qualitatif en amont. Afin d'avoir le meilleur positionnement possible, vous devez absolument trouver votre niche spécifique et déterminer votre avatar – terme marketing qui signifie « client idéal ». Nous allons voir ensemble comment procéder. Vous aurez alors toutes les chances de vous adresser aux bonnes personnes. Rappelez-vous votre nouvel adage : « Quand on s'adresse à tout le monde, on ne parle finalement à personne ! ». Si vous faites ce travail intelligemment, vous ouvrez toute grande la porte de la réussite.

Le positionnement précis de votre entreprise, c'est le noyau de votre business, car tout en découlera ensuite : votre message global, vos arguments de vente, vos e-mails, votre contenu gratuit, le ciblage de vos éventuelles publicités... Niche et avatar constituent en fait la base de votre futur écosystème. C'est en les déterminant que vous pourrez ensuite préparer une offre qui se révélera irrésistible pour vos prospects.

Qui va vous payer, en fin de compte ? Des gens qui ont un problème que vous pourriez résoudre, un besoin ou un désir que vous pourriez exaucer. Ils partent du point A, leur situation actuelle, et ont des douleurs ou des frustrations qu'ils aimeraient apaiser. Le point B, c'est leur situation désirée. Le but de votre produit ou de votre service, c'est de les aider à quitter le point A et de leur permettre d'arriver au point B, par étapes.

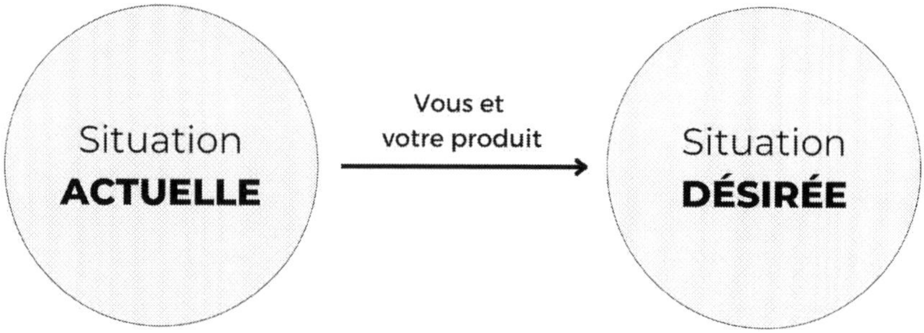

Vous allez donc les aider à franchir ces étapes une par une, leur montrer le chemin, leur donner une carte et une boussole… Mais quand votre prospect ne vous connaît pas, il n'a encore aucune raison de vous faire confiance. Et il n'a peut-être pas grande confiance en lui non plus. Votre objectif est de chasser les croyances limitantes et les peurs qui le retiennent, pour lui donner envie d'acquérir votre offre.

Définissez votre niche avec l'Ikigaï

L'Ikigaï est un terme japonais qui n'a pas vraiment de traduction littérale en français, mais que l'on pourrait définir comme une philosophie de vie, l'équivalent de « notre raison d'être » ou de « notre joie de vivre ». La méthode Ikigaï est désormais un outil très utile au service de l'orientation professionnelle. Je vous recommande de l'utiliser pour définir votre niche.

On peut résumer l'Ikigaï en dessinant quatre cercles concentriques.

1. Plaisir et plenitude, mais precarité
2. Satisfaction, mais sentiment d'inutilité
3. Excitation et satisfaction, mais sentiment d'incertitude
4. Confortable, mais sentiment de vide

Le premier cercle (en haut) représente ce que vous aimez, le second (à gauche) ce pour quoi vous êtes naturellement doué, le troisième cercle (à droite) représente ce dont le monde a besoin, le quatrième cercle (en bas) représente ce pour quoi vous pouvez être rémunéré. L'Ikigaï se trouve à l'exacte intersection de ces quatre cercles.

Si vous vous situez au croisement de deux ou même de trois cercles, vous n'êtes pas encore à votre Ikigaï, et cela entraînera forcément des frustrations.

Vous voulez des exemples ?

L'intersection entre ce que vous aimez et ce pour quoi vous êtes doué, c'est ce qu'on appelle une passion. Par exemple, si vous adorez le VTT et que vous êtes très à l'aise sur votre vélo tout terrain, ou encore si vous aimez jouer des heures au violon dans votre salon, il s'agit pour vous de passions. A priori, vous n'êtes pas rémunéré pour les pratiquer, et ce sera chose difficile.

Le croisement entre ce que vous aimez (en haut) et ce dont le monde a besoin (à droite), c'est votre mission. Par exemple, vous adorez lire des livres et des articles sur la nutrition. Or, les gens ont besoin de mieux se nourrir. Vous pourriez partager vos connaissances. Mais vous n'êtes pas diététicien et ne vous ne savez pas comment faire pour vivre de cette activité. Alors, vous vous contentez de donner quelques conseils à votre entourage...

L'intersection entre ce pour quoi vous êtes doué (à gauche), ce pour quoi vous pouvez être rémunéré (en bas) et ce dont le monde a besoin, c'est votre profession, tout simplement. Par exemple, si vous êtes particulièrement doué pour la mécanique, vous pourriez devenir mécanicien automobile. Ou, si vous aimez les maths, prof de maths.

Mais cela ne veut pas dire que vous allez adorer faire ce travail : à ce stade, vous monétisez un don ! Cela signifie que vous êtes alors dans une situation confortable (salaire, emploi, statut social), mais que vous pouvez néanmoins éprouver un sentiment de vide intérieur. Le blues du dimanche soir, par exemple...

Si en revanche vous faites ce que vous aimez, ce dont le monde a besoin, ce pour quoi vous pouvez être rémunéré, mais que vous n'êtes pas particulièrement doué pour ce travail – il manque donc un cercle – vous gagnez un salaire, mais vous ressentirez sans doute ce qu'on appelle le syndrome de l'imposteur : ce sentiment de ne pas être à votre juste place, de ne pas être vraiment à la hauteur !

Votre Ikigaï, c'est donc quand vous vous situez exactement au croisement des quatre cercles : vous faites ce que vous aimez, ce pour quoi vous êtes naturellement doué, ce dont le monde a besoin et ce pour quoi vous pouvez être rémunéré ! En théorie, c'est là que se situerait votre niche idéale.

En somme, c'est la situation dans laquelle tout le monde, salarié ou entrepreneur, aimerait se trouver pour vraiment s'épanouir. Il nous faut parfois du temps et quelques errements sur notre chemin de vie pour trouver notre Ikigaï. Et c'est normal...

L'Ikigaï : exercice pratique

Dessinez quatre cercles comme dans le schéma précédent.

- Dans le premier, listez ce que vous aimez faire dans la vie. Notez tout ce qui vous donne de la joie au quotidien, sans restriction. Que faites-vous sans voir le temps passer ? Pendant votre temps libre ? Quels livres ou magazines achetez-vous de préférence ? Quelles émissions regardez-vous ?
- Dans un deuxième cercle, notez vos talents. Listez tout ce que vous savez bien faire, ce que vous réalisez facilement. Et dans quel rôle vous sentez-vous vraiment à l'aise : conseiller, coach, conférencier ? Dans les activités sociales ou plutôt solitaires ?
- Dans un troisième cercle, notez ce pour quoi vous pouvez concrètement être payé. Quelles sont vos compétences professionnelles actuelles ? Vos diplômes ? Pour quoi vous rémunère-t-on ? Et quels sont les autres services pour lesquels vous pourriez prétendre être payé ?
- Enfin, dans le dernier cercle, listez ce dont le monde a besoin à vos yeux : qui aimeriez vous aider ? Comment, et pourquoi ? De quelle manière ? Quelles sont les personnes auxquelles vous pourriez être utiles ? Quels types d'entreprises ?

Soyez un spécialiste, pas un généraliste !

Pour vous aider à déterminer votre niche, j'aimerais vraiment insister sur un élément très important : soyez perçu comme un excellent spécialiste de votre domaine, et pas comme un vulgaire généraliste de plus ! Un spécialiste répond à un besoin très précis (le cardiologue, le dentiste...), et en plus il est souvent mieux rémunéré que le généraliste. Donc, soyez perçu comme excellent dans votre domaine spécifique, grâce notamment au retour de vos premiers clients.

Je vous recommande aussi de délivrer le plus de valeur possible dès le départ, ainsi vos clients vous recommanderont, ce qui aura l'avantage de vous éviter de courir constamment à la recherche de nouveaux prospects. De plus, vos clients actuels vont vouloir continuer à travailler avec vous, et sans doute acheter vos nouveaux produits...

Comme on l'a vu dans le premier chapitre, ne mettez pas la charrue avant les bœufs en proposant par exemple une formation en ligne, si vous n'avez pas encore de réelle audience ni de témoignages clients. Progressez pas à pas ! Quand vous aurez un volume de clients satisfaits suffisant, vous pourrez alors commencer à scaler votre business, d'une manière ou d'une autre.

J'ouvre une parenthèse : je sais pertinemment que cela va à l'encontre de nombreux conseils que l'on trouve à foison sur le web. Vous avez peut-être déjà vu ou entendu des promesses du genre : « Créez votre entreprise en ligne et générez de l'argent en mode automatique ! », « Créez une formation en ligne et obtenez des milliers de clients grâce à un tunnel de vente révolutionnaire ! », « Le secret pour devenir riche en mode automatique, en travaillant deux heures par jour ! »...

Vous voulez mon avis ? Ce sont des promesses purement marketing, destinées à vendre des programmes : c'est logique, d'ailleurs, on n'attire pas les mouches avec du vinaigre !

Il y a une dizaine d'années environ, des entrepreneurs francophones ambitieux et à l'esprit ouvert ont compris l'extraordinaire potentiel du web et de la numérisation. Ils s'inspiraient souvent des Américains, très novateurs dans ce domaine. Et certains d'entre eux ont connu un succès fulgurant et une vraie notoriété dans le petit monde de l'entrepreneuriat sur internet. Mais à cette époque, vous n'aviez pas besoin de tester des dizaines de stratégies différentes, ni d'être un petit génie en marketing, ni même de vous différencier ! Il y a dix ou quinze ans, nous en étions encore aux prémices du Nouveau Monde.

Mais les temps ont changé ! La grande variable qui a fait le succès de ces entrepreneurs, c'est... le timing ! Cela signifie tout simplement qu'ils sont arrivés au bon endroit, au bon moment. Avec exactement les mêmes qualités, les mêmes connaissances et les mêmes compétences, s'ils se lançaient aujourd'hui, leur succès serait sans doute loin d'être assuré.

Pour prendre une comparaison parlante, imaginez aujourd'hui un geek ambitieux désireux de créer un réseau social basé sur le partage de la vie privée. Son rêve : devenir le nouveau Mark Zuckerberg ! Admettons qu'il ait le talent et les connaissances de son prédécesseur : malgré cela, je suis persuadé qu'il risquerait de ramer longtemps avant de percer, et je ne pense pas non plus qu'il deviendrait milliardaire aussi rapidement que le célèbre créateur de Facebook. Le timing, encore une fois !

Vraie niche et... fausse niche

En business, être un spécialiste, c'est ce qu'on appelle « être niché ». Mais beaucoup de gens font l'erreur de nommer « niche » ce qui constitue en réalité un véritable marché en soi – par exemple la santé. Un segment de ce même marché – par exemple la nutrition – n'est d'ailleurs pas une niche non plus ! Je creuse encore : la perte de poids, sous-domaine de la nutrition, n'est aujourd'hui plus une niche non plus ! Il est nécessaire d'aller plus loin.

Prenons donc l'exemple concret de la santé.

C'est un vaste marché porteur, qui comporte de très nombreux segments. Par exemple la nutrition, mais également le sommeil, le sport, les addictions, l'anti-âge... Si on prend les addictions, il y a celles liées à l'alcool, au tabac, aux drogues, aux jeux d'argent, aux jeux vidéo (j'en sais quelque chose !), au smartphone, et j'en passe ! Ce sont autant de spécialisations potentielles...

Maintenant, si je me concentre plus précisément sur les addictions aux drogues en tous genres (au sens large), je peux bien sûr encore creuser le sujet : il y a les addictions au cannabis, à la cocaïne, aux antidouleurs, aux opiacés, aux antidépresseurs, aux somnifères, au tabac, aux substances dopantes...

Imaginons que vous vous intéressiez plus spécifiquement à l'addiction au cannabis. Vous pourriez vous spécialiser dans des offres assez différentes : par exemple, aider des personnes dépendantes à suivre un sevrage, ou encore aider les familles d'adolescents accros à la « fumette » à gérer le comportement de leur enfant... Ce sont de simples exemples.

Prenons maintenant le domaine de la nutrition, autre sous-thématique du marché de la santé. La nutrition englobe elle-même de nombreux segments : la prise de masse musculaire, la perte de poids, la santé globale, l'alimentation anti-inflammatoire, l'alimentation spécifique des coureurs de marathon, la nutrition anti-âge, l'alimentation vegan, l'alimentation paléo, le jeûne intermittent...

Si on cible la perte de poids, il est bien sûr possible d'affiner encore : par exemple, « Perdre du poids à la ménopause », « Mincir après l'accouchement », ou encore « Maigrir en étant vegan »... Là encore, les niches sont très nombreuses !

Vous voyez où je veux en venir, quand je vous recommande d'être un vrai spécialiste ? C'est ce qui vous permettra de vous démarquer en tant que nouvel entrepreneur. Plus une niche est profonde et spécialisée, moins le marché est dense, certes, mais plus il est précis... et cet aspect très spécifique est quelque chose de précieux quand on débute, et que l'on est encore un parfait inconnu !

Résumons. Pour choisir votre niche, je vous recommande le processus suivant :

- Soyez passionné (aidez-vous vous-même !)
- Découvrez votre Ikigaï et définissez votre niche.
- Définissez votre avatar (ce qu'on va voir bientôt).
- Soyez focus, et soyez un spécialiste d'un sujet, d'un service !
- Aidez un premier client, puis un second, puis un troisième...
- Soyez influent sur votre marché : scalez en largeur (c'est-à-dire en élargissant votre offre), ou en profondeur – avec par exemple un programme en ligne spécifiquement axé sur votre niche, qui vous permettra de ne plus échanger votre temps contre de l'argent.

Voici des exemples concrets pour illustrer le processus de base. Vous noterez que, même si vous n'avez pas encore les compétences requises, vous pouvez lancer votre entreprise en vous associant avec quelqu'un qui les possède, ou en sous-traitant.

- **Choisissez un domaine qui vous intéresse ou qui vous passionne.**

Par exemple : je suis très intéressé par l'industrie du fitness (secteur grand public).

- **Choisissez un problème, un désir ou une douleur dans cette industrie :**

Par exemple : « ils » veulent mincir, gagner de la masse musculaire, avoir plus d'énergie, être en meilleure condition physique globale, se muscler au poids de corps, progresser en force athlétique, faire du street workout (« entraînement de rue »)...

- **Pouvez-vous résoudre ce problème ou combler ce désir ? Ou sinon, apprendre à le faire ?**

a) Oui, je peux le faire.

b) Pas encore, mais je peux apprendre à le faire, ou encore m'associer avec quelqu'un qui sait le faire, ou sinon le déléguer à quelqu'un...

Un autre exemple ?

- **Le domaine qui vous passionne :**

Je suis passionné par les mécanismes psychologiques qui se cachent derrière les addictions et j'ai été personnellement capable d'arrêter de fumer.

- **Le problème à résoudre ou le désir à combler :**

Les gens veulent arrêter de fumer à cause des conséquences négatives sur leur santé, ou à cause d'expériences traumatisantes vécues au sein de leur entourage.

- **Puis-je résoudre ce problème :**

a) Oui, je peux résoudre ce problème grâce à une méthode que j'ai suivie et que je trouve extrêmement efficace.

b) Pas encore, mais je peux néanmoins apprendre à le faire, ou sinon m'associer avec quelqu'un qui sait le faire, voire le déléguer à quelqu'un d'autre !

Comment se positionner sur des marchés plus restreints ?

Je viens de vous donner quelques exemples concernant des marchés grand public, mais sachez qu'il est tout à fait possible de créer une entreprise rentable dans des marchés apparemment beaucoup plus restreints. Voici quelques exemples de niches spécifiques, au sein desquelles des entrepreneurs connaissent déjà le succès.

Vous allez voir, c'est surprenant...

Citons, par exemple : le tantra, la médecine chinoise, le minimalisme, le survivalisme, comment devenir développeur web, améliorer son jeu au golf, les bases de la composition musicale, comment écrire un livre... Je connais un passionné qui propose des formations sur la pêche et les poissons, et qui peut revendiquer un chiffre d'affaires de 120 000 € par an ! Pas si mal, pour quelqu'un qui partage quotidiennement sa passion, non ?

J'ai aussi eu comme client un spécialiste des techniques de lecture rapide : on avait réussi à faire grimper son chiffre d'affaires jusqu'à... 450 000 € par mois ! J'avais un autre client spécialisé dans l'éducation canine. Un business qui vaut son pesant de croquettes, apparemment, puisque son chiffre d'affaires a réussi à atteindre... 800 000 € par mois !

Cette petite liste n'est pas exhaustive, bien sûr.

Mais je dois cependant vous avertir : si vous souhaitez vous orienter vers une niche très confidentielle, vérifiez avant de vous lancer qu'il existe suffisamment de gens qui seraient prêts à payer pour votre produit ou votre prestation. En d'autres termes, validez qu'il existe un marché ! C'est certainement le cas en ce qui concerne la pêche ou le golf, mais ce ne le sera peut-être pas pour... le bilboquet ou la pratique du sumo ! Je n'ai pas vérifié, en fait, alors à vous de faire vos recherches si ces domaines – ou d'autres tout aussi confidentiels – vous inspirent !

Les 6 points clés

Pour trouver votre niche, prenez le temps de travailler sur votre Ikigaï, et spécifiquement aussi sur les six points suivants :

- **Vos compétences :**

Quelles sont vos compétences (listez-en au moins cinq !) ? Quelles sont vos qualités innées ? Quels sont vos points forts ? Quelles sont vos faiblesses également ? Quelle est votre capacité unique ? Dans quel domaine êtes-vous le meilleur ?

Si vous avez des doutes, n'hésitez pas à demander à votre entourage les domaines dans lesquels vous êtes réellement bon. N'oubliez pas non plus que certaines compétences peuvent être acquises en cours de route – ou déléguées !

- **Le potentiel économique :**

Un marché est régi par trois éléments : l'offre, la demande et l'environnement. Si vous êtes dans un environnement favorable et qu'il existe une offre, c'est que forcément il existe aussi une demande ! Vous pouvez donc vous positionner sur le marché. Demandez-vous aussi quel est le potentiel de votre marché spécifique : est-il en croissance, en récession, en stagnation ?

- **La passion :**

Vous devez être passionné. Comme on l'a vu, vous réussirez ainsi à garder le cap tout au long de votre projet. Quels sont les domaines qui vous passionnent vraiment ? Pouvez-vous y consacrer des heures, même sans être payé (c'est un bon outil de mesure) ?

- **Votre mission de vie :**

C'est ce que vous avez décidé de réaliser, ce sont vos rêves, ce qui vous touche vraiment, au plus profond de votre cœur. Pour certains, ce sera de devenir millionnaire et d'être reconnu socialement. Pour d'autres, ce sera de mettre à l'abri sa famille et ses proches, ou encore d'arrêter de travailler pour mieux profiter de la vie. À chacun ses rêves et ses priorités, mais il est important de connaître les vôtres.

- **Vos concurrents :**

Étudiez leur offre, leur manière d'aborder le marché, afin de mieux vous orienter vous-même. Que proposent-ils exactement ? Quels sont leurs points forts ? Leurs points faibles ? Que négligent-ils ? C'est important, parce que vous allez pouvoir vous positionner sur leurs points faibles.

- **Le marché :**

Recherchez toutes les informations qui pourraient vous être utiles dans le marché que vous avez sélectionné. N'hésitez pas à l'approfondir de l'intérieur, en procédant à un petit sondage autour de vous ou de votre audience, si vous en avez déjà une.

Quels sont les besoins des gens, de vos futurs clients ? Quels sont leurs problèmes ? Quel est le principal obstacle qui les empêche d'obtenir des résultats ? Quel est le potentiel de votre marché ?

18

CHOISISSEZ VOTRE AVATAR !

L'avatar client – nommé parfois « client idéal », ou encore « persona » – est tout simplement votre client privilégié. Celui qui correspond exactement à votre cible, et auquel vous allez vous adresser en priorité. Souvent, l'entrepreneur novice a peur de ne pas toucher assez de monde et, par conséquent, ne pas avoir assez de clients. C'est un réflexe assez normal. Mais repassez-vous régulièrement cet adage : « Quand on s'adresse à tout le monde, on ne parle finalement à personne ». Il est très important de cibler votre avatar avec la même précision que celle avec laquelle vous avez défini votre niche : vous aurez alors un coup d'avance !

Surtout, ne faites pas l'erreur de travailler sur votre avatar après avoir créé votre produit et votre offre ! Car plus vous serez précis dès le début, plus la suite en sera facilitée. La description précise de votre avatar contiendra toutes les informations qui vous seront nécessaires. Quand vous rédigerez vos textes de vente, vos mails, vos textes de pub ou encore quand vous ferez des conférences en ligne, votre prospect aura l'impression que vous vous adressez personnellement à lui. Il se dira : « Mais c'est dingue, c'est exactement moi ! ».

L'avatar vous servira également pour créer votre produit et votre offre. C'est en fait le système nerveux de votre business, sa colonne vertébrale, et c'est pourquoi il est primordial de le définir avant de lancer votre entreprise. Il vous permettra tout simplement de vous positionner en apporteur de solutions plutôt qu'en vendeur !

C'est plus agréable, non ?

Vous connaîtrez les frustrations, douleurs et les points bloquants de votre futur client cible, et vous n'aurez donc pas besoin de faire du forcing. Enfin, votre avatar va vous permettre de créer une offre USP (Unique Selling Proposition), qui va vous différencier de la concurrence. Nous en parlerons dans le chapitre 5.

Une méthode en 6 étapes

Je vous propose de faire un petit exercice pour vous aider à déterminer votre avatar avec précision. Pour illustrer mes propos, je vais prendre un exemple dans le développement personnel (Business to Consumer) et un autre dans le marketing digital (Business to Business).

Prenez une feuille de papier et c'est parti !

- **Étape 1 : Votre expertise**

Notez de façon assez exhaustive la réponse à cette question : quels sont les bénéfices et les résultats précis que vous apporterez à vos clients ? Qu'est-ce qui va changer, ou être amélioré, dans leur vie très concrètement ?

- **Étape 2 : La reformulation en négatif**

Reformulez tous ces bénéfices et ces avantages clients en négatif. Voici comment procéder :

Exemple n° 1 (dans le développement personnel) :

Bénéfices/Résultats :

Je leur permets de se sentir beaucoup mieux dans leur peau et dans leur vie, d'être en accord avec eux-mêmes.

Reformulation négative :

Mon avatar ne se sent pas bien dans sa peau.

Exemple n° 2 (dans le consulting en marketing digital) :

Bénéfices/Résultats :

Je leur fournis des prospects qualifiés.

Reformulation négative :

Mon avatar n'arrive pas à trouver des prospects qualifiés.

La reformulation négative donne une première direction, et permet surtout de se décentrer de son produit et de son expertise pour se recentrer sur le client.

- **Étape 3 : Les douleurs, besoins et frustrations de votre avatar**

On travaille maintenant sur l'émotionnel. Notez toutes ses douleurs, ses besoins et ses frustrations.

Exemple n°1 (développement personnel) :

Besoin de se sentir épanoui et heureux dans sa vie.

Douleur de ne pas se sentir à la hauteur de ce que sa famille attend de lui.

Frustration de voir tant de personnes heureuses dans leur vie : « Pourquoi pas moi ? »

Exemple n° 2 (consulting en marketing digital) :

Besoin de savoir comment pérenniser son entreprise.

Douleur d'avoir peur d'échouer, et de couler sa boîte.

Frustration de devoir sans arrêt courir après les clients et de se serrer la ceinture tous les mois.

- **Étape 4 : Ce que votre avatar rêve de vivre, de faire ou d'avoir**

Exemple n°1 (développement personnel) :

Je rêve de m'aimer sans me critiquer en permanence.

Exemple n°2 (consulting en marketing digital) :

Je rêve d'avoir une régularité et une progression quant à mon nombre de clients, pour ne plus avoir la boule au ventre en permanence.

- **Étape 5 : Ses points bloquants**

Exemple n° 1 (développement personnel) :

Un traumatisme du passé, de mauvais rapports avec ses parents, une enfance malheureuse, etc.

Exemple n° 2 (consulting en marketing digital) :

Le manque de temps à y consacrer, ne pas savoir comment faire, ne pas avoir les bons outils, ne jamais avoir été formé, etc.

Il faut comprendre que, si vous voulez toucher votre futur client, vous devez absolument établir une connexion émotionnelle avec lui, parler à son cœur. C'est essentiel. Ne centrez pas votre argumentaire sur les caractéristiques de votre offre, mais sur ce qu'elle pourrait lui apporter.

Un outil très utile pour établir cette connexion émotionnelle, c'est la carte d'empathie. Elle permet de se mettre dans la peau de son avatar, de préciser ses problèmes et ses besoins, mais aussi d'essayer de comprendre ce qu'il pense, ressent, voit et entend...

Tapez sur Google : « carte d'empathie », et vous trouverez des exemples qui vous permettront de travailler sur les émotions de votre avatar.

- **Étape 6 : Analyse de la concurrence**

Je vous propose maintenant de faire une recherche sur vos concurrents. Étudiez leurs angles d'attaque, leurs points forts, leurs points faibles... Surtout, travaillez sur la façon dont vous pourriez compenser ces points faibles avec votre offre et votre produit !

Quand vous créerez votre offre, vous la positionnerez sur les points bloquants de votre avatar ainsi que sur les points faibles de vos concurrents.

Soyez différent, et vous serez meilleur ! Ne vous contentez surtout pas d'être une pâle copie de vos concurrents. Vous aurez ainsi un produit totalement original, et unique en son genre.

La différence entre le B to B et le B to C

C'est une question que l'on se pose très souvent : doit-on avoir une approche très différente quand on s'adresse à des entreprises (Business to Business) ou si nos futurs clients sont des particuliers (Business to Consumer) ? On croit souvent qu'une approche spécifique est nécessaire dans le B to B par rapport au B to C. Or, pas du tout : le grand point commun, c'est l'humain !

Quand il s'agit d'obtenir des mandats ou des contrats avec des entreprises, le moyen le plus efficace, c'est... le réseau ! Ce sont les contacts personnels que vous entretenez avec les décideurs qui feront la différence. La relation humaine est donc un élément absolument essentiel. Je pense même qu'elle est encore plus importante que dans le B to C, où il est parfois difficile d'avoir des contacts personnels avec chaque prospect, étant donné leur nombre !

Donc : il n'y a pas de réelle différence, visez l'humain !

Résumons :

Si je voulais synthétiser ce que l'on vient de voir ensemble, je dirais : travaillez sur vous-même, sur vos intérêts, sur vos passions et sur vos compétences, sur votre Ikigaï, sur votre niche, sur votre marché et sur votre avatar. C'est la synthèse de tous ces éléments qui vous permettra de vous distinguer et de cartonner avec votre entreprise !

Il y a d'une part votre monde intérieur personnel, et d'autre part le monde intérieur de votre avatar. Le pont qui va relier ces deux mondes et convaincre des clients, c'est votre offre irrésistible !

Mais comment créer une offre irrésistible ? C'est ce que nous allons voir dans le chapitre suivant.

EXERCICE

EXERCICE :

À vous de jouer

1. Quel est votre prospect cible ?

Éléments factuels (âge, pouvoir d'achat, activité)

....

....

Quelles sont ses aspirations / ses valeurs ?

....

....

Quels sont ses peurs / ses doutes / ses besoins ?

....

....

2. Quelle est votre niche ?

....

....

3. Quelle est votre offre ?

....

....

4. En quoi cette offre est irrésistible ?

....

....

ENGAGEMENT :

Faites une liste de 20 personnes qui correspondent à votre profil de prospect.

1 : ....

2 : ....

3 : ....

4 : ....

5 : ....

6 : ....

7 : ....

8 : ....

9 : ....

10 : ....

11 : ....

12 : ....

13 : ....

14 : ....

15 : ....

16 : ....

17 : ....

18 : ....

19 : ....

20 : ....

CHALLENGE :

Contactez toutes les personnes en respectant ces 3 points :

1. *Vous allez lui envoyer un message pour expliquer votre situation et votre envie de lancer une nouvelle offre.*
2. *Soyez honnête, dites-lui clairement que son profil correspond aux personnes qui pourraient avoir besoin de votre service/produit.*
3. *Proposez-lui un appel en fin de message pour qu'il vous aide à améliorer votre offre. Ainsi, vous aurez l'opportunité de potentiellement signer votre premier client.*

Le jour où vous réalisez votre première vente, envoyez-moi un message et taguez-moi en story, j'aurai plaisir à vous féliciter personnellement !

19

INTERVENANTE : SOPHIE JULIE

FONDATRICE DE L'AGENCE MYRŌR

Le personal branding : mythes et réalité

En ce qui concerne le positionnement de votre entreprise, vous ne devez pas négliger un élément fondamental : le personal branding. Cet anglicisme pourrait être traduit littéralement par « sa marque personnelle ». Le personal branding, c'est cette pratique marketing qui consiste à créer sa chance, promouvoir sa propre image, ses propres valeurs et ses compétences en tant qu'individu, exactement comme on le ferait pour promouvoir une marque ou une entreprise traditionnelle.

En fin de compte, faire du personal branding, c'est quand on cherche à devenir soi-même une marque, un expert reconnu avec des valeurs qui nous sont propres. Grâce à l'exposition publique qui est permise par les réseaux sociaux, le personal branding jadis réservé aux vraies personnalités publiques est devenu un élément important de communication, à intégrer dans une stratégie marketing globale.

Mais il faut savoir que, si créer son personal branding sur les réseaux sociaux comporte de très nombreux avantages, cela peut aussi avoir quelques inconvénients.

Une carte de visite virtuelle

Votre personal branding, c'est l'image de votre entreprise, celle qui vous donnera de la crédibilité, de l'autorité, et vous permettra d'exister. Les gens achètent des produits parce qu'ils ont confiance en la personne qui les vend. Or, c'est le rôle du personal branding : créer de la confiance !

Bien réalisé, il vous différenciera des milliers d'autres créateurs de contenus qui s'affichent en permanence sur les réseaux sociaux, et vous permettra de développer votre communauté.

C'est en quelque sorte votre carte de visite virtuelle, mais une carte de visite accessible à tous grâce à Internet ! C'est donc un outil très puissant qui fait partie intégrante du positionnement de votre entreprise. Et il est indispensable de le travailler dès le départ.

Sur Internet, les gens vous suivront s'ils apprécient ce que vous faites, certes, mais aussi qui vous êtes, vos valeurs.

Un autre avantage (ils sont nombreux) du personal branding, c'est que vos fans vous suivront même si vous changez d'orientation, de centre d'intérêt. Finalement, votre réseau va se développer grâce aux vertus du bouche-à-oreille.

Mais il ne faut pas se voiler la face : créer son personal branding comporte aussi quelques désavantages. Par exemple, quand on se met en avant sur les réseaux, il faut s'affirmer, prendre confiance en soi, s'assumer et également apprendre à assumer le regard des autres. Ce n'est pas si évident.

Et n'oubliez pas que sur le Web, tout reste ! Donc, c'est très bien d'avoir un point de vue clairement assumé, mais faites quand même attention à ce que vous dites, et surtout à comment vous le dites...

Un autre risque peut être de systématiquement associer votre entreprise et votre image personnelle : cela pourrait compliquer les choses, si un jour vous souhaitez la revendre.

Comment le développer ?

Quand on veut développer son personal branding, la première étape, c'est d'apprendre à se connaître ! Demandez-vous quelles sont vos valeurs, vos références, vos passions ? Quel est votre parcours ? Qu'est-ce qui vous différencie des autres ? Quelle est votre valeur ajoutée ?

Quel est votre storytelling personnel ?

Seconde étape : vous construisez l'ensemble de votre stratégie marketing et vous intégrez votre personal branding. Cela dit, je tiens à souligner qu'il existe de nombreux mythes qui circulent à ce propos sur les réseaux sociaux.

Le premier mythe : il faudrait absolument savoir avec précision à qui on s'adresse, avant même de commencer à créer son personal branding. C'est totalement faux ! En fait, contrairement au marketing, le personal branding ne se construit pas par rapport à votre audience cible, mais bel et bien par rapport à votre personnalité.

L'audience cible et la niche ont bien sûr une grande importance, mais l'objectif sera de créer une cohérence entre votre marque personnelle et votre audience cible.

Le second mythe : il faut absolument être clivant pour se différencier ! Cela semble même être un élément fondateur du marketing actuel. Mais, cette fois encore, c'est faux ! Certes, vous devrez assumer vos idées, affirmer vos différences et vos valeurs. Mais cela ne signifie pas qu'il soit nécessaire d'être super clivant pour se faire remarquer.

Une étude a d'ailleurs clairement démontré qu'un message rassembleur a des effets très positifs : cela plaît plus aux gens ! Quand on est trop clivant, on représente rarement la majorité de l'opinion.

Donc, à mon sens, l'avenir du personal branding correspond plutôt aux messages qui cherchent à réunir les gens plutôt qu'à les diviser ! On a envie de messages bienveillants, sains, de messages qui font du bien... C'est ainsi qu'on a le plus d'impact sur la vie des gens.

Néanmoins, si votre personnalité est naturellement clivante, si vous ne vous forcez pas à être quelqu'un d'autre, il n'y a pas de problème ! L'essentiel, c'est d'être authentique : donc, n'essayez pas de jouer un rôle ! Le problème vient surtout si vous vous forcez à adopter une attitude qui n'est pas forcément la vôtre, au risque de vous sentir complètement désaligné au bout d'un certain temps...

Soyez constant !

En conclusion, j'aimerais aussi attirer votre attention sur un élément absolument fondamental : un bon personal branding ne se construit pas en seulement quelques semaines, mais en plusieurs années ! Il est absolument essentiel d'être constant. Il ne suffit pas d'arriver sur les réseaux sociaux et de dire aux gens : « Je suis quelqu'un d'intéressant et j'ai des choses à exprimer... »

Il faut avant tout le prouver !

Un bon personal branding se mesure sur la durée, en restant parfaitement aligné avec sa véritable personnalité, en étant parfaitement authentique.

20

INTERVENANT : JODY CAVALIE

TRADER, INVESTISSEUR, COACH, FONDATEUR LA TRIBU

Commencez par ce que vous maîtrisez !

Vous voulez un conseil clé pour savoir dans quelle direction positionner votre entreprise, avant même de démarrer ?

Ne commencez pas par chercher à vous diriger vers les thématiques qui seraient à votre avis susceptibles d'apporter le plus d'argent. Concentrez-vous plutôt sur vous-même ! Il y a un véritable travail d'introspection à faire, et la plupart des gens ne prennent pas la peine d'y consacrer suffisamment de temps.

Réfléchissez à vos compétences actuelles, à vos qualités, à ce que vous aimez et savez faire, et concentrez-vous en priorité sur ce que vous maîtrisez ! Votre travail actuel peut par exemple vous fournir des pistes : vous pourriez l'effectuer à votre propre compte, pourquoi pas ? Mon parcours personnel dans l'entrepreneuriat est à ce titre assez révélateur.

J'étais salarié dans le domaine de la finance, avec des responsabilités hiérarchiques, et je gagnais bien ma vie. Autour de moi, ma famille et mes amis étaient tous des salariés : c'était la norme, en quelque sorte. Le monde de l'entrepreneuriat représentait quelque chose d'assez flou pour moi, c'était un autre monde, lointain, auquel je ne comprenais pas grand-chose.

Malgré des revenus satisfaisants, je ressentais une frustration progressive dans mon job. Je ne pouvais pas prendre de vacances quand je le souhaitais, j'avais une hiérarchie au-dessus de moi, et je n'avais pas réellement le sentiment d'être payé en fonction de mon engagement personnel.

Un jour, le directeur général m'a pris à part pour me faire une remarque qui m'a fait réfléchir. J'étais arrivé à 8 h 35 au lieu de 8 h 30, et il m'a expliqué qu'en tant que cadre, les employés m'observaient, et donc que je devais montrer l'exemple... Bien sûr, il ne tenait absolument pas compte du fait que je travaillais chaque soir beaucoup plus longtemps que tout le monde, ni que je m'investissais à fond dans ce job.

J'ai donc commencé par faire des recherches sur Internet et à suivre certains grands acteurs du business en ligne. J'ai compris qu'ils gagnaient très bien leur vie en étant libres et indépendants. Je me suis dit : « Il n'y a aucune raison pour que je ne puisse pas faire la même chose ! »

Un départ... dans tous les sens !

Mais je me suis vite posé la grande question : sur quelle thématique me positionner ? Mon premier projet était de devenir coach. J'ai donc suivi les cours d'une école de coaching, mais j'ai vite compris que ça n'était pas fait pour moi : ça m'ennuyait profondément. J'ai donc décidé de me concentrer sur ce que je savais faire : la finance ! C'était la deuxième étape.

J'ai alors commencé par créer une arborescence énorme autour de la liberté financière, au sens large du terme : bourse, cryptos, développement personnel, immobilier... En fait, tout ce qui pouvait créer de l'argent !

Mais je me suis assez vite rendu compte que j'étais en train de m'éparpiller, de partir vraiment dans tous les sens. J'ai compris que je devais me recentrer sur ce que je savais déjà parfaitement faire et que je maîtrisais très bien : la bourse ! J'avais d'ores et déjà une crédibilité, et cela pouvait être mis en place très rapidement.

J'ai donc mis mon focus sur la bourse, mon domaine de prédilection. C'est la troisième étape, en quelque sorte. Mais je ne connaissais rien aux réseaux sociaux, et il m'a fallu me familiariser avec TikTok, Instagram...

Dans un premier temps, j'ai décidé de fédérer une communauté de fans autour de moi. Celle-ci a grandi petit à petit, je répondais aux questions de gens, et j'ai commencé à proposer de petites formations.

Pendant un an environ, j'ai lancé mon entreprise tout en continuant à travailler en tant que salarié. Quand je rentrais le soir, je disais bonsoir à ma famille, et je montais directement travailler sur mon business ! Après un certain temps, je gagnais entre 2000 et 6 000 € par mois. Quand j'ai commencé à gagner plus d'argent avec mon entreprise qu'avec mon job, je suis devenu entrepreneur à plein temps.

En 2022, j'ai vraiment eu des résultats extraordinaires et impacté énormément de gens. En 2023, après avoir creusé les fondations de mon business en me concentrant sur mon cœur de métier, j'ai commencé à créer de nouvelles offres, afin de développer désormais d'autres aspects complémentaires de la liberté financière.

En conclusion, n'hésitez pas à prendre du temps pour trouver vos points forts. Je pense que le vrai souci de notre société, c'est qu'on essaie systématiquement de corriger nos points faibles (ce qui nous amènera au mieux à devenir très moyen), plutôt que de miser sur nos réels points forts !

PARTIE V

L'OFFRE QUI VAUT DES MILLIONS

À votre avis, quel est l'élément central de tous les business du monde ? Quel est le moteur qui permet de faire tourner la machine à plein rendement, et même d'avoir des accélérations qui décoiffent ? Quel est l'élément qui, s'il n'est pas optimisé, ne vous donnera qu'un véhicule poussif, asthmatique, voire complètement encrassé ?

La réponse tient en un mot : l'offre !

Sans une offre valable – ou mieux : une offre *Number One!* –, il ne se passera pas grand-chose. Votre affaire risque fort de pécloter[1], comme on dit en Suisse : votre entreprise aura de la peine à décoller et vous risquerez de ramer comme un fou pour des prunes. Pire : si votre offre n'est pas assez performante, votre business risque purement et simplement de tomber en panne sèche, faute de clients – ou faute de pouvoir demander le juste prix !

Créer un business, c'est proposer un échange de valeur, plus exactement un échange d'argent – celui de vos clients – contre la valeur proposée par votre entreprise. Et pour que cet échange ait lieu, il faut obligatoirement qu'il y ait une offre : c'est le point de départ de l'aventure. Ce qui va attirer votre client, c'est votre façon de présenter votre offre. C'est donc ce que vous allez proposer en échange de cet argent (qu'il a en théorie durement gagné).

Si vous n'avez pas d'offre, il ne se passera évidemment rien. Si votre offre est mauvaise, vous serez constamment dans le rouge et n'arriverez jamais à décoller. Si elle est juste correcte, vous arriverez sans doute à survivre. Si elle est bonne, vous sortirez la tête de l'eau et vous gagnerez votre vie.

En fait, votre objectif devrait être d'avoir une offre Number One, c'est-à-dire capable de générer beaucoup d'argent. C'est ce qu'un Nouvel Entrepreneur doit viser. Vous ne réussirez sans doute pas du premier coup mais, si vous persévérez, tenez compte de vos erreurs et ajustez le tir, croyez-moi, vous finirez par la créer !

En fin de compte, quels sont les deux principaux problèmes auxquels se trouvent confrontés tous les entrepreneurs du monde ? Le problème numéro un : pas assez de clients ! Ça arrive souvent – et ça peut parfois devenir obsessionnel. Le problème numéro deux : pas assez de cash – j'entends par là, pas assez de bénéfices nets à la fin du mois ! Vous pouvez manquer de cash même avec suffisamment de clients, tout simplement parce que votre marge bénéficiaire est trop faible.

Quand il y a un souci important au sein d'une entreprise, cela se ramène souvent à ces deux fondamentaux : les clients, et le cash.

Que fait généralement un entrepreneur quand il manque de clients ? Le réflexe classique, c'est de baisser ses prix pour attirer plus de monde, surtout s'il navigue dans un marché très concurrentiel. Du coup, il se retrouve sans cesse à tirer ses tarifs vers le bas. Mais c'est ce que font aussi la plupart de ses concurrents ! Résultat : notre entrepreneur rogne toujours plus sur ses marges bénéficiaires et il travaille comme un fou pour ramasser des miettes.

Il est possible d'opter pour une autre stratégie en proposant une offre Number One. Durant ma carrière d'entrepreneur, j'ai pris quelques belles gifles dans la figure, je me suis même vautré par terre de temps à autre... Mais j'ai aussi appris pas mal de choses, et notamment celle-ci : vous devez créer une offre qui déchire ! Une offre Number One !

Comment faire ? C'est ce que nous allons voir ensemble dans ce chapitre.

21

LE BON PRIX POUR LA BONNE OFFRE

Pour quelles raisons les gens achètent-ils un produit ou une prestation ? Cela dépend ! Certains ont comme critère principal le prix d'une marchandise, quelle qu'elle soit : généralement, ils comparent les tarifs sur un marché donné, et concentrent ensuite leur attention sur les prix les plus bas. Mais d'autres portent principalement leur attention sur la valeur du produit, du service ou de la prestation. Peu importe que cette valeur soit financière (par exemple la possibilité pour une entreprise d'augmenter son chiffre d'affaires), physique (mincir, être plus musclé ou en meilleure santé) ou statutaire (acheter un produit de luxe pour l'image et le statut social projetés).

Quand vous créerez votre offre, le prix que vous proposerez dépendra prioritairement des personnes auxquelles vous allez vous adresser. En d'autres termes, votre prix dépendra de votre niche et de votre avatar client, mais aussi de la concurrence, si vous ne vous différenciez pas du reste du marché.

Pour pouvoir créer une offre Number One, il y a quatre indicateurs clés :

1. Il faut qu'il existe une « douleur importante » chez vos prospects. Je rappelle qu'une douleur importante, c'est en fait une frustration, un besoin ou un désir de transformation, quels qu'ils soient : physique, financier, relationnel ou autre...

2. Votre niche et votre avatar devraient être relativement faciles à cibler : il ne s'agit pas pour vous de chercher une aiguille dans une botte de foin.
3. Le pouvoir d'achat de votre avatar doit être en adéquation avec l'offre que vous proposez.
4. Mieux vaut miser sur un secteur en croissance, ou du moins qui ne soit pas en régression.

Jean-Luc vend des CV aux fauchés

Jean-Luc est un spécialiste des RH (ressources humaines) qui sait comment rédiger des CV percutants et préparer les demandeurs d'emploi aux entretiens d'embauche. Il est capable de les aider à se démarquer sur le marché du travail. Il décide donc de créer un blog et de proposer ses services. « Beaucoup de gens sont à la recherche d'un emploi, je vais donc cartonner », pense-t-il le matin en se rasant…

Sur le papier, ça se tient. Mais qui seront ses clients potentiels ? Des étudiants fauchés ou des chômeurs qui ne le sont pas moins ? Mauvaise pioche ! Les finances de ses prospects constitueront un obstacle réel au développement de son entreprise, et il aura même de la chance s'il arrive à vivre correctement de son nouveau business.

Vous trouvez que je suis cynique ?

Attendez une minute avant de me jeter des tomates ! Voici comment Jean-Luc pourrait contourner le problème, en gardant la même niche, mais en changeant d'avatar. Plutôt que de vendre ses prestations aux étudiants et aux chômeurs fauchés, Jean-Luc décide de les proposer à un organisme public ou une fondation chargés d'accompagner les demandeurs d'emploi à intégrer le marché du travail. Fort de son expérience, il peut facturer ses services directement à l'organisme qui le mandate, à un tarif digne de ce nom. Il pourra aider en fin de compte beaucoup plus de monde à la fois, puisqu'il organise maintenant des sessions par groupes de 15 à 20 demandeurs d'emploi. Il est donc resté exactement dans la même niche, mais a changé d'avatar pour des raisons stratégiques.

Ce premier exemple destiné à illustrer mes propos était fictif. En voici un autre, vécu celui-là.

Un coach à Dubaï

Je suis convaincu que le sport est très important et vraiment nécessaire à notre équilibre. Mais ça, c'est la théorie ! Autant l'avouer franchement : ma motivation à aller m'entraîner est parfois un peu fluctuante… Certainement parce que, tout au fond de moi, il ne s'agit pas d'une vraie priorité, contrairement à mes affaires.

J'ai donc choisi d'avoir un coach personnel, qui me donne des rendez-vous et me pousse à donner le meilleur de moi-même. C'est plus efficace pour moi.

Je vis à Dubaï, et je rémunère mon coach personnel 1500 € par mois : c'est son tarif mensuel… par client ! Je suis personnellement prêt à payer cette somme parce que, d'une part, je gagne suffisamment bien ma vie pour me le permettre et, d'autre part, je sais très bien que je n'aurais jamais la même discipline si je me débrouillais tout seul dans mon coin.

Mon coach gagne donc très bien sa vie. Mais auparavant, il travaillait en France, dans une grande chaîne de fitness low cost. Il ne pratiquait pas les mêmes tarifs, loin de là : il devait tirer ses prix vers le bas, et par conséquent ses revenus n'avaient qu'un lointain rapport avec ce qu'il gagne aujourd'hui. Il a changé d'avatar lui aussi, tout en restant dans la même thématique : son métier de coach.

Rassurez-vous ! Je ne suis pas en train de vous suggérer de vous envoler direction Dubaï pour développer votre business : ce n'est ni une étape obligatoire ni une fin en soi ! C'était simplement la stratégie personnelle qu'il a adoptée pour des raisons qui lui appartiennent, et ça lui a plutôt réussi. Je pense que vous avez compris le message : « Tout dépend à qui vous vous adressez »…

Hot dogs rassis et papier toilette !

Parfois, même en pratiquant un prix trop élevé et en étant nul dans l'art de la persuasion, on peut cartonner si on propose la bonne offre, aux bonnes personnes, et au bon moment ! Je sais, c'est frustrant, mais c'est comme ça.
Vous avez des doutes ? OK, voici des exemples concrets !

- **Premier cas de figure**

Vous vendez des bières à 6,50 € et des hot dogs rassis, mais votre stand se situe juste à l'entrée d'un stade de foot les soirs de match ? Vous pourriez faire des affaires en or ! Et cela même si vous faites la gueule et que vos hot dogs ont l'air d'avoir vécu des jours meilleurs...

- **Deuxième cas de figure**

Nous avons tous mangé un jour dans le resto d'une station balnéaire archibondée. L'établissement affichait les photos d'environ 300 plats différents – de la paella à la fondue au fromage, en passant par les escargots dits « de Bourgogne »... La nourriture était infecte, le service en mode « Au suivant ! ». Pourtant, les clients faisaient la queue pour s'attabler !
Vous avez dit bizarre ?
Dans les deux cas, nous avons affaire à « un marché affamé », une expression utilisée par l'auteur et businessman Alex Hormozi (expression à ne pas prendre au sens propre, sauf peut-être dans les deux exemples précédents).

- **Troisième cas de figure**

Rappelez-vous. En pleine pandémie du Covid-19, les gens se battaient presque pour acheter du papier toilette – dont ils n'avaient certainement nul besoin dans de telles quantités ! Ils dévastaient les rayons des supermarchés comme des nuages de criquets voraces. Encore un « marché affamé »... ! Bien qu'il ne soit cette fois pas question d'estomac, en l'occurrence.
Concrètement, nous avons rarement l'opportunité de nous situer sur un marché de ce type. Et mettons d'ailleurs les choses au point : je ne vous recommande surtout pas de bâcler vos prestations ni de vous moquer de vos clients, bien au contraire !

Laissez tomber la guerre des prix !

Si, à l'instar de beaucoup d'entrepreneurs, vous vous situez dans un marché classique et souhaitez créer votre offre Number One, vous devez absolument vous différencier et vendre en fonction de la valeur que vous allez apporter, et non vous fixer sur le seul prix ! Vous devez aussi vous adresser au bon public. Dites-vous bien une chose : s'il suffit de faire une recherche rapide sur Google pour trouver des centaines ou même des milliers d'offres exactement identiques à la vôtre, qui s'adressent exactement aux mêmes personnes, cela signifie tout simplement que vous vous prenez des baffes de la part de Google… à longueur de journée !

Et croyez-moi : ce n'est pas en prenant des baffes qu'on explose son business… Votre but dans l'absolu n'est pas forcément d'avoir toujours plus de clients, mais toujours plus d'argent !

Pour quelles raisons est-ce que je ne vous conseille pas de vous lancer dans une course aux prix bas ? Voyons d'abord le point de vue des clients.

- La valeur perçue de votre produit – quel qu'il soit – diminue aux yeux de vos clients si vos tarifs sont très bas. C'est un mécanisme classique de la psychologie, et donc du marketing : quand un produit est très bon marché, nous avons tendance à estimer qu'il a forcément une valeur moindre, indépendamment de sa valeur réelle.
- Vos clients ont moins d'investissement émotionnel lors de l'acte d'achat. Ils s'engagent moins, et ont par conséquent ils obtiendront de moins bons résultats.
- Leur degré d'exigence est également plus faible : « De toute façon, au prix où je l'ai payé… ». Tout est lié.

Plaçons-nous maintenant de votre point de vue, celui du Nouvel Entrepreneur :

- Votre marge de profit est évidemment réduite, et vous faites moins de bénéfices nets. Cela signifie moins d'argent dans votre poche.
- Cela signifie aussi moins d'argent à réinvestir dans votre entreprise, afin d'améliorer la qualité de vos prestations et de vos produits, ou d'investir dans la pub. C'est clairement un frein à votre développement.
- Vous n'êtes pas en mesure de proposer la même qualité de prestations

qu'avec des prix plus élevés, car vous êtes obligé de miser sur le volume de clients. Ou sur la rapidité de livraison du produit, afin justement d'augmenter votre volume de clients. Et donc de « bâcler » un peu, en quelque sorte... C'est typique dans la délivrance de prestations du type Done for You, lorsque vous pratiquez des tarifs trop bas pour vous en sortir.

Pour toutes ces raisons, je ne vous recommande pas de vous perdre dans la masse et de faire des « copier-coller » des autres acteurs du marché, ni de baser votre approche marketing sur la guerre des prix.

Bien sûr, quand on lance une nouvelle activité, on ne se sent pas encore légitime à pratiquer des prix élevés, et c'est tout à fait normal. Quand je me suis lancé, j'ai démarré avec des tarifs relativement modestes : j'avais par exemple des freins psychologiques et concrets – pas assez d'expérience personnelle – pour faire une offre de coaching à plus de 50 € de l'heure. Mais au fil du temps, j'ai pris conscience de la valeur que je pouvais apporter à mes clients, et j'ai naturellement pris confiance en moi. J'ai progressivement augmenté mes tarifs. Aujourd'hui, je peux vendre un coaching à 3000 € de l'heure en me sentant pleinement légitime !

Votre but ne devrait pas être de vendre plus cher dans l'unique objectif de... vendre plus cher ! Vous devriez prendre le temps de développer vos compétences, de faire vos expériences, et d'être sûr que votre produit apportera une valeur importante à vos clients. Une valeur en fait bien supérieure au prix que vous allez demander.

Promettez moins, offrez-en plus à vos clients !

Rappel de quelques notions de base

- La marge brute, c'est la différence entre le prix de vente et le prix de revient de votre produit. Le prix de revient (ou le coût de revient), ce sont les coûts nécessaires pour produire et distribuer votre produit.
- Le bénéfice net, c'est votre bénéfice réel : c'est-à-dire le bénéfice moins toutes les dépenses globales dont vous devez tenir compte. Par exemple : loyer, publicité, frais de maintenance, salaires et impôts...
- La LTV ou lifetime value (appelée aussi valeur de vie client) consiste à calculer ce que vous rapporte un client sur sa durée de vie (en tant que client !). Soit le montant total qu'un client moyen va acheter auprès de votre entreprise.

Vendre : la formule V-E-S !

Il est important de comprendre que la vente n'est pas un processus linéaire. Il existe trois cercles de confiance que vos prospects doivent successivement traverser avant de passer à l'acte d'achat.

- **Première étape : il doit vous faire confiance !**

C'est le premier cercle de confiance, et c'est parfaitement logique : votre futur client doit vous faire suffisamment confiance avant d'aller plus loin.

- **Deuxième étape : il doit avoir confiance dans votre produit**

C'est évidemment indispensable : s'il n'est pas convaincu par votre produit, votre service ou la qualité potentielle de votre prestation, votre prospect n'aura pas envie de passer à l'acte d'achat.

- **Troisième étape : il doit se faire confiance**

Votre prospect doit estimer qu'il est lui-même capable d'appliquer la méthode proposée ou d'utiliser le service qu'il va acheter. Il doit avoir un minimum confiance en ses propres capacités à aller de l'avant.

C'est seulement lorsque les trois cercles de confiance sont passés avec succès que le prospect peut enfin se transformer en client. D'accord, mais qu'est-ce que cela signifie concrètement pour vous ?

Cela veut dire que votre principal objectif est d'aider votre futur client à franchir ces trois cercles : vous devez entrer dans la matrice de votre prospect, vous mettre à sa place et dans sa tête !

Pour aider votre prospect à traverser les trois cercles de confiance, je vous propose la formule V-E-S. Elle est très efficace et permet d'élaborer des offres vraiment irrésistibles.

Voyons cette formule V-E-S de plus près :

V = Vous-même :

Dans un endroit secret de sa tête (même s'il ne le verbalise pas), votre prospect se pose des questions : qui êtes-vous ? Pourquoi vendez-vous cette méthode ou ce produit ? Quelle est exactement votre entreprise ? Quelle est votre légitimité ?

Si vous n'avez pas de réponses très claires et intelligibles à ces questions, il sera difficile de passer le premier cercle de confiance. N'oubliez pas : votre prospect va se poser ces questions de manière plus ou moins consciente.

E = Eux :

Votre prospect a aussi des doutes sur lui-même. Est-ce qu'il est en mesure de bien comprendre votre offre ? Est-ce qu'il a assez de temps ? Assez d'argent ? Est-ce qu'il aura suffisamment de discipline pour aller jusqu'au bout de la transformation proposée et d'utiliser pleinement le service ou le produit ?

Votre but est d'aider votre futur client à répondre positivement à ces questions. Et, bien sûr, il ne suffit pas de l'affirmer : vous devez encore le lui démontrer !

Vous pouvez par exemple procéder à une mise en perspective, avec votre histoire personnelle, ou encore celle de certains de vos clients, avec des témoignages : c'est ce qu'on appelle la preuve sociale.

N'hésitez pas à souligner le coût de l'inaction et de la passivité. Qu'arrivera-t-il si votre prospect laisse passer cette opportunité ? Prenons l'exemple d'un programme proposant un accompagnement dans l'investissement immobilier. Le coût de l'inaction pourrait être par exemple : perdre un temps fou pour trouver les appartements les plus adéquats, risquer d'être arnaqué par des artisans peu scrupuleux, ne pas savoir comment négocier ses emprunts auprès des banques...

Adressez-vous à la partie rationnelle du cerveau de votre prospect, mais également à sa partie émotionnelle ! Puisque vous êtes concerné par cette thématique, prenons l'exemple de l'entrepreneuriat. Si vous ne passez pas à l'action, la charge émotionnelle pourrait être : le manque d'épanouissement au travail, un désir de liberté ou d'accomplissement personnel constamment frustrés, être obligé de supporter une hiérarchie bornée pendant encore des années et des années...

Si vous faites bien ce travail, votre prospect vivra un conflit interne entre d'une part la douleur de ne pas acheter, et d'autre part la douleur d'acheter. Votre objectif est bien sûr que la douleur de ne pas acheter soit supérieure à la douleur d'acheter !

S = Solution :

Il s'agit cette fois de prouver à votre prospect que votre produit fonctionne. Que c'est une méthode unique, éprouvée. Il est parfois difficile de se mettre réellement à la place du prospect et c'est normal, puisque certaines de ses objections ne sont même pas verbalisées ! Il est d'autant plus nécessaire de faire preuve d'empathie, d'essayer de comprendre les objections conscientes et inconscientes qui vont lui traverser l'esprit.

Si vous prenez le temps d'appliquer sérieusement la formule V-E-S, vous briserez la glace des trois cercles concentriques de confiance ! L'idée, vous l'avez compris, c'est de ne surtout pas faire l'autruche, mais au contraire d'expliquer les choses très simplement, et de lever les doutes et les interrogations.

La clé de votre succès, le secret de votre offre Number One, c'est encore une fois la différenciation ! Un élément très puissant pour vous différencier, c'est de comprendre quel est... le désir secret de votre prospect !

Le désir secret : un exemple vécu

Comme un exemple concret vaut largement des explications théoriques, voici comment nous avons choisi de nous positionner avec l'une des entreprises avec laquelle nous sommes désormais partenaires : le Cabinet des Indépendants.

Il s'agit d'un cabinet d'expertise comptable. Nous nous situons dans un secteur extrêmement concurrentiel : il y a des milliers de cabinets de comptabilité en France, et des dizaines de nouveaux arrivent sur le marché chaque année.

N'importe quel entrepreneur qui recherche « cabinet de comptabilité pas cher » sur Google a soudain devant les yeux une pléthore d'offres qui proposent grosso modo exactement la même chose, ou presque ! Mais essayons d'aller un peu plus loin. Apparemment, pour un chef d'entreprise, faire sa comptabilité, c'est une nécessité qui n'est pas très intéressante en soi : cet entrepreneur recherche simplement un spécialiste capable de s'occuper de ses déclarations d'impôts. On pourrait bien sûr se contenter de cette explication, et se lancer dans une guerre des prix pour le séduire.

Mais si ce n'était que la surface de choses ?

Et si ce dont cet entrepreneur avait réellement besoin, de façon plus ou moins consciente, c'était d'avoir à ses côtés une équipe de confiance capable d'optimiser sa fiscalité professionnelle ET également personnelle ? Si c'était de faire en sorte que l'ensemble de sa vie soit optimisé d'un point de vue comptable, fiscal et financier... Ça, ce serait vraiment top !

C'est en partant de ce postulat que nous avons décidé de ne pas nous contenter de proposer un simple service de comptabilité comme il en existe des centaines d'autres, que nous ne sommes pas entrés dans la guerre des prix, du genre « 29 € par mois tout compris pour votre comptabilité »...

Nous avons bien au contraire choisi de proposer un service haut de gamme, beaucoup plus cher, en expliquant que notre objectif était de mettre à disposition les compétences d'un directeur administratif et financier spécifique à chacun de nos clients, dans le but d'optimiser leur fiscalité globale et de leur permettre d'économiser plusieurs milliers d'euros chaque année ! Ambitieux, non ?

Nos services sont peut-être dix fois plus cher que d'autres, en revanche ils permettent à un entrepreneur de faire de véritables économies sur l'année. Et – c'est très important – il peut se sentir vraiment épaulé sur l'ensemble de ses finances. Nous avons donc résolument pris le contre-pied des centaines de cabinets existants : nous ne nous sommes pas battus sur les prix, mais avons mis en avant la qualité unique du service que nous entendions proposer.

Et cela m'amène à vous partager une autre recette du succès : mettez votre maillot et allez vous baigner dans l'Océan bleu plutôt que dans l'Océan rouge !

Océan bleu versus Océan rouge

On peut considérer qu'au sein d'un marché, quel qu'il soit, il existe différentes stratifications de prospects, selon leur niveau de conscience. Voyez un peu ça comme une pyramide.

- La base de la pyramide, donc le premier niveau, représente environ 40 % des prospects, ce sont les gens qui n'ont aucune conscience réelle du problème.
- Le second niveau est constitué des 30 % de personnes qui ont conscience qu'il existe un problème, mais qui ne se posent pas plus de questions à ce sujet.
- Le troisième niveau, ce sont les gens qui savent qu'il existe des solutions à leur problème. Ces personnes ont fait un pas de plus dans la réflexion et représentent environ 20 % du marché.
- Le quatrième niveau, ce sont les 7 % de prospects qui ont conscience du problème, qui savent que des solutions existent, et se demandent plutôt laquelle leur permettrait d'obtenir de vrais résultats.
- Enfin, le cinquième niveau, c'est le sommet de la pyramide avec les 3 % de personnes qui ont une conscience maximum du problème, et qui sont à la recherche active du produit qui leur permettra de le résoudre.

Cela étant établi, comment se comporte la grande majorité des entrepreneurs ? Quelles sont leurs cibles privilégiées ? La réponse est en fait très simple : l'immense majorité des entrepreneurs se concentre sur la toute petite minorité de prospects déjà éduqués, parfaitement conscients du problème et sans doute déjà à la recherche de solutions potentielles. Soit les deux derniers étages de la pyramide, et environ 10 % du marché.

Ce faisant, ils plongent avec délice dans l'Océan rouge, qui grouille déjà de petits et de gros poissons. Mais c'est à mon sens une erreur ! Si vous faites cela :

- Vous nagez parmi les requins ! Pourquoi l'appelle-t-on l'Océan rouge, à votre avis ? Parce que la bagarre fait rage et qu'elle est sanglante ! Souvent, elle se situe, comme on l'a vu, au niveau des prix. Les cabinets de comptabilité qui cassent les prix barbotent dans l'Océan rouge...

- Vous vous adressez prioritairement à des personnes déjà extrêmement sollicitées à longueur de journée. Par conséquent, leur niveau d'attention aux nouvelles offres est très bas, en revanche leur niveau de suspicion est particulièrement élevé !
- Vous risquez de dilapider votre argent dans des campagnes publicitaires au coût très élevé, puisque le secteur est très compétitif.
- Tous les jours, de nouvelles personnes vont essayer de faire la même chose que vous !
- Vous aurez besoin de travailler très dur pour vous démarquer de la concurrence, être très fort en persuasion, et vous aurez un faible retour sur investissement, étant donné la guerre des prix qui fait rage dans l'Océan rouge.
- Il deviendra très difficile de scaler votre activité, car vous aurez vite fait le tour des 10 % du marché déjà assaillis par la concurrence.

Pas très réjouissant, non ? Mon conseil est donc le suivant : allez donc vous baigner dans l'Océan bleu ! Là où il n'y a pas de requins, là où l'eau est chaude et beaucoup plus limpide.

Pourquoi est-ce que je vous propose de privilégier l'Océan bleu ? C'est très simple :

- 99 % des entrepreneurs ne s'intéressent pas à cette tranche non éduquée du marché. Vous allez donc vous adresser à des personnes qui ne sont pas assaillies à longueur de journée par vos concurrents. Vous obtiendrez plus facilement l'attention de vos prospects, tandis que leur degré de suspicion sera logiquement plus faible.
- Aux yeux de cette frange du marché, vous êtes unique, ou presque, et vous pouvez donc aisément être perçu comme le numéro un dans votre domaine. Un standard de référence, en quelque sorte ! Votre offre deviendra alors beaucoup plus facilement une offre Number One.
- Vous ne vous battez pas avec la concurrence, puisqu'il n'y en a tout simplement pas – ou alors très peu ! Par voie de conséquence, les coûts publicitaires seront évidemment beaucoup plus bas.

Ne demandez pas en mariage une inconnue !

Mais vous devez en revanche être conscient d'une chose : comme cette frange du marché n'est pas pleinement consciente du problème ni des solutions potentielles, une tentative de vente directe ne fonctionnera pas. Pourquoi ? Parce que ces personnes ne sont pas encore prêtes, tout simplement ! Vous devrez aller à leur rencontre, vous présenter et les éduquer progressivement.

Imaginez que vous vous baladiez dans la rue et tombiez sous le charme d'une belle inconnue. Iriez-vous l'aborder et la demander directement en mariage ? Je ne pense pas ou alors, un conseil : prenez des cours de séduction de toute urgence ! Vous savez très bien que vous risqueriez de vous prendre une baffe ou, au mieux, d'avoir en retour un haussement d'épaules méprisant ! Alors, plus vraisemblablement, vous inviteriez d'abord cette jeune femme pleine de charme à boire un verre, puis quelques jours plus tard à dîner au restaurant, ou à aller au cinéma...

Bref, vous feriez connaissance !

Dans l'Océan bleu, c'est exactement pareil ! Vous devrez faire connaissance avec votre prospect, gagner sa confiance et savoir vous faire apprécier. Il faudra aussi l'éduquer et lui expliquer pourquoi les éventuelles solutions qu'il a peut-être déjà tenté d'appliquer auparavant n'ont pas marché. Et pour quelles raisons une approche radicalement différente pourrait l'amener plus rapidement et facilement à la situation désirée...

22

PROMETTEZ MOINS, OFFREZ PLUS ET COMMUNIQUEZ MIEUX !

L'équation de valeur

Alex Hormozi est un entrepreneur américain multimillionnaire, qui a bâti sa fortune dans le domaine du fitness et des salles de sport. En quelques années, il a réussi à créer un véritable petit empire et il prend aujourd'hui régulièrement des participations dans de nombreuses sociétés. Il est également l'auteur du fameux livre *$ 100M Offers*[1] *(« Des offres à 100 millions de dollars »)*, qui a cartonné aux États-Unis.

Pourquoi est-ce que je vous parle de ce businessman bodybuildé ? Parce qu'il a créé une formule reproductible particulièrement intéressante qui permet de quantifier quatre variables essentielles à prendre en compte pour donner une vraie valeur à une offre : il l'a appelée « l'équation de valeur ».

Cette fameuse équation peut vous ouvrir de belles perspectives en tant que Nouvel Entrepreneur ambitieux dont le rêve est de concevoir une offre véritablement irrésistible : inspirons-nous de ceux qui savent de quoi ils parlent !

Selon Alex Hormozi, quatre variables principales jouent un rôle prépondérant dans la valeur perçue d'une offre. Il en tire son « l'équation de valeur ». Vous devrez augmenter la perception des deux variables du haut, et diminuer l'importance des deux variables du bas.

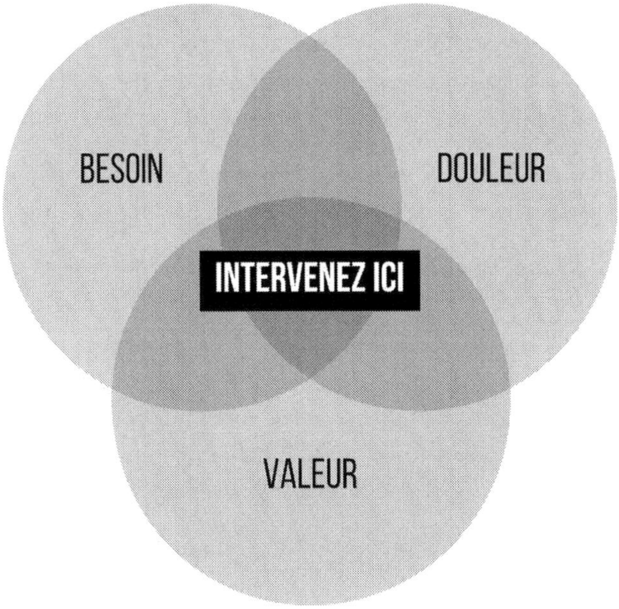

L'équation de valeur est assez simple, sur le papier.

En haut de l'équation, vous multipliez deux variables, à savoir, « **le résultat rêvé** » par « **la probabilité perçue de réussite** ».

En bas de l'équation, vous multipliez « le délai perçu entre le début et la réalisation de l'objectif » par « l'effort et les sacrifices perçus ».

Vous divisez ensuite le résultat du haut par celui du bas, et vous obtenez le résultat de votre équation : **la valeur perçue de votre offre !**

Pas de panique, vous allez comprendre ! Je vais vous donner quelques exemples qui permettront de saisir les enjeux concrets de cette équation. Vous allez voir : c'est très parlant.

Entrons donc un peu dans le détail :

- **Variable n° 1 (en haut) : le résultat rêvé**

Il s'agit de l'écart entre la réalité actuelle du prospect, sa situation du moment, et le résultat rêvé qu'il aimerait atteindre, la situation désirée. Votre rôle sera d'augmenter la valeur de cette variable, en donnant des précisions sur ce fameux « résultat rêvé ».

Par exemple, quel sera l'état d'esprit de votre prospect quand il aura atteint son rêve ? Qu'est-ce qui changera dans sa vie, parallèlement à l'atteinte de son objectif? Le regard des autres ? Sa propre estime de lui-même ? Son compte en banque ? Un sentiment de liberté ? De bien-être ?

Vous l'avez compris : il faut que votre prospect puisse se projeter concrètement dans le résultat rêvé, qu'il puisse quasiment se mettre en situation.

Votre but est d'augmenter la valeur de cette variable.

- **Variable n° 2 (en haut) : la probabilité perçue de réussite**

Plus votre prospect estime qu'il a réellement des chances d'obtenir le résultat rêvé, en d'autres termes plus il a la conviction que votre offre fonctionne réellement, et plus elle sera précieuse à ses yeux !

Retenez bien une chose : les gens sont prêts à payer pour obtenir une certitude de résultat ! Si vous deviez subir une opération de chirurgie esthétique, combien seriez-vous prêt à payer en plus pour que le chirurgien qui va vous opérer ait déjà effectué 10 000 interventions du même type sans aucun problème ? Il a obtenu le même diplôme qu'un chirurgien débutant, mais vous seriez sans doute prêt à débourser un supplément pour être opéré par l'expert chevronné, et avoir la quasi-certitude du résultat rêvé !

Si je propose à un chef d'entreprise une prestation marketing à 15 000 € et qu'il est persuadé qu'il va en gagner 60 000 grâce à elle, il fera chauffer sa carte de crédit !

Votre but est donc d'augmenter la valeur de cette variable.

- **Variable n° 3 (en bas) : le délai perçu (le temps que ça prend !)**

Il s'agit tout simplement du délai entre l'acte d'achat et le résultat obtenu. Plus ce délai est réduit, plus votre produit est précieux ! Les gens achètent bien sûr parfois une valeur à long terme, mais ce seront les résultats à court terme qui leur permettront de garder confiance en votre produit. Ce sont les petits succès tout au long du parcours qui leur permettront de se rassurer et de se dire qu'ils sont sur la bonne voie. Qu'ils ont fait le bon choix !

Ce sont en fait de petites victoires émotionnelles. Par exemple, si votre prospect doit perdre 20 kilos, c'est le fait de perdre rapidement les trois ou quatre premiers kilos qui va le motiver, le rassurer et lui permettre de garder le cap.

Il est très important d'apporter des résultats rapides à votre prospect, même s'il s'est engagé sur une valeur à plus long terme.

Vous devez donc diminuer le plus possible le délai perçu.

- **Variable n° 4 (en bas) : l'effort et les sacrifices perçus**

Moins les prospects auront l'impression qu'ils devront faire des efforts et des sacrifices pour obtenir le résultat escompté, plus votre produit aura de la valeur à leurs yeux !

Beaucoup de gens préfèrent payer 10 000 € pour une liposuccion plutôt que de s'engager dans un programme alimentaire et sportif sérieux. Dans le premier cas, une petite intervention chirurgicale, certes peu agréable, et le tour est joué ! Dans le second cas, votre prospect sait qu'il devra faire des sacrifices sur la durée au niveau alimentaire, se priver sans doute de certains de ses plats favoris, et se forcer à faire du sport plusieurs fois par semaine… Quelle galère !

Votre rôle est donc de diminuer drastiquement l'effort et les sacrifices perçus.

Le monde idéal et la vraie vie

En lisant ces lignes, vous êtes peut-être en train de vous dire que les choses ne devraient pas être ainsi. Que les gens devraient savoir que « temps, effort et discipline » sont nécessaires pour obtenir des résultats qui en vaillent la peine, dans presque tous les domaines de l'existence. Et que l'on n'a rien sans rien…

À vrai dire, dans l'absolu, je suis d'accord avec vous, bien sûr ! Mais il s'agit d'un idéal fictif, qui ne correspond pas au monde réel. On peut s'en désoler, ou on peut faire avec ! La nature humaine est ainsi faite : ni vous, ni moi, ni personne n'y changeront quoi que ce soit.

Les meilleures entreprises du monde portent une attention particulière aux variables du bas de l'équation : à savoir, rendre les choses rapides, faciles et sans effort ! Par exemple, l'utilisation de l'iPhone ne réclamait pas plus d'effort que celle des autres téléphones de la même époque, mais procurait plus (ergonomie, design) ! Amazon a misé sa communication sur la facilité – l'achat à distance d'un simple clic – et la rapidité – en 24 ou 48 heures, votre commande est chez vous !

Netflix nous a permis de consommer des films et des séries rapidement et sans le moindre effort, hormis l'abonnement mensuel préalable.

Vous devrez donc absolument diminuer les variables inférieures de l'équation !

Vous voulez rêver un peu ?

À ce propos, imaginez que vous puissiez réduire la partie inférieure de l'équation... au point de la rendre égale à zéro ! Vous auriez alors de l'or entre les mains. Car dans ce cas de figure, peu importerait la partie supérieure de l'équation. Cela voudrait dire que vous pouvez réduire à néant le délai nécessaire pour que vos prospects obtiennent leur résultat rêvé, et que leurs efforts et sacrifices sont nuls !

Concrètement, dans une telle configuration, un prospect achèterait quelque chose chez vous et, l'ordre de sa carte de crédit à peine exécuté, votre offre deviendrait... sa nouvelle réalité !

Par exemple, il clique sur le bouton d'achat de votre produit amaigrissant, et son ventre rondouillard se transforme instantanément en tablettes de chocolat dignes d'un culturiste...

Ou encore, il signe avec votre entreprise spécialisée en marketing et, dès le chèque versé, son téléphone se met à sonner, avec en permanence de nouveaux prospects qualifiés à l'autre bout du fil !

À votre avis, quelle serait la valeur réelle de tels produits et services ? Vous avez compris : inestimable ! Vous auriez gagné la partie...

Votre rôle, en tant qu'entrepreneur, est donc de communiquer le plus efficacement possible sur ces quatre variables, afin que votre offre devienne... Number One ! C'est votre manière de communiquer sur ces variables qui déterminera sa valeur perçue.

23

LES HACKS POUR AMÉLIORER VOTRE OFFRE

Voici maintenant des raccourcis qui permettent de pirater le cerveau, des hacks basés sur les fondamentaux de la psychologie humaine, qui sont particulièrement efficaces ! Les trois principaux sont : la rareté, l'urgence et les bonus.

La rareté

Que veulent réellement les gens ? Réponse : ce qu'ils ne peuvent pas avoir ! Mais pas seulement : ils veulent aussi ce que les autres ont, et les produits auxquels seuls quelques privilégiés ont accès. C'est ainsi que fonctionne le monde, c'est ainsi que fonctionne la psychologie humaine. La règle à retenir est : plus une ressource est rare, plus elle prend de la valeur ! Souvenez-vous de l'exemple du papier toilette : le sentiment de rareté s'était répandu comme une traînée de poudre chez les acheteurs, et du coup ils en voulaient toujours plus...

Je vous propose donc de créer un sentiment de rareté : cela vous permettra de réduire votre offre à l'instant T, et donc de susciter le désir chez votre prospect.

Il existe différents moyens de créer ce sentiment de rareté. Gardez à l'esprit que les êtres humains sont plus secoués à l'idée de perdre quelque chose («

Mon Dieu, ça va bientôt disparaître!») que par le désir de gagner quelque chose.

Vous pourriez par exemple créer une offre limitée dans le temps : quatre sessions par an avec un nombre de places limité. Si une personne intéressée rate le coche, elle devra attendre la session suivante pour s'inscrire... Vous pouvez aussi susciter la rareté sur les bonus proposés parallèlement à votre produit principal. Du type : « Ces bonus exceptionnels sont réservés aux 20 premiers inscrits ».

Les possibilités sont nombreuses. Mais attention : soyez cohérent avec votre affirmation. Donc, ne proposez plus votre produit après la date butoir, en tout cas pas au tarif préférentiel proposé, sous peine de vous décrédibiliser à l'avenir.

Si vous faites de la prestation de services, vous pourriez par exemple n'accepter qu'un certain nombre de clients chaque mois... Vous pourriez aussi indiquer que votre agenda est déjà aux 3/4 rempli ce trimestre. L'essentiel, c'est alors bien sûr de le faire savoir à vos prospects! Sinon, ça ne sert pas à grand-chose...

Rappelez-vous : vous devez jouer sur cette impression de rareté pour pousser les gens à l'action, en l'occurrence à l'achat, et donner une valeur d'exclusivité à votre offre!

L'urgence

La rareté joue sur la quantité restreinte, tandis que l'urgence table sur le temps limité. Quand vous lancez une offre, peu importe laquelle, créer un sentiment d'urgence est également un puissant vecteur pour faire passer les gens à l'action! C'est un peu le principe du Black Friday : « Cette offre à -40 % expire dimanche soir! ».

Vous vous dites peut-être que c'est gros comme une maison? Pas faux, néanmoins ça marche! Alors, autant utiliser cet outil très puissant qu'est l'urgence.

Les spécialistes en marketing estiment généralement que, si une offre est lancée pendant une semaine, au moins la moitié des ventes sont réalisées dans les quatre dernières heures... du dernier jour! En d'autres termes, 50 %

des ventes se concrétisent en à peine 3 % du temps imparti. Cela en dit plus qu'un long discours sur la puissance de cet outil, non ?

Si vous avez une page de vente ou un site internet, vous pouvez par exemple facilement créer un compte à rebours basé sur la date d'expiration de votre offre promotionnelle.

Toutes les entreprises du monde utilisent, d'une manière ou d'une autre, l'urgence, bien sûr souvent combinée avec la rareté. Nous avons besoin de dates butoir pour nous aider à nous décider quand quelque chose nous intéresse, sinon nous risquons de repousser notre décision à plus tard, et puis encore plus tard, jusqu'à la nuit des temps... C'est humain.

Ces deux premiers outils – rareté et urgence – sont donc particulièrement puissants s'ils sont utilisés intelligemment, et bien sûr avec une certaine éthique.

Les bonus

Qu'est-ce qu'un bonus ? C'est un cadeau – ou plusieurs cadeaux – que vous proposez gratuitement à vos prospects en plus de votre offre de base. L'intérêt des bonus, c'est qu'ils permettent d'augmenter l'écart entre le prix de l'offre et sa valeur perçue. Au lieu de réduire votre prix pour tenter d'attirer de nouveaux clients, vous augmentez la valeur perçue grâce à l'ajout de bonus gratuits.

Mais l'intérêt des bonus, c'est également de vous mettre dans une position de force et « de bonne volonté », plutôt que dans une position de faiblesse, comme c'est souvent le cas quand on baisse les prix !

En fonction du type de produit ou de prestations que vous vendez, vous pouvez présenter vos bonus de différentes façons.

L'astuce, c'est de décomposer votre offre de base en plusieurs bonus, plutôt que de la présenter comme un tout homogène. Tout produit ou prestation comporte souvent des éléments précieux, pratiques, concrets, mais que vos clients ne percevront pas forcément, parce qu'ils s'intègrent dans le packaging global de votre offre. Ils pourraient mériter d'être mis en exergue en étant présentés comme bonus. Par exemple, des PDF récapitulatifs, des tableaux de synthèse, des listes de contrôle, bref des éléments concrets qui seront très utiles à vos clients !

Bien sûr, vous pouvez très bien croiser rareté, urgence et bonus ! Pour vous, ce ne sera que… du bonus !

La garantie

Grande question : faut-il intégrer une garantie à votre offre ? D'une manière générale, je répondrai : « Oui ! ». Une garantie, c'est un outil extrêmement puissant pour conclure des ventes, et ce pour une raison très simple : cela rassure vos prospects !

Une excellente garantie enlève l'ultime objection, qui est de se dire : « Oui, ça a quand même l'air très bien tout ça, mais je prends un risque ! Et si ça ne marchait pas ? Et si ce produit n'était pas aussi cool que prévu ? ». Le rôle de la garantie, c'est donc de supprimer ce risque dans la tête du prospect.

Mais attention : si vous mettez en place une garantie, il faut qu'elle soit en béton armé, et pas à moitié bancale : c'est « tout ou rien ». Montrez que vous avez vraiment confiance en votre produit !

Il existe différentes sortes de garanties, que vous pouvez même cumuler entre elles. Typiquement, les garanties inconditionnelles sont les plus solides. Elles consistent à rembourser intégralement, et sans aucune condition – c'est-à-dire sur simple demande – le prix d'achat de votre produit. Cela peut être valable pendant trente jours, ou même beaucoup plus.

Les garanties conditionnelles sont, quant à elles, généralement liées à la réalisation de certaines actions par le client. Elles sont forcément moins puissantes en théorie, mais peuvent avoir leur utilité dans certains cas.

A contrario, vous pouvez aussi jouer la carte totalement opposée : « Nous ne proposons pas de garantie, parce que nous savons que notre produit fonctionne parfaitement, et que nous ne voulons que des personnes pleinement engagées dans ce programme ! ».

Tout est possible, mais tenez quand même compte du fait qu'une garantie très bien ficelée rassure le prospect, et enlève un sérieux frein à l'action !

Le nom

Il s'agit de donner un nom à votre offre, et de préférence un nom sexy ! Le nom que vous allez choisir, c'est un peu comme l'emballage d'un colis, ou la couverture d'un livre : c'est ce qui va donner l'envie – ou pas – de l'ouvrir... Gardez à l'esprit que vous pouvez très bien faire des essais et changer de nom au fil du temps, tout en gardant la même offre. Ne vous sentez pas « enfermé », car rien n'est définitif.

Et essayez de trouver un « nom qui claque » ! Essayez de trouver quelque chose d'accrocheur, qui se retienne facilement, avec un mot clé qui distingue votre offre des autres propositions sur la même thématique. Plus c'est court et impactant, mieux c'est !

Pourquoi votre offre est-elle exceptionnelle ? Que va-t-elle apporter concrètement à votre client ? Délimitez aussi clairement que possible votre avatar, afin que votre client potentiel sache très exactement que cette offre s'adresse à lui, et pas à quelqu'un d'autre. N'hésitez pas non plus à souligner avec précision le résultat que le prospect va atteindre grâce à votre offre, en spécifiant peut-être dans quel intervalle de temps il peut arriver à ce résultat. Par exemple : « Vos 10 premiers clients en 30 jours chrono ! »

Maintenant, prenez le temps de relire tranquillement ce chapitre et de voir comment vous pourriez mettre en pratique ces différents éléments pour créer votre offre Number One. C'est elle qui vous permettra de vous distinguer sur le marché, de sauter aux yeux de vos prospects pendant que vos concurrents se copient mutuellement les uns les autres.

Intégrez une fois pour toutes l'excellent slogan d'Apple : « Think different ! »...

EXERCICE

EXERCICE 1 :

Listez 3 types d'offres que vous pourriez proposer pour votre entreprise et décrivez brièvement chacune d'entre elles :

Offre 1 :

....

Offre 2 :

....

Offre 3 :

....

ENGAGEMENT :

Présentez votre liste à un groupe de pairs et discutez de la pertinence des segments de marché identifiés.

CHALLENGE :

Trouvez un marché de niche pour l'une de vos offres et développez une stratégie marketing ciblée pour atteindre ce marché.

EXERCICE 2 :

Analysez votre offre actuelle et identifiez 3 éléments qui pourraient être améliorés pour mieux répondre aux besoins de votre marché cible.

Elément 1 :

....

Elément 2 :

....

Elément 3 :

....

ENGAGEMENT :

Discutez de ces éléments avec des mentors, des experts du secteur ou vos clients et recueillez leurs conseils pour optimiser votre offre.

CHALLENGE :

Mettez en œuvre les améliorations suggérées et évaluez l'impact de ces changements sur l'attrait de votre offre pour votre marché cible.

24

INTERVENANT : JEAN HOLLAENDER
FONDATEUR WEBINAIRE AGENCY

Deux secrets d'entrepreneur

J'aimerais partager avec vous deux secrets qui m'ont permis de développer mon entreprise très vite, et d'obtenir un succès que je pensais a priori inatteignable.

Secret n° 1 : Achetez du temps !

Je m'en souviens comme si c'était hier : le jour où j'ai fait « all-in », comme on dit au poker, et que j'ai tout misé sur la première formation que j'ai achetée. C'était une formation d'Alec, au prix de 1 500 €.

Je venais d'avoir 18 ans, et j'avais très exactement 1 600 € sur mon compte (cette somme correspondait à 6 mois d'économies réalisées en faisant du babysitting et de la surveillance dans les écoles). C'était le premier investissement sur moi-même que je faisais. Un truc qui paraissait complètement invraisemblable pour mes proches ! En fait, même moi je trouvais ça un peu fou : je me souviens que je tremblais après avoir accepté cette offre et raccroché le téléphone...

Pourtant, j'avais cette niaque de réussir qui était bien plus forte que tout, et je sentais au fond de moi que je prenais une décision qui ferait bouger les choses.

Et, surprise, il ne s'est rien passé de miraculeux ! Loin de là. Le développement de mon projet a pris du temps, du travail et de l'acharnement. Je me rappelle même avoir écrit un courriel à un moment donné aux équipes d'Alec, pour me faire rembourser la formation, parce que cela faisait 3 mois que je galérais… J'avais à peine quelques maigres résultats, et la date des examens de ma première année d'"étude approchait à grands pas.

Des excuses, tout ça, en fait…

C'est là que l'impensable s'est produit, en dix jours seulement, et deux semaines après qu'Alec m'ait remis les idées en place. J'ai signé mes 3 premiers clients, fruits jusque-là invisibles des 3 mois de travail précédents, de dizaines de messages envoyés, de nuits entières consacrées à travailler, à apprendre, à tester…

Bref, la leçon à retenir : quand vous voulez abandonner, réfléchissez à deux fois avant de tout larguer, car vous n'avez sûrement jamais été aussi proche de vous envoler vers le succès… Ce qui a été mon cas !

Avec le recul, je pense que me former avec les bonnes personnes a été l'un de mes plus gros accélérateurs.

Après cette première formation à 1 500 €, je me suis inscrit au mastermind d'Alec (qui coûtait 25 000 €), puis ensuite au mastermind de Russell Brunson, dont le ticket d'entrée dépassait les 25 000 $! En fait, je réinvestissais la totalité de ce que je gagnais en formations, coachings et masterminds…

Folie, me direz-vous ?

En tout cas, mes proches hallucinaient chaque fois que j'annonçais des montants investis de plus en plus gros…

Pourtant, aujourd'hui, c'est grâce à ces investissements que j'ai permis à mes clients de générer plus de 12 millions d'euros de chiffre d'affaires grâce à des webinaires. C'est également grâce à ces investissements sur moi-même que j'ai réalisé avec mon équipe plus de 1 million d'euros de profit à 21 ans ! Et il faut savoir qu'une grande partie de mes clients actuels se sont révélés être des participants du mastermind : c'est la puissance du réseau…

Investir sur soi, mais surtout avec les bonnes personnes, est le plus gros ROI (Retour Sur Investissement) que vous allez avoir pour vous-même. Surtout, vous allez gagner tellement de temps la ressource la plus importante, car c'est la seule à être figée !

Alors achetez du temps, arrêtez de vouloir vous former gratuitement, car pour le cerveau le gratuit n'a aucune valeur réelle... Surtout, quand vous investissez sur vous-même, passez à l'action et ne faites pas comme j'ai failli le faire : n'abandonnez pas, car sinon vous multiplierez l'équation du succès... par 0 !

Et voici un deuxième secret d'entrepreneur

Secret 2 : Une bonne offre peut vous rendre extrêmement riche

Pour parler chiffres, j'ai longtemps stagné à 30 000 € par mois à cause d'une mauvaise offre. J'étais comme un hamster dans sa roue, je courais après les clients et je m'épuisais... Je répétais ce cercle vicieux encore et encore, jusqu'au jour où, dans un mastermind, justement, on m'a suggéré de repenser mon offre, de changer mon moyen de rémunération et de proposer un pourcentage à la performance... Donc en fait de repackager l'offre que je proposais à mes clients !

Pour moi, c'était fou : le produit était le même, purement identique, mais la perception de la valeur de l'offre, elle, était totalement différente !

Et ça n'a pas manqué : entre 2021 et 2022, j'ai fait 1 000 % de croissance, c'est-à-dire X x 10 en termes de chiffre d'affaires pour être très concret.

On ne sait pas ce qu'on ne sait pas. Alors, prenez du recul et repensez votre offre si nécessaire : car la bonne offre + la bonne personne = la clef du succès !

25

INTERVENANT : MARVIN NDIAYE

FONDATEUR ET CEO FRESHEO

Misez sur le produit et le client !

En 2018, j'ai créé Fresheo avec un très faible capital de départ : 1 500 € en tout et pour tout, soit le montant total de mes économies. J'avais juste de quoi faire les courses pour mes toutes premières barquettes de repas. Je possédais aussi ma propre voiture, que j'avais payée comptant et avec laquelle j'effectuais les livraisons.

Je me disais que je pourrais toujours la revendre en cas de problème...

À mon sens, si on veut créer une super offre, il faut avant tout avoir un produit original, unique, et top ! L'accent doit vraiment être mis sur le produit, qui doit être le plus qualitatif possible.

Le deuxième point capital, c'est l'expérience client. De la commande à la livraison, tout doit être agréable. Par exemple, si l'un de nos clients rencontre le moindre problème, disons que sa barquette a été légèrement endommagée, nous le remboursons sans hésitation.

D'ailleurs, j'avoue que la seule tâche que je n'oublie jamais de faire, c'est bel et bien de contrôler les avis et les retours de nos clients...

Donc, je retiens ces deux piliers de base : le produit, et le client !

Ensuite, et c'est le troisième point, notre succès est le résultat de la construction progressive d'une image de marque forte. Les relations avec la presse nous ont beaucoup aidés. En Belgique, une grande chaîne de télévision (l'équivalent de TF1 en France) est par exemple venue faire des reportages chez nous...

Comme nous proposons un produit qualitatif et que nous avons rapidement créé des emplois, les médias se sont intéressés à nous. Après notre passage sur la grande chaîne de télévision RTL, nous avons triplé nos revenus en seulement 24 h, c'était fou !

Le quatrième point, c'est le storytelling. Ça fait partie du jeu. Les médias raffolent du storytelling qui entoure la création de Fresheo : l'histoire vraie de ce jeune homme qui a démarré dans la cuisine de sa mère, avec ces fameux 1 500 € de fonds propres... Ça plaît aux journalistes, c'est certain, et les clients sont sans doute aussi séduits par la narration du « jeune gars entreprenant parti de rien »...

Un autre élément - le cinquième - fondamental dans le Nouveau Monde, qui a contribué à notre succès, c'est la digitalisation ! C'est vraiment hyper important, même avec des produits physiques. Nous faisons en sorte que tout soit simple, précis et rapide sur notre plate-forme. Les gens peuvent par exemple passer commande trois semaines à l'avance, tout est automatiquement enregistré, tout s'enchaîne de manière fluide...

Cette digitalisation limite nos coûts en supprimant des interactions humaines, et augmente parallèlement l'efficacité, en offrant une meilleure expérience à nos clients. C'est un élément essentiel, surtout pour un business physique à faibles marges.

Mais attention quand même : c'est top d'avoir en tête l'optimisation, la réduction des coûts et l'efficacité, mais il ne faut surtout jamais réduire la qualité du produit !

Sixième point : nous avons créé des partenariats stratégiques avec des entreprises qui existent depuis plusieurs années. Par exemple, on a proposé des jus, des smoothies, etc.

Enfin, et ce sera le septième et dernier point, j'aimerais dire un mot à tous ceux qui pensent qu'ils n'ont pas les fonds nécessaires pour se lancer. Dites-vous qu'il y a un grand avantage à partir de zéro : en fait, vous n'avez rien, si ce n'est un peu d'ego bien placé. Or, au début, on fait forcément des erreurs (j'en ai fait pas mal !), et ces erreurs sont automatiquement multipliées financièrement en fonction des sommes que vous allez miser au départ...

En ce qui me concerne, si j'avais eu 5 millions d'euros plutôt que 1 500 €, mes erreurs m'auraient certainement coûté beaucoup plus cher ! Le fait de ne pas avoir beaucoup d'argent disponible apprend à faire preuve d'ingéniosité, de créativité.

En fait, je suis aujourd'hui convaincu que l'on peut démarrer avec pas grand-chose, et ce dans presque n'importe quel business, en commençant très modestement, et en grandissant petit à petit. J'ai démarré avec 1 500 €, et en juin 2021 mon entreprise a été valorisée à plus de 10 millions d'euros. Et nous avons bien grandi depuis lors...

Aujourd'hui, mon rêve est de devenir le chef à domicile personnel de plus en plus de monde, en proposant une nourriture saine et goûteuse.

PARTIE VI

LA MACHINE À CONVAINCRE DES CLIENTS

Cette fois, ça y est : vous avez préparé votre offre, et elle semble a priori excellente. Bravo ! C'est très bien, mais ça ne suffit pas : il manque encore un ingrédient fondamental. Votre offre, c'est un peu la magnifique voiture garée juste devant chez vous : elle pourrait vous emmener vers la destination de vos rêves, c'est certain. Mais si le réservoir est vide et si vous ne mettez pas de carburant, vous aurez beau mettre le contact et appuyer sur l'accélérateur, elle ne va pas démarrer !

L'essence de votre jolie voiture, en l'occurrence, c'est la visibilité de votre offre. Parce que, vous en conviendrez avec moi, la meilleure offre du monde, si elle reste invisible, est totalement inutile ! Il va falloir impérativement que les gens – j'entends vos futurs clients – voient ce que vous avez à leur proposer et puissent se rendre compte que vous avez une solution vraiment géniale à leur apporter.

Donc : pas de visibilité, pas d'essence dans le réservoir ! Et pas de beau voyage en perspective...

Je sais que, quand on se lance, les premières questions que l'on se pose en toute logique ressemblent à : « Comment trouver mes futurs clients ? Où se cachent-ils donc ? Comment entrer en contact avec eux ? Comment leur montrer ma solution, leur faire savoir que j'existe et que je pourrai les aider ? »

C'est ce que nous allons voir dans ce chapitre. Mais auparavant, faisons ensemble un petit retour dans l'Ancien Monde.

Il y a un encore quelques années, un entrepreneur qui souhaitait faire connaître son offre n'avait pas 36 solutions. La voie royale, la plus simple, c'était la publicité. Et faire de la pub, ça passait alors presque exclusivement par les médias traditionnels : à savoir les journaux, les magazines, la radio ou encore, pour les entreprises qui avaient vraiment beaucoup d'argent à investir : la télévision ! Par exemple, le fameux « spot de 30 secondes en *access prime time* », juste avant le film ou l'émission du soir !

L'acquisition de ce temps d'antenne coûtait – et coûte toujours – plusieurs dizaines de milliers d'euros par spot ! Une somme qu'il faut multiplier par le nombre de passages TV (en publicité, l'une des clés du succès, c'est la répétition du message !). N'oublions pas non plus le coût de la réalisation du spot lui-même !

L'acquisition de temps d'antenne est donc ruineuse. C'est utile pour les très grosses entreprises qui travaillent sur leur notoriété, mais c'est souvent un joli gouffre financier. Et l'argent nécessaire pour mener une campagne publicitaire digne de ce nom n'est pas le seul obstacle. Il est très difficile de cibler son avatar client avec précision quand on travaille avec de grands médias traditionnels. Et il est d'autant plus difficile de calculer avec précision son retour sur investissement (le ROI).

On pourrait dire que casser sa tirelire et payer des dizaines, voire des centaines de milliers d'euros pour réaliser une campagne de publicité à la télé, c'est un peu comme pêcher… à l'explosif !

Cette situation n'était bien sûr pas du tout favorable aux jeunes entreprises dotées d'un budget modeste. Et la publicité dans un journal ou dans un magazine, alors ? Eh bien, elle revenait moins cher, certes, mais son coût restait néanmoins prohibitif. Par exemple, une annonce d'une page entière revenait (et revient toujours) à plusieurs milliers ou plusieurs dizaines de milliers d'euros, selon le support, et ce pour une seule et unique parution !

Quant au spot radio diffusé plusieurs fois par jour et pendant plusieurs jours, il n'a jamais été donné non plus.

Que dire des magazines spécialisés dans une thématique précise ? L'entrepreneur pouvait certes cibler avec un peu plus de précision son avatar, mais le coût de la pub était également exorbitant. Même chose pour les campagnes d'affichage dans la rue, coûteuses et peu précises.

Bien. Maintenant, revenons dans le Nouveau Monde : les choses ont changé, et c'est une chance ! Le Nouvel Entrepreneur dispose désormais de beaucoup d'autres solutions. Il peut laisser tomber la pêche à l'explosif et se concentrer sur la pêche à la mouche ! Ou se transformer en sniper, en tireur de grande précision, si vous préférez les métaphores guerrières...

Voyons cela de plus près.

Le Nouveau Monde, c'est celui des réseaux sociaux. Cela signifie que les médias traditionnels n'ont plus le monopole de la communication – et ça ne leur fait pas toujours plaisir, d'ailleurs ! Aujourd'hui, tout le monde peut communiquer, tout le monde peut s'adresser au grand public. Quand on a un message à faire passer, on peut le faire, même sans investir nécessairement beaucoup d'argent. Il suffit souvent d'un simple smartphone...

Attention : je ne dis pas que c'est facile, car la concurrence est là, et même bien là. Mais j'affirme que tout est désormais possible !

Le Nouvel Entrepreneur qui désire aller à la rencontre de ses prospects peut miser sur le trafic organique, basé sur le contenu gratuit qu'il diffusera sur les réseaux sociaux. Cela ne lui coûtera pas grand-chose, excepté essentiellement du temps et du travail.

Quant aux régies publicitaires des réseaux, elles sont accessibles à tous les budgets, ou presque. Facebook Ads, Google Ads, YouTube Ads et bien d'autres permettent au Nouvel Entrepreneur d'ajuster son tir avec la précision d'un sniper : âge, sexe, profession, goûts et passions, ce qui n'est pas envisageable avec un spot télé ou radio !

Il nous est aujourd'hui possible de cibler nos prospects, afin que notre message ne se perde pas dans le brouillard. Profitons de l'aubaine !

26

LE NERF DE LA GUERRE : LE TRAFIC !

Retrouvons notre ami Jean-Luc, ce jeune entrepreneur enthousiaste bourré d'énergie. Il a un super produit, et il a tout mis en œuvre pour préparer une offre Number One. Il a hâte de la proposer à ses futurs clients. Mais il a un problème, et même un très gros problème : il se sent complètement submergé par la masse d'informations qui circulent sur internet.

Des experts autoproclamés – ou avérés pour certains – ne cessent d'attirer son attention à chaque clic de souris. Tous lui expliquent qu'il existe désormais une nouvelle stratégie miracle, absolument géniale et en béton armé qui va lui permettre de se faire connaître très rapidement, d'acquérir facilement des milliers de prospects, et de vendre son produit comme par enchantement en quelques petites semaines...

Et voilà : Jean-Luc se trouve confronté au vrai problème du Nouvel Entrepreneur. Et ce problème, ce n'est plus, comme auparavant, le manque de solutions potentielles, au contraire ! Non, désormais, c'est plutôt l'inverse : le web regorge de conseils, recommandations et propositions en tout genre. Certains sont surévalués, d'autres intéressants dans certains cas de figure précis (donc pas pour tout le monde), et d'autres encore pas très crédibles.... Le problème de notre ami est donc le suivant : trop d'informations tue l'information ! Trop de conseils très souvent contradictoires entravent le passage à l'action, ou du moins le diluent...

Conséquence : Jean-Luc se triture les méninges à longueur de journée en essayant de réfléchir à la méthode qui lui semble la plus logique, au sein de cette avalanche de recommandations et de conseils variés. Et en plus, chaque jour ou presque, un nouveau petit génie sorti de nulle part veut lui vendre une énième « stratégie unique au monde » !

Le cerveau de notre héros est donc en ébullition. Quelle est la meilleure méthode, en fin de compte ? « Est-ce que je dois miser avant tout sur Instagram ? Sur Facebook ? Sur TikTok ? Ou peut-être sur Twitter ? Mais il y a aussi Telegram, qui est paraît-il très prometteur... Messenger, c'est fini ? Et LinkedIn, c'est ringard ou pas... ? »

Et puis il a entendu Bernard, l'influenceur aux centaines de milliers d'abonnés, qui affirme quant à lui qu'il faut absolument être partout à la fois, afin de créer une véritable synergie entre les différents réseaux sociaux ! OK, mais alors par quoi commencer ? Avec quel type de message ? Jean-Luc ne sait plus du tout où donner de la tête avant même de démarrer ! Et il s'angoisse en pensant : « Je n'aurai jamais le temps de faire tout ça ! Jamais... »

Ça vous rappelle peut-être quelqu'un ?

Dites-vous bien une chose : la réaction de Jean-Luc est parfaitement normale. Cela signifie qu'il est... curieux et sain d'esprit ! Chacun veut vous vendre sa propre méthode, qui a d'ailleurs peut-être marché en son temps. Mais la vérité, la voici : quand on démarre, rien ne sert de courir après chaque nouveau joujou prometteur que l'on nous met sous les yeux – c'est ce que l'on appelle « le syndrome de l'objet brillant ».

Pour être efficace, il faut encore et toujours se baser sur les fondamentaux, et procéder par étapes simples, précises et très concrètes.

Et c'est ce que nous allons voir maintenant.

Parlons de votre présence sur les réseaux sociaux.

On va commencer dans l'ordre. Quelle est la première question que Jean-Luc devrait se poser ? Devrait-il essayer le nouveau réseau à la mode dont tout le monde parle ? Ou encore, construire sa notoriété partout à la fois, et déposer sa graine chaque jour sur un outil différent ? Ou encore, devrait-il faire comme beaucoup le préconisent : se concentrer sur le réseau social avec lequel il est naturellement plus à l'aise, celui qu'il consulte le plus ?

Voici ma réponse : non, rien de tout ça !

La réalité du business est beaucoup plus simple : Jean-Luc devrait commencer par se demander où se trouvent ses clients potentiels ! C'est la seule question valable, au départ : il s'agit de créer une entreprise, pas de jouer au casino.

Donc : « Où mes clients se trouvent-ils » ?

- **Étape 1 : Où se trouve votre client potentiel ?**

Souvenez-vous : vous avez travaillé sur votre niche et sur votre avatar client. Reprenez maintenant vos notes – voyez comme j'ai rédigé ce livre dans une logique chronologique ! – et demandez-vous simplement sur quel réseau votre avatar idéal pourrait bien se trouver le plus souvent ? Réfléchissez en fonction de son âge, de son sexe, de son statut social, de ses passions, de ses frustrations, de ses douleurs, de ses ambitions ou de ses préoccupations, votre avatar pourrait bien se trouver prioritairement sur l'un ou l'autre réseau social.

Si vous estimez que votre client potentiel pourrait naviguer sur plusieurs réseaux sociaux, demandez-vous alors sur lequel il serait le plus facile de le contacter, ou du moins de créer un lien de confiance, même minime, avec lui.

C'est vraiment la première question à se poser !

- **Étape 2 : Validez votre hypothèse !**

Qu'est-ce que j'entends par-là ? Ne restez pas sur une simple intuition, mais vérifiez son bien-fondé. Je vous propose un petit exercice qui vous permettra de constater par vous-même si votre intuition est juste ou pas : prenez trente minutes pour tenter d'identifier au moins dix personnes correspondant bien à votre avatar idéal sur le réseau social qui vous paraît approprié.

C'est un exercice absolument fondamental, qui vous permettra de ne pas perdre un temps précieux en vous trompant de stratégie. Dans la vraie vie, les boutiques qui vendent des montres de luxe ou des sacs Vuitton se situent toutes dans les beaux quartiers du centre-ville, pas dans les zones artisanales périphériques, ni d'ailleurs dans les quartiers populaires, non ?

Donc, il vaut vraiment la peine de valider votre intuition par ce petit travail de recherche. Que faire si vous n'arrivez pas à reconnaître votre avatar ? Eh bien, changez simplement de support, à savoir de réseau social, jusqu'à ce que tout soit parfaitement clair pour vous et que vous ayez trouvé le bon !

Cette approche très pragmatique vous évitera de vous éparpiller par la suite en postant de-ci de-là, d'un réseau social à l'autre, et en vous basant uniquement sur les dernières révélations des nouveaux gourous du business en ligne. Vous allez fonder votre démarche et votre approche sur des faits concrets, pas uniquement sur des modes éphémères.

Et ça, c'est un vrai travail sérieux d'entrepreneur !

J'aimerais néanmoins attirer votre attention sur un point important. Contrairement à ce que l'on pourrait croire a priori, votre avatar ne doit pas forcément être dans une intention d'achat, ni même d'ailleurs dans une démarche de recherche active de solutions : ce n'est pas nécessaire. La preuve : Facebook est un important vecteur d'acquisition de prospects pour de très nombreux entrepreneurs, et pourtant Facebook n'est pas une plateforme sur laquelle les internautes sont dans une démarche d'achat, ni même de recherche ! Contrairement à Google par exemple, où dans ce cas, très clairement, les internautes sont dans une véritable démarche active de recherche d'informations sur tel ou tel sujet.

- **Étape 3 : Adaptez-vous à votre interlocuteur !**

Je vais vous donner une règle d'or : mettez-vous autant que possible dans la peau de votre interlocuteur. Et donc, en l'occurrence, adaptez votre vocabulaire et votre ton à celui de votre avatar.

Soyez un peu caméléon !

C'est d'ailleurs parfaitement logique : les moins de 30 ans, par exemple, n'ont pas le même vocabulaire et ne s'expriment pas de la même manière que les personnes plus âgées. Il existe même des codes sémantiques en fonction des différentes « tribus sociales », une sorte de jargon qui leur est propre.

Adaptez votre langage et votre manière de communiquer. Par exemple, dans certains cas, vous utiliserez de préférence le tutoiement, et dans d'autres cas, le vouvoiement sera sans doute plus approprié. Avec une audience jeune, le tutoiement est quasiment de rigueur, ainsi qu'un langage courant assez spontané. Mais si vous vous adressez à des cadres supérieurs quinquagénaires, je vous conseille d'ajuster le tir et de préférer le vouvoiement, ainsi qu'un langage soigné.

C'est de la simple logique : je suppose que vous ne vous adressez pas à votre grand-mère comme à vos potes, ni à votre patron, si vous en avez un...

- **Étape 4 : Soyez attractif !**

Vous n'allez pas utiliser les réseaux sociaux comme un simple quidam qui passe le temps. N'oubliez pas que vous êtes un Nouvel Entrepreneur : vous pratiquez les réseaux sociaux pour développer votre entreprise, pas pour mettre en exergue des anecdotes sur votre vie et les montrer à vos amis et à votre famille ! Il s'agit d'être attractif pour vos prospects et les gens qui vont vous suivre, de leur donner envie d'en savoir plus, d'en voir, lire ou entendre encore plus !

Voici quelques éléments importants à prendre en considération pour être attractif :

L'empathie : Mettez-vous le plus possible dans la peau et dans la tête de votre avatar. Que recherche-t-il, de quoi a-t-il besoin, qu'est-ce qui pourrait lui être utile ? Votre empathie permet de créer une connexion émotionnelle, partant du principe : « Qui se ressemble, s'assemble... ».

La connexion : N'hésitez pas à faire du storytelling, à raconter votre histoire dans la mesure où elle pourrait toucher vos prospects, où ils pourraient s'y reconnaître. Et si ce n'est pas la vôtre, c'est peut-être celle de certains de vos clients ?

L'authenticité : Je vous conseille vivement d'être vrai, d'être authentique, car ça se sent. Ne jouez pas un rôle ! S'adapter à son interlocuteur, comme je l'ai précédemment recommandé, ça ne veut pas dire devenir quelqu'un d'autre, mais simplement adopter les codes de votre interlocuteur.

La transparence : Soyez transparent, ne trichez pas et soyez honnête. Les gens sont saturés des mises en scène un peu bidon, et le mensonge finit toujours par nous retomber sur le coin du museau !

La satisfaction : Je vous recommande de donner une véritable valeur ajoutée, que ce soit dans vos posts, articles ou vidéos : c'est important, car non seulement vous aurez alors des fans, mais en plus ces fans pourraient bien partager votre contenu personnel avec d'autres personnes. C'est la viralité, l'effet boule de neige...

Divertissement et éducation : Donner de la valeur, c'est très bien, mais si vous parvenez au fil du temps à ajouter par exemple une petite touche d'humour, de divertissement ou de teasing, vous allez vraiment vous créer un fan-club !

Bien sûr, il s'agit de faire vos premières armes, de vous roder, en quelque sorte, avant de devenir vraiment bon dans la publication de contenus, tout comme dans n'importe quel autre domaine. Alors, j'insiste : que mes recommandations ne se transforment pas en blocage !

Au contraire, allez-y, postez et publiez des articles et du contenu ! Vous allez très vite vous améliorer. Comme je le dis souvent, paradoxalement, on arrive véritablement à la qualité en faisant... de la quantité !

C'est en tout cas comme ça que j'ai procédé au début : j'ai publié, encore et encore, jusqu'à ce que je commence vraiment à m'améliorer. Et à partir d'un certain niveau de revenus, j'ai commencé à déléguer et professionnaliser mon approche.

On a tous procédé ainsi.

- **Étape cinq : Soyez persévérant !**

Vous l'avez compris : l'entrepreneuriat est un métier en soi. Je vous propose donc de vous faire la promesse, dès que vous aurez choisi votre réseau social de prédilection, de poster encore et encore, selon le calendrier éditorial que vous aurez défini préalablement.

Ne faites pas l'erreur de publier à outrance pendant trois semaines, avant de passer à autre chose pendant un mois, puis de revenir à vos publications. Pour qu'une audience s'installe, il faut du temps, et c'est normal.

Alors, laissez-vous le temps...

Établissez donc votre propre calendrier éditorial en fonction de vos disponibilités et du réseau sur lequel vous travaillez. Par exemple, sur YouTube, une vidéo par semaine, c'est déjà bien. Sur TikTok ou Instagram, une à six fois par jour, c'est top, avec beaucoup de lifestyle ! Sur LinkedIn, je suggère des publications à une fréquence d'environ trois fois par semaine, avec du storytelling, des chiffres, et peut-être un peu moins de divertissement...

Testez, et adaptez-vous : vous êtes le capitaine du navire !

- **Étape six : N'oubliez pas de créer un profil professionnel !**

C'est très important : votre profil, que ce soit sur Facebook, YouTube ou LinkedIn, doit être inspirant, et le visiteur devrait immédiatement comprendre à qui vous vous adressez, et de quoi vous parlez. Parmi les éléments à travailler : la bannière, votre photo de profil, et la page d'accueil dans son ensemble.

Surtout, ne mélangez pas profil personnel et professionnel ! Vous pouvez d'ailleurs très bien avoir des profils différents bien spécifiques, par exemple sur Facebook.

Si vous avez une chaîne YouTube, vous pouvez publier vos propres vidéos bien sûr, mais également des témoignages, ou encore les interviews d'autres personnes. N'hésitez pas à alterner les formats !

Sur Facebook ou sur Instagram (Insta appartient d'ailleurs à Facebook), c'est exactement la même chose : professionnalisez votre profil, avec une photo de vous adéquate, une promesse, des indications sur votre thématique précise ainsi que sur votre domaine de compétences, un lien vers votre site internet ou vers vos autres réseaux sociaux, si vous en avez déjà...

La clé, c'est souvent de créer des posts qui racontent une petite histoire, qui illustreront votre propos par rapport à votre thématique et en donnant votre point de vue spécifique.

Un ultime conseil : soyez différent, dans la mesure du possible !

J'ai cité précédemment le fameux slogan d'Apple : « Think different ». J'aurais pu tout aussi bien citer celui de Coco Chanel : « Pour être irremplaçable, il faut être différent ». Les créateurs de contenu sont aujourd'hui extrêmement nombreux. Il est donc plus que jamais nécessaire d'avoir sa propre personnalité, son unicité.

N'hésitez pas à affirmer vos valeurs personnelles par rapport à votre thématique.

Comment gérer les haters ?

Sur internet sévit une catégorie d'individus particulièrement détestables qui sont plus ou moins frustrés : les *haters*. Ce sont tous ces « rageux » et autres « haineux » qui surfent sur le web à longueur de journée et éprouvent un malin plaisir à dénigrer, plus ou moins violemment, les créateurs de contenus, quels qu'ils soient. Peu importe leur motivation : sachez seulement qu'ils existent, à partir du moment où vous diffusez du contenu. Quoi que vous fassiez ou disiez, d'ailleurs.

La première chose, c'est de comprendre qu'ils existent. C'est comme ça. Il faut donc faire avec, un peu comme la grêle ou le verglas...

La seconde chose, c'est de maîtriser sa propre sensibilité par rapport aux haters.

Comprenez que ces individus ne s'intéressent pas réellement au message que vous transmettez, qu'ils ne remettent d'ailleurs pas en cause de manière argumentée et constructive. Leur carburant, c'est la rage, la haine et le dénigrement pour le dénigrement, et pour passer le temps ! Donc, concrètement, ces critiques haineuses n'apportent rien, et le mieux est simplement de les ignorer et de ne pas entrer en matière. Répondez aux critiques constructives, et laissez tomber les excités de tous poils, qui carburent à la haine. Leur répondre ne ferait que leur faire plaisir et les exciter encore plus.

Personnellement, j'ai de la chance : mon parcours de vie m'a très tôt totalement désensibilisé à la méchanceté, à l'agressivité et aux critiques blessantes et purement gratuites. Depuis le début de mon apparition sur internet, je m'en fiche complètement. D'autre part, je n'ai jamais eu beaucoup de haters. Cependant, ceux qui ont pu commenter mes contenus se sont montrés particulièrement virulents.

J'aimerais quand même adresser un message. Vous qui lisez ce livre, vous connaissez peut-être des personnes s'adonnant à cette pratique idiote d'agressivité gratuite. Je veux attirer votre attention sur le fait que cela peut créer de très gros dégâts psychologiques chez certaines personnes qui en sont les victimes. Ce n'est pas toujours anodin.

Prenons l'exemple d'une jeune fille de 19 ans, fan de mode et de produits cosmétiques, toute contente de créer par exemple sa propre chaîne YouTube pour parler de sa passion et des astuces ou conseils qu'elle a envie de donner. Innocente et naïve, elle tourne ses vidéos avec enthousiasme, jusqu'au jour où elle commence à recevoir des commentaires injurieux ou graveleux, parfois même obscènes… Sa jeunesse et sa fragilité la rendent très perméable aux critiques, et peuvent la déstabiliser complètement ou, plus grave, finir par vraiment la traumatiser !

Personnellement, j'avais un ami brillant dont la vie est partie en vrille après avoir subi les agressions sur le web de haters virulents. Il a laissé tomber son business et tout lâché, allant jusqu'à changer de pays… Donc, si vous connaissez des gens dont le passe-temps est de dénigrer publiquement – mais bien sûr sous le couvert de l'anonymat en ligne – les créateurs de contenus, quels qu'ils soient, faites-leur lire ces lignes ou discutez-en avec eux. Ils peuvent faire du mal, et une chose est sûre : ils ne se font pas de bien non plus !

Comment utiliser la pub en ligne

Dans le Nouveau Monde, il existe de nombreuses régies publicitaires : Google Ads, YouTube Ads, Facebook Ads, Linkedin Ads… Et la grande différence avec l'Ancien Monde, c'est qu'elles sont accessibles à l'entrepreneur indépendant, même avec un budget relativement limité. Comme nous venons de le voir, ce n'était pas le cas auparavant.

Mais retenez quand même une chose importante : il est tout à fait possible de démarrer son entreprise et réaliser un joli chiffre d'affaires – 5 000 à 10 000 € par mois, voire bien plus – sans faire la moindre publicité !

Bien sûr, vous devrez alors avoir d'autres vecteurs d'acquisition de clients : cela pourrait être le trafic organique et les réseaux sociaux, mais aussi des partenariats, de l'affiliation, ou plus simplement et classiquement les recommandations et le réseau…

On pense souvent que le trafic payant est la voie facile pour acquérir des clients sans trop d'efforts et à coup sûr, qu'il suffit alors de brandir sa carte de crédit pour que la machine soit lancée : or, rien n'est plus faux ! En fait, vous pouvez très bien payer pour faire de la publicité mais attirer des prospects qui ne sont pas suffisamment qualifiés.

Ces personnes ne seront peut-être pas du tout dans une logique d'achat, ou pas encore suffisamment « éduquées ». La pub, c'est souvent du « trafic froid » : vos prospects ne vous connaissent pas et ils ne vous font pas encore suffisamment confiance. Autant d'éléments qui font que vous pouvez très facilement lancer des campagnes de pub et perdre de l'argent, ou être tout juste à l'équilibre.

Vous pouvez certes récolter beaucoup de « leads » (les contacts de clients potentiels, notamment leur adresse e-mail), et dans le monde du marketing digital, on dit souvent que « l'argent est dans la liste (de prospects) ». Mais en fin de compte, l'argent se situe surtout dans la confiance, celle que l'on vous accorde !

A contrario, les internautes qui vous suivent sur YouTube, Facebook ou LinkedIn vous connaissent et ont appris, au fil de vos publications, à vous faire confiance. Ou du moins partiellement. Ils savent qui vous êtes et les valeurs ou idées que vous prônez.

Cela ne signifie pas que la publicité est inutile, loin de là ! J'aimerais simplement que vous soyez pleinement conscients du fait que la pub n'est ni une solution miracle ni même un passage obligé. En revanche, c'est effectivement un outil qui peut s'avérer extrêmement puissant pour vous permettre d'attirer des prospects en masse et pour scaler votre business, à un certain stade du développement de votre entreprise.

Quel budget prévoir ?

Faire de la publicité revient de nos jours beaucoup moins cher que dans l'Ancien Monde, certes, mais la pub n'est pas gratuite pour autant ! Pour valider une campagne et recueillir des indicateurs intéressants, je vous recommande de disposer de quelques centaines d'euros... par jour ! Idéalement, de 500 à 1000 € par jour minimum.

Bien sûr, vous pouvez déjà travailler avec 50 ou 100 € par jour, mais en dessous de ces chiffres, il sera très difficile d'avoir des retours pertinents. Une campagne test peut en revanche être relativement courte et ne durer que quelques jours.

Créez bien sûr vos publicités sur le réseau social cher à votre avatar : sinon, cela ne servira pas à grand-chose ! Par exemple, si vous avez validé que votre avatar se trouve prioritairement sur LinkedIn, notamment en B to B, privilégiez LinkedIn Ads, même si le coût est plus élevé que Facebook Ads. Vous aurez des prospects plus qualifiés.

Les objectifs d'une campagne publicitaire

Une campagne de pub effectuée sur les réseaux sociaux peut avoir des objectifs très différents. Par exemple, acquérir de nouveaux prospects (la « génération de prospects, ou de leads »), augmenter les interactions sur vos publications, demander une action précise aux internautes (comme donner leur adresse e-mail), ou encore réserver un appel avec vous. Vous pouvez aussi leur demander de s'inscrire à un événement, ou de vous envoyer un message privé…

Tout dépend de ce que vous souhaitez obtenir, et de l'état d'avancement de votre business. Une anecdote pour illustrer mes propos : à la fin de l'année 2019, quasiment toutes les personnes qui s'intéressaient de près ou de loin à l'entrepreneuriat en ligne ont vu ma bobine sur Facebook ! Nous avions comptabilisé des millions d'impressions (nombre de vues) en l'espace de quelques semaines. Notre but, avec mon équipe, était essentiellement de lancer une campagne de branding incontournable, et cette stratégie massive nous a en fin de compte permis d'avoir un excellent retour sur investissement.

Afin de mesurer l'efficacité de vos campagnes de pub, n'oubliez surtout pas de suivre de près vos KPI (acronyme anglo-saxon pour « Key Performance Indicator » ou indicateur clé de performance en français). Je ne vais pas entrer dans le détail, mais voici quelques données à connaître :

Le CPM : coût pour 1000 impressions.
La couverture : nombre des personnes ayant vu votre publicité.
L'impression : nombre total d'impressions, c'est-à-dire de personnes différentes touchées.
Le CPC : coût par clic.
Le CPR : coût par résultat (cela peut être le coût par clic si votre objectif de campagne est le trafic, ou le coût par prospect si votre objectif est de convertir des visiteurs qui vous laissent leurs coordonnées).

L'ordre de choses

Stratégiquement, je vous propose de commencer par valider votre offre avec le trafic organique, celui qui provient des moteurs de recherche et des réseaux sociaux, avant de lancer vos premiers tests de campagnes publicitaires. Quand vous aurez gagné de l'argent en organique, vous pourrez en investir une partie dans la pub pour scaler votre business.

Mais ne croyez surtout pas les vendeurs de rêves !

Qu'est-ce que j'entends par là ? Il s'agit des marketeurs qui affirment être des experts et prétendent maîtriser parfaitement toutes ces plateformes. L'algorithme de Facebook, par exemple, est tellement complexe – et en plus il change constamment ! – qu'il est très difficile de se qualifier d'expert. On pourra par exemple être très performant à propos des publicités concernant des produits physiques, mais beaucoup moins pour les infoproduits, ou l'inverse : il faudrait quasiment une spécialisation dans chaque domaine spécifique...

Mais que mes propos ne vous effraient pas ! Vous pouvez très bien commencer par acquérir les bases tout seul puis, dès que vous en aurez les moyens, je vous recommande de déléguer à un spécialiste efficace dans son domaine de prédilection. Soyez cool et ne pensez pas non plus que chaque campagne de pub vous fera systématiquement gagner de l'argent. Même avec mon expérience et avec celle de mon équipe, certaines de nos campagnes n'ont pas marché comme on l'aurait voulu... C'est normal, et ça fait partie du jeu !

C'est d'ailleurs l'une des raisons qui explique la nécessité de prévoir un budget minimum, afin de pouvoir valider vos différents tests.

Une recommandation très importante !

Une chose est sûre : je vous recommande vraiment de diversifier vos sources de trafic et d'acquisition le plus rapidement possible ! Sinon, vous aurez un business fragile, parce que totalement dépendant d'une seule source : ce serait à mon sens de la folie.

Je précise ma pensée. Imaginez par exemple que tout votre chiffre d'affaires provienne uniquement de Facebook Ads, et que votre compte Facebook soit soudain bloqué par un quelconque caprice de l'algorithme (ça arrive, et assez souvent !) : résultat, la source est tarie d'un seul coup. Or, sans apport d'oxygène, votre business risque de s'arrêter immédiatement.

27

MES MÉTHODES SANS FAILLE POUR CAPTURER DES LEADS

Quelle est la grande erreur que commettent bon nombre d'entrepreneurs ? Ils veulent vendre à tout prix, et le plus rapidement possible, c'est-à-dire maintenant ! En fait, ils agissent comme si les prospects qui viennent tout juste de les découvrir n'avaient qu'une seule idée en tête : acheter leur produit ! Dans un monde idéal, ce serait cool, je le reconnais volontiers, mais dans la vraie vie, ça ne marche pas comme ça.

Dommage, n'est-ce pas ?

Souhaiter vendre son produit est quelque chose de bien naturel pour un entrepreneur, mais quand on veut aller trop vite, on oublie deux choses essentielles.

D'une part, le prospect doit d'abord traverser les trois cercles de confiance dont nous avons parlé dans le chapitre précédent. Rappelez-vous : le premier cercle est le plus important, c'est la confiance que le prospect vous accorde. Et avec un inconnu, elle est proche de… zéro !

D'autre part, vouloir vendre tout de suite, c'est penser que la grande majorité de nos prospects fait partie des 3 % du marché qui sont conscients des avantages de notre produit, et donc prêts à passer à l'action. Mais là encore, rappelez-vous la fameuse pyramide des niveaux de conscience des prospects, que nous avons précédemment analysée.

Vouloir vendre immédiatement à des gens qui ne nous connaissent pas encore et n'ont pas forcément conscience qu'ils ont un problème est la plupart du temps voué à l'échec. C'est donc le meilleur moyen pour se brûler les ailes avant même de s'envoler !

J'ai personnellement lancé ma chaîne YouTube en février 2018, en publiant à un rythme soutenu, soit une vidéo par jour ! Mais je n'ai effectué ma première vente qu'en septembre de la même année ! Pourtant, durant cette période, j'avais déjà bénéficié des recommandations de quelques ténors du business en ligne...

Les pyramides de produits

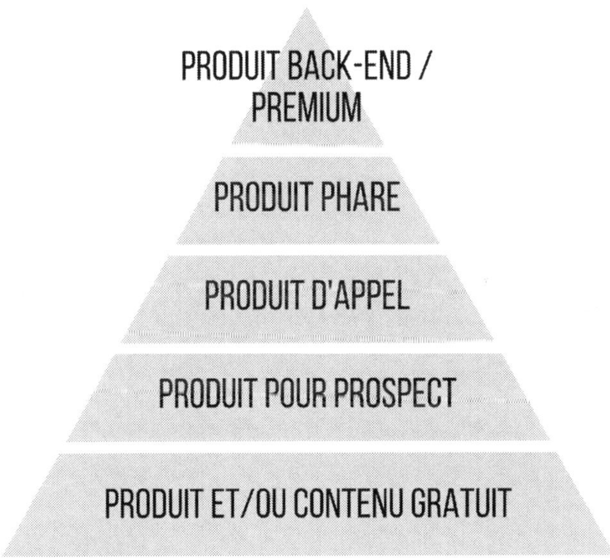

Vous l'avez peut-être deviné : j'aime bien les pyramides ! Alors, après celle des niveaux de conscience, voici la pyramide des produits que vous proposerez à votre audience.

Dans un schéma classique, le premier niveau – et donc la base de votre marketing – c'est le contenu gratuit que vous publiez sur votre blog, votre chaîne YouTube, votre profil Facebook, sur LinkedIn ou encore sur Instagram... Vous allez diffuser de la valeur, des informations, bref, vous « éduquez » votre audience gratuitement.

Au deuxième niveau de la pyramide, on trouve ce que les marketeurs appellent « l'aimant à prospect », ou encore « le produit à prospect ». De quoi s'agit-il ? C'est tout simplement un cadeau que vous offrez à vos prospects en échange de leur adresse e-mail et de leur prénom. Dans certains, cas, vous pouvez aussi leur demander leur numéro de téléphone, mais c'est plus rare et cela doit rester facultatif.

Concrètement, votre produit gratuit (votre aimant) peut être constitué d'une mini-formation, une série de trois ou quatre vidéos, un PDF informatif et illustré, la réservation d'un appel gratuit de conseil stratégique ou de coaching, ou même un challenge de quelques jours en vue d'atteindre un objectif précis... Tout est possible : ce qui compte, c'est de donner de la valeur ajoutée gratuite !

Les grands noms du marketing américain le répètent à l'envi : « L'argent est dans la liste » ! Qu'est-ce que cela signifie ? Que tous les gens qui sont inscrits dans votre liste d'e-mails (la « mailing list ») constituent votre véritable richesse potentielle. Rappelez-vous : un compte Facebook ou une chaîne YouTube, ça se ferme sur un simple coup de tête de l'algorithme ! Et les algorithmes sont capricieux, à l'instar des patrons des réseaux sociaux, ils ont apparemment des états d'âme... En revanche, votre liste de contacts vous appartient. C'est grâce à elle que vous pourrez contacter régulièrement vos prospects, continuer à diffuser auprès d'eux du contenu gratuit à valeur ajoutée, mais aussi leur proposer des produits, de manière plus ou moins directe. D'où l'immense intérêt d'obtenir leur prénom et surtout leur adresse e-mail !

Même si votre aimant à prospect est gratuit, faites l'effort de le « vendre », comme s'il était payant. Et n'hésitez pas à donner le maximum de valeur, de façon que votre prospect se dise en découvrant son « cadeau » : « Waouh, qu'est-ce qu'il me donne comme valeur gratuitement ! »

Le troisième niveau de la pyramide, qui est vraiment optionnel, c'est le produit d'appel : un petit produit vendu par exemple à 1 €, 7 €, 17 voire 27 €, mais rarement plus...

Le but de ce produit, c'est de créer un lien de confiance en transformant votre prospect en client... pour la toute première fois !

Au quatrième niveau de la pyramide trône votre produit phare, celui qui correspond à votre activité principale. Il est forcément plus cher, et son prix s'échelonne généralement de quelques centaines d'euros à 2000 €. Ce sont des ordres de grandeur flexibles.

Enfin, au cinquième niveau, vous pouvez très bien avoir une offre premium destinée à certains de vos meilleurs clients, par exemple une journée d'immersion, un coaching haut de gamme spécifique, la participation à un mastermind, ou encore à un événement ponctuel…

Bien sûr, cette pyramide des produits n'est pas figée dans le marbre. Tout dépend de votre business model, de votre offre et du type de prestation que vous proposez. Mais vous comprenez maintenant que vouloir proposer immédiatement votre offre à des inconnus, c'est un peu comme tirer des cartouches à blanc !

Une recette pour des leads à volonté… ou presque !

Voici maintenant comment procéder concrètement pour remplir votre mailing list de prospects.

Vous allez créer ce que l'on appelle en marketing une « page de capture » ou encore une « page d'opt-in ». C'est tout simplement une page web qui permettra à votre prospect de prendre connaissance de l'existence de votre produit gratuit, de comprendre ce qu'il a à offrir, et de s'inscrire pour l'obtenir en donnant son adresse e-mail et son prénom.

Mais que doit contenir cette page ? C'est en fait très simple ! Voici les points à noter :

Un titre accrocheur qui prendra la forme d'une promesse précise. Concentrez-vous sur la résolution de douleurs spécifiques, sur les besoins précis de votre prospect, et proposez-lui une solution immédiate à ce problème !

Par exemple : « Comment obtenir (*résultat désiré*) sans (*ce qu'il craint le plus*) dans (*le temps nécessaire pour l'obtenir*) ». N'hésitez pas à rédiger une promesse musclée, sans pour autant être mensongère.

Un sous-titre qui détaillera en une phrase votre promesse et ce qu'elle permet de réaliser.

Par exemple : « 20 délicieuses recettes minceur vegan très faciles à préparer ! ».

Expliquez aussi brièvement comment votre prospect obtiendra la livraison de votre cadeau. Avec une formule simple comme : « Saisissez votre adresse e-mail ci-dessous et un PDF arrivera immédiatement dans votre boîte de réception », ou « ... et vous aurez accès à notre mini-formation en vidéo ».

Des « bullet points » (ou des « puces » in french !) courts et percutants récapitulant les points forts de votre produit gratuit. N'hésitez pas à attiser la curiosité de votre prospect en lui donnant quelques détails.

Un visuel efficace illustrant ce que votre prospect obtiendra : une image de la couverture de votre PDF, une capture d'écran de la vidéo explicative ou du mini-cours, une représentation de la conférence en ligne, etc.

Insérez aussi votre logo, bien sûr !

Un petit formulaire d'inscription très simple, qui permettra aux gens de laisser leur prénom et surtout leur adresse e-mail pour s'inscrire et recevoir leur cadeau.

EXERCICE

EXERCICE :

Créez un plan de génération de leads pour votre entreprise numérique, comprenant trois méthodes différentes.

Méthode 1 :

....

....

....

Méthode 2 :

....

....

....

Méthode 3 :

....

....

....

ENGAGEMENT :

Présentez votre plan à un groupe d'entrepreneurs ou de professionnels du marketing et discutez des avantages et des inconvénients de chaque méthode.

CHALLENGE :

Mettez en œuvre une des méthodes de votre plan pendant 30 jours et suivez les résultats obtenus en termes de leads générés et de taux de conversion.

28

LES SECRETS DU COPYWRITING

Le copywriting, c'est l'art de vendre avec les mots. Et même, plus largement, de convaincre avec les mots. Maîtriser les bases du copywriting, cela peut totalement changer les performances d'un business. Vous en aurez besoin pour écrire votre page de vente, vos e-mails, et même pour *pitcher* les scripts de vos vidéos.

En fait, si on réfléchit, tout le monde pratique inconsciemment « l'art de vendre avec les mots » (un peu comme Monsieur Jourdain faisait de la prose sans le savoir) : le politicien qui souhaite se faire élire, le publicitaire, le vendeur, mais aussi le prof qui désire susciter l'intérêt de ses élèves, ou encore la maman qui veut convaincre son rejeton de manger ses légumes ou de ranger sa chambre...

Voici des recommandations qui, bien utilisées, pourraient révolutionner votre approche du prospect.

Entrez en connexion émotionnelle !

Ce qui fait vendre, c'est comme on l'a vu avant tout l'émotion plutôt que la raison. La raison intervient aussi bien sûr, mais souvent dans un deuxième temps, afin de rationaliser l'acte d'achat. Pour convaincre votre prospect de l'intérêt de ce que vous avez à dire, il est essentiel de vous connecter émotionnellement à lui. Comment ? En faisant preuve d'empathie, bien sûr !

En vous mettant à sa place, en vous glissant adroitement dans ses chaussures.

Nous avons vu précédemment à quel point il est important de bien connaître son avatar, non seulement pour créer une offre Number One, mais aussi pour comprendre sa douleur, son désir profond. Quel que soit le sujet, quelle que soit votre thématique, n'hésitez pas à faire preuve d'empathie en mettant en avant la douleur profonde ou le désir secret de votre prospect ! C'est cette connexion émotionnelle qui vous permettra de retenir réellement son attention.

Qu'est-ce que les gens aiment par-dessus tout ? Que l'on parle d'eux-mêmes !

Suscitez la curiosité !

Nous sommes tous très curieux de nature et, dès que l'on pique notre curiosité, nous avons envie d'en savoir plus ! Dans vos textes, mais aussi oralement, essayez de susciter la curiosité le plus souvent possible. Pour cela, voici deux armes très puissantes : le mystère, et le secret !

Souvenez-vous de la dernière fois où vous avez regardé votre série télévisée préférée. À la fin de chaque saison, il est fort probable que l'action se soit terminée sur une note de suspense insoutenable : « Qu'est-ce qui va se passer ensuite ? Que va-t-il arriver au héros ? Comment va-t-il, ou va-t-elle, se sortir de cette situation ? ». Résultat : vous brûliez d'envie de voir la suite ! Chez les scénaristes, on appelle cela un *cliffhanger*[1]... et c'est vraiment efficace !

Vous n'écrivez peut-être pas le scénario de séries télévisées, mais vous pouvez très bien susciter la curiosité de vos prospects avec l'arme numéro un : le mystère ! Et avec l'arme numéro deux : le secret ! Pour cela, expliquez par exemple qu'il existe une solution, une méthode ou un système qui permet de résoudre le problème, mais sans en dire trop ni donner tous les détails...

Voici deux exemples de phrases pour convaincre, dans le domaine de la remise en forme : « L'exercice vraiment efficace qui vous pour permettra d'avoir des abdos en béton en seulement deux minutes par jour. » Ou encore : « La redoutable efficacité de la méthode Alpha, que j'ai utilisée pour booster ma croissance musculaire. »

Dans le premier cas, vous expliquez qu'il existe un exercice super efficace, mais vous ne dites pas lequel. Dans le second exemple, vous donnez un nom précis à une méthode (ce qui lui confère une existence concrète), mais vous la gardez secrète pour l'instant. Seuls ceux qui iront plus loin en cliquant sur le lien pour obtenir votre PDF gratuit, ou pour voir votre vidéo, en sauront plus...

Vous pouvez aussi jouer sur la curiosité en inversant l'argumentaire et en parlant de ce qu'il ne faut absolument pas faire ! Par exemple : « Ne dites jamais ça à une femme lors de votre premier rendez-vous ! ». Ou encore : « Ne faites jamais ça pour convaincre un prospect ! ».

Le mystère et le secret forment un duo souvent implacable pour susciter la curiosité.

Vive les chiffres clés !

N'hésitez pas non plus à synthétiser ce que vous avez à partager avec des chiffres clés. Ils sont souvent impairs, mais ce n'est pas une obligation en soi. Par exemple :

- « Les 7 étapes pour créer un blog qui cartonne. »
- « Les 5 habitudes à mettre en place dès ce soir pour enfin dormir comme un bébé. »

Les chiffres clés suscitent la curiosité, et ils permettent de simplifier le processus, d'en donner une image plus précise, facile à comprendre et ludique. C'est une technique de copywriting assez connue, mais également très puissante.

Faites des promesses ouvertes !

Dans vos textes ou dans vos vidéos, insérez régulièrement au moins une promesse ouverte. De quoi s'agit-il ? Par exemple : « À la fin de cet e-mail/vidéo je vais vous expliquer pourquoi/comment ne plus jamais faire cette erreur... »

L'idée, vous l'avez compris, c'est d'intriguer le lecteur ou l'auditeur et de relancer l'intrigue. De le pousser à lire ou visionner jusqu'à la fin.

Utilisez des métaphores, des analogies ou une histoire !

Pour clarifier un concept, afin que vos explications soient plus vivantes et plus parlantes, n'hésitez pas à raconter une petite histoire, ou à utiliser une métaphore ou une analogie. Cela permet de simplifier un sujet complexe, de parler à l'imagination de votre prospect et de rendre votre explication moins rébarbative !

Par exemple, dans le domaine de la nutrition, vous pourriez dire : « Imaginez que vous preniez la route et que votre voiture fonctionne à l'essence sans plomb : cela ne vous viendrait jamais à l'esprit de faire le plein avec du diesel ! Pourtant, quand vous prenez votre petit déjeuner classique, c'est ce que vous faites : vous faites le plein avec du diesel, alors que vous auriez besoin d'essence ! »

Conclusion

Quand vous rédigez vos e-mails, le script de vos vidéos, ou votre page de capture, n'hésitez pas à vous inspirer de ces secrets de copywriting. Certains sont assez connus, d'autres moins. Vous n'avez pas besoin de les utiliser tous en même temps mais, soyez-en sûr, ils vous aideront au fil du temps à devenir un as de la persuasion !

C'est en tout cas tout le mal que je vous souhaite…

À ce stade, faisons le point. Vous avez votre offre Number One, et votre liste de prospects commence à bien s'étoffer. L'étape suivante consiste bien sûr à songer à vendre votre produit ! Aïe, vous êtes peut-être en train de grimacer car pour la plupart des gens, vendre ça fait un peu peur, non ? Si c'est votre cas, pas de panique ! Comment faire si vous détestez la vente et si vous êtes persuadé de ne pas être un vendeur né ? C'est ce que nous allons voir ensemble au chapitre suivant.

Et si par hasard vous faites partie de la minorité de personnes très à l'aise avec la vente, lisez-le quand même : vous pourriez bien en tirer quelques astuces supplémentaires…

EXERCICE

EXERCICE :

Rédigez une publicité de 150 mots pour un produit ou service de votre choix, en appliquant les principes du copywriting.

....

....

....

....

....

....

....

....

....

....

....

....

....

....

....

....

ENGAGEMENT :

Partagez votre publicité dans un groupe d'entrepreneurs (type mastermind) et demandez-leur de vous donner des retours constructifs.

CHALLENGE :

Améliorez votre publicité en fonction des retours reçus et soumettez-la à un professionnel du copywriting pour une évaluation finale.

Je vous mets au défi de rédiger le meilleur texte de vente pour vendre ce livre que vous avez entre les mains ! Rédigez un court texte d'environ 150 mots, faites-en une publication ou un format vidéo court pour présenter le produit (n'oubliez pas de me taguer pour que je puisse voir ça et le partager !). Mon équipe et moi récompenserons les meilleurs publicités !

29

INTERVENANT : VEDANK MOHAN

FONDATEUR DIGITAL BOTHERS

Le vrai pouvoir de la pub digitale

Il faut bien comprendre le rôle stratégique de la publicité : c'est un levier hyper puissant, mais à partir du moment où vous avez déjà un marketing efficace et une offre validée par le marché ce qu'on appelle un « product market fit ». À partir de là, l'acquisition publicitaire peut vraiment faire exploser votre business en termes de chiffre d'affaires !

Aujourd'hui, les régies publicitaires du Nouveau Monde permettent de démarrer une campagne publicitaire pour le prix d'un pack d'eau minérale, soit environ 15 € par jour. C'était strictement impossible dans l'Ancien Monde. Mais surtout, vous pouvez aujourd'hui avoir une remarquable visibilité sur le retour de vos campagnes de pub !

Dans l'Ancien Monde, vous deviez dépenser au minimum plusieurs milliers d'euros pour une modeste campagne de publicité, et vous n'aviez jamais de feedback très précis.

Qu'est-ce qu'une bonne publicité ?

Comprenez que l'objectif d'une pub n'est pas en soi de réaliser une vente, mais d'inciter votre prospect à cliquer sur un lien précis pour arriver sur votre site Web. Or, avec l'arrivée des formats courts sur TikTok, Instagram ou les Shorts YouTube, le temps d'attention des internautes n'a jamais été aussi bref ! Selon des études parues en 2022, il serait d'environ... sept secondes !

Donc, si vous voulez créer une bonne pub :

Premier point : Pensez que les gens sont souvent dérangés par la pub qui ne cesse d'apparaître devant leurs yeux, et qu'ils sont impatients de passer l'annonce ! Il est donc très important que votre visuel et votre texte soient parfaitement ciblés, pour vous connecter à votre avatar précis.

Deuxième point : Démontrez d'emblée votre autorité dans votre thématique ! Mettez en avant telle personnalité que vous connaissez, parlez de vos résultats ou de la méthode originale qui vous a permis d'atteindre le résultat souhaité.

Troisième point : Il faut absolument que la personne qui voit votre pub ait le sentiment que votre solution pourrait a priori lui convenir personnellement.

Enfin, n'oubliez pas un petit appel à l'action, bien sûr !

Le plus important, c'est qu'il y ait un véritable alignement entre votre message global et la publicité : c'est ce qu'on appelle dans notre agence « l'alignement publicitaire ». Le but est que tout soit cohérent.

Apportez de la valeur !

Votre prospect clique sur votre pub et arrive sur ce qu'on appelle la page d'atterrissage (ou *landing page* en anglais). Là encore, il est capital que cette page reprenne les codes principaux de la publicité. Idéalement, elle devrait offrir de la valeur à votre prospect, avant même qu'il ne laisse ses coordonnées, adresse mail ou numéro de téléphone...

Nous sommes aujourd'hui dans une situation d'hyper concurrence, et une bonne manière de se distinguer, c'est d'offrir gratuitement de la valeur à votre prospect en amont : il est important de gagner sa confiance ! Par exemple, si vous lui proposez de réserver un appel, précisez bien qu'il ne s'agit en aucun cas d'un appel de vente, mais bien d'un conseil ou coaching gratuit.

Après l'appel, le cheminement classique, c'est l'achat : vous renvoyez votre prospect vers une page Web sur laquelle il pourra directement acheter votre produit.

Une remarquable traçabilité

Votre prospect suit donc un parcours précis qui l'emmène d'une page Web à une autre. Or, ce parcours publicitaire est aujourd'hui parfaitement traçable sur les plates-formes. Cela vous permet de connaître vos statistiques avec une grande précision.

Concrètement, dans le Nouveau Monde, vous avez réellement la possibilité de créer un véritable parcours publicitaire et de faire du « sur mesure » en quelque sorte, plutôt que du « prêt-à-porter » et ce, bien sûr, dès que vous avez suffisamment de données...

La publicité digitale n'est en fin de compte pas si complexe. Il ne faut pas en avoir peur, car elle peut vraiment impacter la vie des Nouveaux Entrepreneurs : à partir du moment où vous avez une compétence, une zone de génie et un market fit (un produit adapté à votre marché), la pub peut devenir un levier de croissance exponentielle !

Personnellement, je peux dire que la publicité a changé ma vie. Quand j'ai commencé à m'intéresser à la pub digitale, j'étais encore pizzaïolo chez Domino's Pizza et je n'avais pas de compétences particulières. Il m'arrivait parfois de me demander comment j'allais payer ma facture d'électricité. J'ai commencé à me former en regardant des vidéos sur YouTube et en proposant mes services gratuitement à des entreprises physiques, dans un premier temps.

C'est ainsi que je me suis fait la main.

Aujourd'hui, mon agence accompagne les plus gros entrepreneurs et infopreneurs de francophonie. Je suis persuadé d'une chose : la pub peut avoir un impact formidable et vous faire gagner énormément de temps !

30

INTERVENANT : CÉDRIC DESAINTJAN

CEO ET FONDATEUR NUMADEO

Devenez attractif !

Trouver des clients est la problématique numéro 1 à laquelle fait face un entrepreneur. Je ne fais pas exception à la règle, c'était aussi ma crainte.

Après ces quatre années passées dans le business avec Numadeo, je peux assurer une chose : la seule et unique variable qui vous apportera des clients est votre capacité à passer à l'action.

C'est votre responsabilité d'influencer votre marché et de vous connecter avec vos potentiels prospects. Personne ne le fera à votre place. À mes débuts, la stratégie bête et méchante que j'ai appliquée est la suivante : bombarder ma clientèle cible de courriels (très) nuls en copywriting et croiser les doigts pour avoir des réponses...

Mais voici ce qui m'a permis de me détacher de la concurrence : je n'abandonnais jamais ! Parfois, une relance par semaine pendant 6 mois pour enfin avoir une réponse positive.

Alors, même si je n'avais pas les meilleurs courriels pour convaincre mes prospects, mon acharnement a été récompensé. J'ai dépassé la barre symbolique des 10 000 € par mois en tant que freelance en seulement quatre mois d'activité.

Une fois que la machine est lancée, il faut donner un vrai pouvoir d'attraction à votre business, de telle sorte qu'il devienne un aimant à prospects. Pour arriver à un tel résultat, une seule chose compte : l'ultra satisfaction de vos clients !

Délivrer une expérience unique pour transformer les prospects en ambassadeurs doit être l'objectif de toute entreprise. Il faut alors se concentrer sur la livraison de votre produit ou de votre service afin d'augmenter la LTV (la Lifetime Value, ou valeur de vie) et les sourires de vos clients.

Il est dix fois plus difficile de convaincre un nouveau prospect que de revendre à un client existant. Votre réputation dans le business est la clé pour qu'on parle de vous (en bien) et que les demandes affluent, semaine après semaine. Vous serez ensuite dans la même position que moi : « Comment est-ce que je vais faire pour délivrer toute cette demande ? ».

L'acquisition client sera le cadet de vos soucis !

PARTIE VII

LE NOUVEL ART DE LA VENTE

« Baratineurs... marchands de tapis... arnaqueurs... vendeurs de rêves... » Si vous demandez aux gens ce qu'ils pensent des vendeurs, les premiers mots qui leur viendront aux lèvres ne seront sans doute pas particulièrement flatteurs. Dans l'imaginaire collectif (notamment en France), vendre, c'est tenter d'arnaquer son prochain en lui fourguant un truc dont il n'a pas besoin. C'est un fait : il y a beaucoup de croyances à propos de la vente et des vendeurs. Peut-être d'ailleurs partagez-vous certaines d'entre elles ?

En réalité, ces croyances sont tout simplement erronées.

Dans ce chapitre, je vais vous démontrer que vendre, quand on procède de manière éthique, c'est tout simplement aider son prochain à prendre la bonne décision. C'est le cas quand on est sincère et honnête. Je vous propose donc de changer totalement de paradigme, et d'apprendre à ne plus avoir de blocage avec la vente.

C'est absolument indispensable. Car dites-vous bien que, quels que soient vos a priori actuels, il est impossible de créer une entreprise et d'avoir un business florissant sans vendre quelque chose : votre expertise, vos prestations, votre produit, ou votre talent... Tout échange économique repose sur une vente, et vous devrez vendre pour faire de l'argent ! N'oubliez pas que même le salarié de base ne fait que vendre son temps et ses compétences à son patron.

31

POURQUOI LES GENS VONT-ILS VOUS DIRE : « NON » ?

Je ne suis pas un vendeur né, loin de là. Pendant longtemps, j'ai eu comme tout le monde mes croyances erronées. Comme j'ai eu l'occasion de le souligner, j'étais quelqu'un de plutôt timide, et le fait de « vendre quelque chose » ne faisait pas partie de mon logiciel interne. Cela me paraissait, en quelque sorte, contre-nature par rapport à la personne que je pensais être.

Mais les choses ont radicalement changé.

J'ai appris à devenir un vendeur, et même… à aimer vendre ! Comment ? En lisant, en écoutant, en me formant, mais surtout, surtout… en pratiquant, encore et encore ! Aujourd'hui, je suis très à l'aise avec la vente, mais il faut dire que j'ai largement plus de 1500 « appels de vente » à mon actif.

Cela m'a permis d'évoluer, de m'améliorer et de comprendre où se situait la véritable valeur ajoutée de la vente, au-delà bien sûr de pouvoir gagner sa vie en proposant des solutions. Aujourd'hui, je vois les choses autrement : si j'estime que je peux aider la personne que j'ai au bout du fil (ou en face de moi) grâce à mon offre, alors je pense que c'est tout simplement mon devoir de la lui proposer. Ne pas le faire serait égoïste : le but, c'est le win-win, le gagnant-gagnant.

Avant d'entrer dans le vif du sujet, essayons de comprendre pourquoi les gens vont vous dire « Non ». Cela tient en quelques points clés.

La plupart du temps, quand un prospect n'est pas intéressé par une offre, il dira que ce n'est pas le bon moment, qu'il doit réfléchir, ou encore qu'il n'a actuellement pas le budget. Mais au-delà des mots utilisés, le refus a presque toujours les motifs profonds suivants :

- Votre offre n'était pas pertinente.
- Votre prospect n'avait pas vraiment conscience de sa propre douleur ou de son problème.
- Il ne correspondait pas à votre véritable avatar, même s'il en avait a priori l'apparence.
- Il ne croyait pas en votre produit (la confiance en la méthode).
- Il ne vous percevait pas comme une autorité suffisante (la confiance en vous).
- Il ne croyait pas assez en lui-même (la confiance en sa propre capacité d'appliquer la méthode).

Beaucoup de ces objections proviennent d'une approche marketing inadéquate et d'un mauvais positionnement préalable à l'appel de vente. Rien de dramatique : ça se travaille et ça s'améliore. Je vais préciser ma pensée.

Soignez votre positionnement marketing !

Beaucoup d'entrepreneurs pensent que la vente proprement dite – c'est-à-dire les arguments que vous allez mettre en avant lors d'un appel de vente – fera toute la différence, et que tout se joue à ce moment-là. Mais c'est totalement faux ! En fait, le taux de réussite de vos appels de vente est intimement lié à votre marketing global, c'est-à-dire la manière dont vous avez approché et attiré l'attention de votre prospect, à la façon dont vous vous êtes fait connaître, à ce qu'il sait et ce qu'il a compris de vous.

C'est la qualité de votre marketing et votre positionnement préalable qui vont déterminer deux choses essentielles. D'une part, le nombre d'occasions de vente dont vous bénéficierez. D'autre part, la qualité des prospects que vous allez avoir en face de vous.

Et ça change tout !

Schématiquement, et pour résumer : le marketing fait 75 % du travail, et la vente environ 25 %. La vente fait donc partie d'un tout, d'un écosystème.

Déjà, cela permet de relativiser les choses. Je vais vous raconter une anecdote qui illustre parfaitement mes propos.

Il y a quelques mois, j'ai commis une maladresse, car je n'ai pas assez personnalisé mon offre en fonction de mon prospect.

J'ai proposé un coaching à 78 000 € à deux clients différents. Dans le premier cas, il s'agit d'un entrepreneur A qui réalisait quelques centaines de milliers d'euros de chiffre d'affaires par an. Mon offre représentait donc une importante partie de son chiffre annuel.

Néanmoins, il a tout de suite accepté le coaching, parce qu'il a perçu mon offre comme une formidable possibilité de développer son entreprise. Il était ravi, et il a immédiatement appliqué mes recommandations, avec succès. Il était super engagé, très content !

J'ai eu ensuite un appel avec un entrepreneur B qui réalisait quatre à cinq fois le chiffre d'affaires du précédent. Je lui ai proposé exactement la même offre, au même tarif. Théoriquement, sur le papier, ma prestation lui revenait proportionnellement nettement moins cher, étant donné l'envergure de sa société. Mais en fait, la réponse a été totalement différente : il s'est braqué d'emblée !

Cet entrepreneur m'a dit que cela représentait beaucoup trop d'argent, qu'il lui serait impossible de rentabiliser cet investissement, etc. Bref, qu'il ne donnerait pas suite ! On a eu un nouvel appel, mais il s'est encore braqué...

Qu'est-ce qui a changé entre l'entrepreneur A et l'entrepreneur B, sachant encore une fois, que l'entrepreneur A gagnait moins d'argent que l'entrepreneur B ?

Eh bien, la seule chose qui a changé, c'est la confiance que le premier entrepreneur m'accordait ! Il me connaissait depuis longtemps et avait déjà acheté un de mes produits. Il connaissait les témoignages de personnes que j'avais aidées, il connaissait mes résultats concrets et avait vu mes séminaires... Pour lui, il était évident qu'il aurait un retour sur investissement !

L'entrepreneur B, quant à lui, venait de me découvrir sur LinkedIn. Il ne me connaissait pas plus que ça, à part deux ou trois témoignages qu'il avait vus et quelques articles qu'il avait lus... Mais il ne me faisait en aucun cas confiance comme le premier !

Où se situe la maladresse, dans tout cela ? Cela a sans doute été de ne pas avoir pris en considération cette différence de perception. Si je l'avais fait, j'aurais pu personnaliser mon offre, et proposer par exemple à l'entrepreneur B une offre moins chère étalée sur seulement trois mois, afin d'acquérir sa confiance... En fait, je n'ai pas pris en compte tous les tenants et aboutissants : or, le business en lui-même est un ensemble de concepts liés notamment à la psychologie humaine.

Finalement, on pourrait comparer ça à un match de foot. Quand est-ce qu'un avant-centre va faire trembler les filets de l'adversaire ? Eh bien, si ses équipiers sont bons, qu'ils jouent bien et réussissent à lui faire des passes dans de bonnes conditions, l'avant-centre se transformera alors en un buteur implacable !

Votre marketing et votre positionnement, ce sont les équipiers, et l'appel de vente, c'est le buteur qui va transformer l'action collective. Sans une équipe digne de ce nom, l'avant-centre ne pourra pas faire d'étincelles !

Idéalement, lors d'un appel ou d'un entretien de vente, il faudrait que votre prospect n'ait pas besoin de vous poser des questions de base telles que : « Qui êtes-vous et que faites-vous réellement ? En quoi consistent exactement vos produits et vos solutions ? En quoi pourriez-vous m'aider ? »... Grâce à un marketing puissant et bien positionné, votre prospect devrait déjà tout savoir de votre univers.

Imaginez le temps et la crédibilité que vous allez gagner si vous pouvez vous concentrer sur les problèmes et désirs de votre client potentiel, plutôt que passer la moitié de l'entretien à essayer... de vous vendre vous-même !

Donc, gardez déjà à l'esprit qu'une bonne partie du travail se fera en amont, en ciblant votre niche, votre avatar et votre offre.

D'autre part, il est parfaitement normal que des gens vous disent « Non ! ». C'est logique et naturel : certaines personnes ne seront tout simplement pas intéressées par ce que vous avez à leur proposer, et ça fait partie du jeu. Il n'y a aucune raison d'en prendre ombrage.

Vendre, c'est aider les gens...

Pour de nombreuses personnes, la vente consiste essentiellement à développer un argumentaire percutant. À convaincre le prospect, envers et contre tout. À suivre à la lettre une feuille de route préétablie, sorte de formule magique, à la manière d'un automate qui répète inlassablement le même discours… Et ce, indépendamment des personnes que l'on a au bout du fil, et quelle que soit leur personnalité. Si c'est ce que vous croyez, détrompez-vous ! C'est une vision totalement erronée de la vente, et certainement pas celle que je préconise. C'est même le meilleur moyen d'aller tout droit dans le mur.

En fait, cette vision des choses correspond assez bien à ce qu'appliquent beaucoup de ces *call centers* qui vous harcèlent sans doute au téléphone de temps à autre. C'est dommage, parce que c'est totalement à côté de la plaque, et cela donne en plus une image déplorable de la vente !

« OK, mais alors comment doit-on faire pour ne pas passer pour des marchands de tapis ? »…

Voici le mantra que tout Nouvel Entrepreneur devrait avoir en tête : « Vendre, c'est avoir la capacité de voir le monde du point de vue de la personne qui est assise en face de vous, ou que vous avez au bout du fil. C'est essayer de comprendre ses désirs et ses motivations, ses frustrations, pour voir en quoi vous pourriez l'aider ». Vendre, c'est donc aider notre interlocuteur, qu'il achète notre produit… ou pas !

Pour être efficace, vous devez non seulement avoir confiance en votre produit, mais également être persuadé que vous allez réellement pouvoir aider cette personne. Et ça, ça change complètement la donne !

Dans ce chapitre, je vais vous donner un plan qui vous aidera à réaliser des entretiens de manière intelligente et professionnelle. Parce que la seule manière de réussir, c'est effectivement d'être vraiment un pro dans son approche de vente – pas d'improviser ni de faire joujou ! Cependant, dans la réalité, il ne faut surtout pas se contenter d'appliquer bêtement un pitch de vente, étape par étape, sans véritable interaction avec votre interlocuteur. Ce serait totalement contre-productif !

Si demain je souhaite vendre une prestation à quatre personnes différentes, ma manière d'interagir avec chacune d'entre elles ne sera pas la même, parce que je m'adapterais et que j'essaierais de les comprendre, individuellement. Chacun d'entre nous a une personnalité différente, et aussi une problématique et des besoins spécifiques.

Si vous voulez être naturellement à l'aise avec la vente, vous devez retourner votre cerveau et changer de paradigme : dites-vous à partir d'aujourd'hui que vendre, c'est aider ! C'est aider la personne que vous avez en face de vous à trouver une solution, à obtenir des résultats et à atteindre une situation désirée.

Si vous croyez fermement – et vous devez y croire – en votre produit ou votre prestation, vous intégrez le fait que vous pouvez aider votre prospect. Et si vous êtes persuadé de la valeur que vous pouvez lui apporter, ce serait malhonnête de votre part de ne pas lui proposer votre solution, non ?

Quand vous serez intimement convaincu de ce que je viens d'écrire, vous aurez changé votre point de vue sur la vente, et donc vous aurez fait un grand pas en avant !

Si vous avez un doute, avant de passer à l'action, faites simplement ce petit exercice en répondant aux questions suivantes :

- Connaissez-vous votre marché ?
- Connaissez-vous votre avatar client idéal ?
- Connaissez-vous votre offre ?
- Votre offre répond-elle à un besoin de votre avatar client ?

Si la réponse à l'une de ces questions est « non », alors travaillez encore sur ces éléments fondamentaux avant de passer à l'action. Cela va beaucoup vous faciliter la tâche.

Trois mythes sur la vente

« On naît vendeur, on ne devient pas vendeur » : Faux !

J'ai moi-même été un débutant bredouillant, et même pathétique. Puis, j'ai appris à maîtriser ce domaine, à changer ma manière d'approcher les gens, pour finir par être parfaitement à l'aise lors de mes entretiens de vente. Tout s'apprend.

« La vente est réservée aux extravertis qui savent parler » : Faux !

J'ai eu l'occasion d'accompagner de nombreuses personnes qui étaient plutôt introverties, et qui maintenant excellent dans l'art de vendre. La clé, c'est avant tout de maîtriser la psychologie humaine !

« Pour vendre, il faut avoir beaucoup d'énergie, parler rapidement et être agressif » : Faux !

Il n'est absolument pas nécessaire d'être une « grande gueule » pour devenir un excellent vendeur. Chacun peut conserver sa personnalité.

Ne déléguez pas trop vite !

Vous serez peut-être tenté de déléguer la vente le plus tôt possible, voire dès le début de l'aventure. C'est normal, car vous vous dites que des spécialistes sauront vendre votre produit ou votre prestation beaucoup mieux que vous-même. Que ce sont des professionnels ! C'est peut-être le cas. Néanmoins, je vous recommande vivement de ne pas faire l'erreur de déléguer avant d'avoir maîtrisé le processus et de savoir vendre votre offre vous-même.

N'oubliez pas que votre produit ou votre prestation, c'est un peu votre bébé. Vous le connaissez mieux que quiconque. Et je vous encourage vivement à apprendre à maîtriser les tenants et aboutissants du processus de vente avant de le confier à quelqu'un d'autre. Sinon, vous pourriez être déçu...

La loi des nombres, clé de la réussite

Plus vous allez vous confronter à la vente, meilleur vous serez, et mieux vous maîtriserez votre script personnel. Vous serez bientôt de plus en plus à l'aise, vous saurez faire face aux objections de vos clients.

Après une dizaine d'appels, vous aurez quelques résultats potentiels, qui vous permettront de continuer sur cette voie ou de corriger le tir.

Après 50 appels, vous aurez vraiment de la clarté et des statistiques intéressantes.

Et après 250 appels, c'est un exercice qui n'aura pratiquement plus aucun secret pour vous : vous aurez modélisé votre propre méthode, écrit le script parfait et vous ferez face avec aisance aux objections de tous vos clients potentiels !

Ne mettez pas la charrue avant les bœufs !

Peut-être avez-vous déjà vu sur internet tel ou tel entrepreneur, tel ou tel marketeur vanter avec emphase les mérites magiques d'un tunnel de vente hyper complexe et sophistiqué, avec un processus de sélection des prospects dès l'entrée, suivi d'une impressionnante séquence de dix ou quinze e-mails visant à « closer » vos prospects, c'est-à-dire à conclure la vente ferme.

Dans un schéma de ce type, tout est quasiment automatisé dès le début du processus, dès l'entrée de l'entonnoir de vente. C'est très alléchant sur le papier, bien sûr : on se dit que, une fois tout ce « bastringue » enfin mis en place, on n'aura quasiment plus rien à faire, à part compter les clients qui arriveront automatiquement en flux continu. Pourtant, en tant que débutant, ne vous lancez pas dans une usine à gaz de ce type : c'est la pire erreur que vous puissiez faire.

Ne cédez pas au chant de ces sirènes, et procédez étape par étape. C'est plus simple et beaucoup plus efficace.

32

D'INCONNU À CLIENT IDÉAL : QUATRE PRINCIPES FONDAMENTAUX

J'aimerais quand même vous rassurer. Vous êtes un Nouvel Entrepreneur, curieux et proactif. Vous avez soif d'indépendance, de liberté, et vous avez décidé de prendre votre vie en main, d'en être l'unique patron. C'est super ! Mais est-ce que cela signifie que vous devriez également vous transformer en un vendeur d'élite, en un super champion du chiffre d'affaires, capable de vendre du sable dans le désert ou de la glace sur la banquise ?

Pas du tout !

Certes, je vous recommande vivement d'apprendre à connaître les bases de la vente, et de démythifier le simple fait de vendre. De pulvériser vos blocages, aussi ! Mais vous avez certainement d'autres tâches à effectuer par ailleurs. Mon but, dans ce chapitre, c'est tout simplement de vous permettre de considérer la vente comme une activité nécessaire et somme toute agréable, basée essentiellement sur le conseil. Vous devez maîtriser les principes fondamentaux qui vous permettront de transformer facilement un client potentiel en un client payant. Mais vous n'avez pas besoin d'être un champion. Devenez juste à l'aise !

Quatre principes fondamentaux à garder en tête

- **Premier principe : vendre, c'est aider !**

En tant qu'entrepreneur, votre rôle essentiel est de répondre à un besoin ou à un désir, d'apporter une solution à un problème que vous avez identifié préalablement.

Rappelez-vous que les gens achètent un produit ou une prestation pour deux raisons essentielles. D'une part, pour échapper à une situation douloureuse (surpoids, mal-être émotionnel, job salarié aliénant, chiffre d'affaires insuffisant, manque de clients...) et, d'autre part, pour transformer leur situation actuelle – idéalement grâce à vos solutions – en une nouvelle situation désirée.

En intégrant cette logique, ne vous considérez surtout pas comme un commercial désireux de vendre un produit ! Mettez-vous plutôt dans la peau par exemple d'un médecin, qui diagnostique un problème et qui apporte une solution. Donc, ne cherchez pas à vendre lors de vos entretiens, cherchez tout simplement à rendre service à votre interlocuteur !

Ce changement de point de vue implique aussi de ne pas approcher votre prospect avec pour principal objectif de lui montrer à quel point votre solution est efficace, et qu'il devrait absolument l'acheter ! Approchez plutôt chaque nouveau prospect avec l'intention de s'intéresser réellement à lui, avant de penser à vous. Avec l'intention de définir si vous êtes en mesure de résoudre son problème, sa problématique, en y apportant votre solution. Encore une fois, cela change la donne !

N'oubliez pas une chose importante : les gens adorent acheter, mais ils détestent qu'on leur vende quelque chose. C'est normal. L'achat est basé sur l'émotion, alors que quand on veut leur vendre quelque chose, c'est leur cerveau rationnel qui prend le relais et a tendance à se mettre en alerte.

En tant que Nouvel Entrepreneur, adoptez cette approche, car elle vous permettra de pulvériser vos blocages et surtout elle est beaucoup plus efficace. Et aussi : passez à l'action, encore et encore !

Vous allez bientôt être très à l'aise lors de vos appels et entretiens de vente.

- **Deuxième principe : pensez aux émotions !**

Je me suis rendu compte assez vite que nous avons tous un fonctionnement similaire. Et cette impression m'a été confirmée quand je me suis penché sur la psychologie humaine et le marketing : on achète d'abord avec nos émotions ! Lors de l'acte d'achat, c'est en effet notre cerveau émotionnel qui parle, et nous justifions ensuite cet acte d'achat avec des arguments logiques, avec la pure rationalité.

On achète donc essentiellement avec notre cœur !

Généralement, vos prospects vous donneront d'abord les raisons superficielles qui les motivent. Notre rôle en tant qu'entrepreneur, c'est essayer de connaître leurs motivations profondes.

Je vais vous donner un exemple concret. Si vous faites du conseil en marketing et qu'un entrepreneur vous dit : « Je veux avoir plus de clients ! », c'est la raison superficielle qu'il vous donne. Voici deux motivations profondes qui pourraient émerger :

a. « C'est absolument vital pour moi, car sinon je risque de faire faillite et de mettre ma famille en péril. Je serai peut-être obligé de vendre la maison, de tout abandonner et de trouver un travail salarié. »
b. « Cela me permettrait de développer mon activité et de passer au niveau supérieur, de pouvoir déléguer des tâches vraiment chronophages, et d'enfin mieux profiter de ma famille. »

Votre rôle sera de creuser pour connaître les raisons profondes qui se cachent derrière les raisons superficielles que l'on vous donne. Pourquoi ? Parce que c'est ce qui vous permettra d'établir une véritable connexion émotionnelle avec votre client potentiel. En vous intéressant réellement à lui (il ne s'agit pas de faire semblant !), vous parviendrez à mieux le comprendre, et il va se sentir écouté.

N'ayez pas peur de paraître trop intrusif, car c'est véritablement très important de créer cette connexion. Cela fait partie du diagnostic !

- **Troisième principe : adoptez les 3 C !**

Que recherche un client potentiel ? Comme on l'a vu, une solution pour transformer sa situation actuelle. Par conséquent, vous devez être perçu comme un facilitateur (ou un accélérateur) qui lui permettra d'atteindre la situation désirée. Il doit donc avoir la certitude (ou quasi-certitude) que votre solution personnelle peut effectivement l'aider à transformer sa situation.

Pour cela, il faut l'aider à traverser les trois cercles de confiance (en vous, en votre produit et en lui-même) que nous avons vus précédemment.

Je vous propose aussi de vous concentrer sur les « 3 C » durant votre entretien de vente : certitude, confiance, clarté.

- La certitude : vous devez avoir la conviction de réellement pouvoir aider votre client tout en étant capable de transmettre cette conviction.
- La confiance : vous devez avoir confiance en votre solution, bien sûr. Sinon, il sera difficile de rassurer votre interlocuteur...
- La clarté : vous devez être très clair dans votre façon de présenter votre solution. Comme je l'ai précédemment souligné, vous devez vous transformer en accélérateur ou en facilitateur, et donc être limpide !

- **Quatrième principe : préparez-vous comme un pro !**

Comme vous l'avez compris, je vous propose de dédramatiser la vente. Néanmoins, dédramatiser ne veut pas dire prendre vos entretiens à la légère. Je vous recommande de fonctionner comme un vrai professionnel et pas comme amateur. Parce qu'un amateur obtiendra forcément les résultats... d'un amateur !

OK, mais être professionnel, qu'est-ce que cela veut dire ?

Cela signifie avoir une bonne préparation avant, pendant et après l'entretien de vente. Voyons en quoi cela consiste exactement.

Phase 1 : Avant d'appeler votre prospect

Pour être dans la meilleure des postures, il faut faire en sorte que ce soit votre client potentiel qui vienne à vous, en réservant un appel. Vous pouvez appeler cet entretien : coaching offert, appel découverte, appel diagnostic, session stratégique… Peu importe finalement : adoptez ce qui vous convient le mieux et vous paraît le plus adapté à votre thématique.

Dans le chapitre 6, nous avons vu différentes méthodes que vous pourriez utiliser pour générer des prospects qualifiés. Idéalement, proposez à vos prospects une prise de rendez-vous téléphonique, avec un outil tel que « Calendly » par exemple. Vous pouvez aussi proposer un appel vidéo sur Zoom ou Teams, ou sur une autre plateforme.

Ensuite :

- Ayez une offre claire.
- Entraînez-vous à la présenter de manière succincte.
- Appuyez-vous sur une structure de vente adaptée (nous allons la détailler dans la partie suivante de ce chapitre).
- Préparez-vous à traiter les objections les plus courantes.
- Préparez une page de paiement déjà opérationnelle (avec Stripe et Paypal par exemple), ou un moyen de paiement adéquat, quel qu'il soit.

Phase 2 : Pendant votre appel

- Soyez dans de bonnes dispositions. Cela veut dire : installez-vous dans un endroit calme, avec un bureau dégagé sur lequel vous ne garderez que les documents nécessaires à votre entretien.
- Augmentez votre niveau d'énergie, par exemple en écoutant pendant quelques minutes un morceau de musique inspirant, dynamisant ou excitant. Ou donnez-vous quelques gifles (légères quand même !), faites quelques grimaces devant votre miroir si ça vous aide à vous détendre et à stimuler la circulation sanguine… Bref, trouvez ce qui vous convient pour hausser votre niveau d'énergie !
- Soyez prêt à prendre des notes et, surtout, enregistrez votre appel ! Cela vous permettra non seulement de retenir avec précision certains points importants de la discussion, mais aussi et surtout de voir comment vous pourrez vous améliorer par la suite.
- Écoutez plus que vous ne parlez ! Écoutez 80 % du temps et ne parlez que 20 % du temps. Posez des questions précises, pas juste pour faire plaisir à votre prospect, mais bien pour vous permettre de mieux le connaître, de comprendre les raisons profondes qui l'animent.
- Soyez toujours positif, souriant et gardez votre enthousiasme.

Retenez une chose importante : il est tout à fait normal que votre client potentiel soulève des objections. Cela ne signifie pas qu'il n'est pas intéressé par votre offre. Cela veut tout simplement dire qu'il se pose certaines questions, qu'il a besoin d'être rassuré sur certains points précis. Ou, plus simplement, qu'il souhaite en savoir plus.

Alors, ne le prenez pas mal : les objections font partie du processus !

Phase 3 : Après votre appel :

- Préparez la manière dont vous allez l'informer de la suite. Allez-vous programmer un prochain entretien ? Comment va se passer la suite de votre accompagnement, si votre prospect achète votre produit ou votre prestation ? En résumé, et dans tous les cas de figure : quelle est l'étape suivante ?
- Je vous recommande vivement de tenir à jour un CRM. Pas de panique, ce n'est pas une technique secrète pour les initiés ! C'est tout simplement un document de suivi de vos prospects, qui peut prendre par exemple la forme d'un fichier Excel, d'un Google Sheet. Ce CRM (pour : « customer relationship management », ou encore in french : « gestion de la relation client ») contiendra des informations précieuses telles que les noms de vos prospects, leur numéro de téléphone, leur domaine d'activité, les informations complémentaires que vous avez notées, la date de la prochaine relance ou du prochain accompagnement... Et toutes les infos qui vous paraîtront nécessaires ! C'est un document absolument indispensable quand on veut travailler de manière professionnelle.

Les bases sont donc posées. Maintenant, vous devez sans doute vous poser la question fondamentale : devez-vous absolument vous fier à un script de vente préétabli ?

33

LE SCRIPT DE VENTE DES NOUVEAUX ENTREPRENEURS

Pour répondre précisément à cette question, il faut d'abord se demander à quoi sert exactement un script de vente. Réponse : c'est un fil conducteur qui vous permettra d'être plus confiant et beaucoup plus efficace en suivant des étapes précises. Donc, de mener votre entretien de manière naturelle, à la fois professionnelle et éthique.

Que vous vendiez des produits physiques, numériques ou encore des prestations de services, ce script vous sera dans tous les cas de figure très utile. Se référer à un script de vente précis est donc une aide précieuse, mais par pitié, ne faites pas cette erreur fatale : coller mot pour mot au script, et poser des questions sans réfléchir, de manière mécanique, simplement parce que vous les avez sous les yeux. Cela ne servira à rien. Soyez au contraire dans une écoute active permanente !

La vente, c'est avant tout une affaire de psychologie humaine. N'oubliez pas : votre objectif principal, c'est d'identifier si vous allez pouvoir aider votre interlocuteur, et de quelle manière. Ne vous focalisez surtout pas sur le fait de vendre votre offre à tout prix, ça va vous stresser et ça va se sentir ! Concentrez-vous sur les besoins exacts de votre interlocuteur.

Afin de simplifier les choses, je vais diviser la structure du script que je vous propose en cinq phases précises.

- **Phase n° 1 : Le premier contact (1 à 3 minutes environ)**

Il s'agit d'initier le premier contact et de briser la glace. Le but de cette phase, c'est de créer de la confiance et de la proximité, et aussi de prendre le lead de l'appel.

Comment faire ? Voici quelques recommandations fondamentales :

- Ayez une attitude positive, souriante (n'oubliez pas que le sourire s'entend au téléphone !) et énergique. Le ton de votre voix doit être à la fois déterminé et poli.
- Assurez-vous que votre prospect se trouve dans de bonnes dispositions, et qu'il a le temps nécessaire à vous consacrer. Si, pour une raison quelconque, ce n'est pas le cas, n'hésitez pas à reporter l'entretien à une autre date : cela prouvera votre professionnalisme.
- Soyez sincèrement sympathique ! Mais pas sirupeux non plus : naturel, quoi !
- N'oubliez pas de demander à votre prospect l'autorisation de lui poser un certain nombre de questions précises, dans le but de mieux comprendre ses besoins et sa problématique.
- Posez le cadre (« set the frame », comme disent les Anglo-Saxons) ! Cadrez rapidement l'objectif de cet appel et prenez le lead dès le début. Expliquez à votre interlocuteur comment va se dérouler l'appel, ou l'entretien : c'est vous le guide !

Ce dernier point de la liste à propos du cadre est particulièrement important. De quoi s'agit-il exactement ? Un cadre est un point de vue, une perspective. Les cadres ne se combinent pas : ils entrent en collision ! Et sachez que le cadre le plus fort gagne toujours.

Là, je sens que vous vous posez des questions, n'est-ce pas ? D'accord, alors voici des exemples précis pour clarifier mes propos. Imaginons que vous soyez un banquier important, un notable riche et respecté dans la ville où vous habitez. Un jour, vous allez voir votre médecin généraliste à cause d'un problème de santé qui vous préoccupe. Dans cette dynamique précise, celle de la consultation, le médecin va automatiquement se positionner comme l'expert, de manière tacite. Il vous posera des questions et répondra bien sûr aux vôtres. L'entretien – la consultation en l'occurrence – se déroule dans son cadre d'influence personnel.

Puis, un mois plus tard, ce même médecin souhaite placer ses économies pour faire des investissements et faire fructifier son patrimoine. Il prend donc rendez-vous dans votre établissement et vous le recevez dans votre bureau. La dynamique a complètement changé ! C'est vous qui posez les questions pour déterminer ses besoins et sa problématique, et il posera les siennes en retour bien sûr.

Cette fois, l'entretien se situe dans votre cadre d'influence, vous avez le lead !

Une semaine plus tard, vous allez boire un verre avec des amis dans un bar à cocktail réputé. Vous demandez conseil au barman : l'entretien se situe cette fois dans le cadre d'influences du barman...

Voilà, vous avez compris. Les cadres ne peuvent pas se combiner, le cadre le plus fort, en fonction de la situation, gagne !

Lors d'un appel de vente, vous devrez donc poser le cadre dès le début et prendre le lead de la conversation – ce qui ne veut pas dire parler plus que votre interlocuteur, bien au contraire ! Vous allez lui expliquer comment l'entretien va se dérouler, et lui poser des questions précises, tout en répondant bien sûr aux siennes. Mais c'est vous qui dirigez l'entretien !

Retenez bien ceci : le simple fait de poser le cadre dès le début de l'entretien vous donnera une longueur d'avance. Cela envoie un message à votre prospect, en vous positionnant comme l'expert. Mais surtout, ne lui dites pas que vous êtes un expert : il doit tout simplement le sentir par votre attitude...

- **Phase n° 2 : La découverte**

Cette phase correspond à la recherche d'informations : vous allez essayer de connaître les besoins exacts de votre prospect, ses problématiques personnelles, tout en continuant à prendre le lead de l'appel. Voici des principes de base :

- Cherchez à comprendre pourquoi votre interlocuteur a réservé cet appel avec vous.
- Essayez de mesurer le degré d'engagement et de passage à l'action de votre prospect.
- Jouez au docteur : posez des questions pertinentes et ciblées, afin d'établir votre diagnostic !
- Surtout, laissez votre futur client parler ! Plus il parlera, plus il vous livrera

de précieuses informations. Rappel : vous n'êtes en aucun cas en train d'essayer de vendre quoi que ce soit à ce stade...
- Essayez de creuser pour comprendre les raisons profondes de sa démarche.
- Essayez si possible de faire visualiser à votre prospect sa situation désirée, en la comparant à la situation actuelle.

Le mot d'ordre : développez une écoute active ! Ce qui signifie : ne posez pas des questions juste pour... poser des questions, ou avoir l'air de vous intéresser à votre interlocuteur. Au contraire, creusez tout ce qui pourrait vous permettre de mieux le comprendre et de l'aider.

- **Phase n° 3 : L'argumentation**

C'est en fait au cours de cette phase que vous allez finalement le plus parler ! Car c'est seulement à ce moment-là que vous allez présenter votre solution... À une condition essentielle, néanmoins : que vous sentiez que vous pouvez vraiment aider votre futur client. Sinon, cela ne sert à rien, et c'est même contre-productif.

Les principes de base :

- Reprenez les réponses que votre futur client vous a données en amont, lors de la phase de découverte, afin de mieux personnaliser votre argumentation.
- Utilisez son vocabulaire, afin qu'il vous comprenne bien.
- N'insistez pas sur les caractéristiques techniques de votre solution, mais mettez plutôt en avant les bénéfices qu'elle pourrait lui apporter.
- Mettez de la vie dans votre discours et ne lisez pas votre script comme un robot !

Si votre phase de découverte a été bien menée, vous serez beaucoup plus performant lors de cette phase d'argumentation, car vous trouverez facilement les arguments percutants et adaptés. Tout est lié.

- **Phase n° 4 : La souscription**

On pourrait dire que l'appel de vente proprement dit commence réellement à partir de cette quatrième phase. Ce n'est certainement pas la partie la plus facile de l'entretien, car il faut être à la fois confiant et professionnel. Mais tout s'apprend, avec de la pratique. Après un certain nombre d'appels de vente, vous finirez par acquérir une bonne maîtrise de cet instant délicat.

Lors de la phase de souscription, vous allez donc proposer votre solution.

- Vous pourrez ensuite conclure par une phrase courte, du type : « On part là-dessus ? ». Soyez confiant, ferme et décidé.
- Ne soyez pas hésitant ! Si vous hésitez un seul moment, vous ne vendrez tout simplement pas votre solution. N'oubliez pas que vous êtes un professionnel et que vous avez pleinement conscience de la qualité de votre offre. Donc, pourquoi hésiteriez-vous ?
- Laissez toujours un « blanc », un moment de silence après avoir formulé votre offre. La règle est la suivante, dans ce jeu-là : le premier qui parle, perd !

Mais ne stressez pas trop. Avec l'expérience, vous serez très vite de plus en plus à l'aise.

- **Phase n° 5 : Le traitement des objections**

Cette dernière phase de votre script de vente vous permet de répondre aux questions que se pose votre prospect, et de répondre à ses quasi inévitables objections.

Mes recommandations :

- Préparez des réponses fortes qui vous permettront de répondre aux objections les plus courantes sans être déstabilisé.

- Acceptez le fait que les objections, c'est normal ! Elles démontrent en fin de compte une certaine forme d'intérêt de la part de votre prospect.

- Répondez calmement à chaque objection – n'éludez rien !

- Informez le prospect des prochaines étapes.

Beaucoup de gens redoutent les objections que l'on peut leur opposer. Ils considèrent que c'est un refus de s'engager, un simple prétexte pour ne pas aller de l'avant. Pourtant, avoir des objections n'est pas une mauvaise chose en soi : il est tout à fait normal que votre prospect se pose des questions. Donc, décontractez-vous et répondez calmement.

Quand votre prospect n'a plus de questions, alors terminez avec une nouvelle courte phrase de souscription à votre offre (« On y va comme ça ? On part là-dessus ? »), etc.

Conclusion

J'espère vous avoir convaincu que la vente est, d'une part, à la portée de tout le monde, et que d'autre part, ce n'est pas une arnaque par principe ! Il suffit d'être éthique, honnête, et fier de ce que l'on a à offrir. Il ne s'agit en aucun cas de se transformer en beau parleur et autre bonimenteur intarissable.

En résumé, le nouvel art de la vente consiste à être honnête, à s'intéresser réellement à son prospect et, si notre solution peut l'aider, à lui proposer notre offre fermement et sans hésitation. Comme vous l'avez compris, vendre, c'est échanger de la valeur. Ce qui compte, c'est que votre prospect ait suffisamment confiance en vous, confiance en votre méthode et confiance en sa propre capacité à utiliser votre solution pour arriver aux résultats désirés.

Rappelez-vous : ce sont les trois cercles de confiance concentriques ! Dans l'exemple du fameux coaching à 78 000 € que je vous ai donné, clairement, la confiance existait dans le premier cas et j'ai facilement « closé », mais elle n'était pas encore suffisamment établie dans le second cas de figure.

Bien. Nous avons vu ensemble comment créer une entreprise dans le Nouveau Monde. Vous avez désormais en votre possession des éléments précieux qui vous permettront de cibler votre niche, de découvrir votre avatar, de créer votre offre et de prospecter efficacement. Vous êtes maintenant également prêt à vendre votre produit ou votre prestation, et c'est super !

La prochaine étape, que tout Nouvel Entrepreneur se doit également de maîtriser dès qu'il commence à faire des ventes, c'est d'optimiser la gestion financière de sa jeune société et d'être au clair sur son rapport à l'argent.

C'est ce que nous allons voir en détail dans le chapitre suivant.

EXERCICE

EXERCICE :

Vendre, c'est aider. Voici la mentalité que nous devons tous adopter vis-à-vis de la vente. Dans cette idée, rédigez trois choses positives que votre produit/service apporte à votre client.

1 : ....

2 : ....

3 : ....

ENGAGEMENT :

Lisez attentivement la partie sur le script de vente et écrivez votre propre script de vente en vous basant sur ce que je vous partage dans ce chapitre.

CHALLENGE :

Utilisez ce script pour votre premier appel avec l'un des 20 prospects contactés dans le chapitre 4.

34

INTERVENANT : AXEL BOMBEZIN

FONDATEUR DEALY

Vente, boussole et… grand voile !

J'aimerais vous parler de la loi des nombres.

Imaginez : vous êtes le capitaine d'un navire qui sillonne les mers, toutes voiles dehors. De quoi avez-vous besoin pour éviter de naviguer à vue et de vous perdre en haute mer ? D'instruments de navigation, bien sûr, afin de ne pas vous égarer. Logique, non ?

Eh bien, vos données, vos statistiques, vos datas (appelez-les comme vous voudrez), ce sont en fait votre boussole ou votre GPS. Ce sont les instruments de navigation indispensables, qui vous permettront d'orienter les voiles de votre entreprise dans la bonne direction.

Vendre, ce n'est pas naviguer à vue. Surtout pas ! La vente, c'est connaître ses chiffres et ses statistiques. Au fil du temps, vous aurez en effet en votre possession des chiffres précis.

Vous connaîtrez le pourcentage de ventes réalisées par rapport au nombre total de prospects qu'il vous aura fallu contacter pour arriver à de tels résultats. Vous aurez donc des KPI (Key Performance Indicators) de plus en plus précis, et je vous encourage à tenir à jour méticuleusement ces précieuses données. Elles vous permettront de savoir où vous allez et de progresser sans cesse…

Comme un capitaine de navire, vous pourrez ainsi peaufiner et adapter sans cesse votre trajectoire (votre stratégie), afin d'arriver plus vite à bon port (en l'occurrence : être toujours plus rentable !).

Si votre entreprise navigue à vue, elle risque fort d'amplifier certaines erreurs en tâtonnant, et elle a des chances de rencontrer un iceberg comme le navigateur perdu dans le brouillard sans instruments de mesure !

La vente, c'est la loi des nombres : c'est des maths !

Grâce à vos chères statistiques, non seulement vous pourrez vous rendre compte de manière objective de ce qui marche et de ce qui fonctionne moins bien, mais vous pourrez aussi corriger le tir : faut-il améliorer le système de prospection ? Le closing ? Les relances ? La cible ? L'offre ?

Vous vous apercevrez aussi très vite que vous devez établir une distinction entre le marché chaud composé de prospects qui vous connaissent et qui vous font confiance et le marché froid, composé de parfaits inconnus. Vous aurez forcément de meilleures statistiques sur le marché chaud. Donc, attention à ne pas faire mentir les chiffres : à quel public vous adressez-vous, en l'occurrence ?

Rappelez-vous un principe absolument fondamental dans la vente : KLT, pour Know, Like and Trust ! Connaître, Apprécier et faire Confiance : c'est seulement après avoir franchi ces trois étapes que les gens passent à l'action !

Enfin, n'oubliez pas que vos résultats changeront énormément en fonction de variables précises :

- Votre entreprise est-elle active en B To B, ou en B to C ?
- Quel est votre domaine d'activité spécifique ?
- Quel type d'offre proposez-vous ?
- À quel tarif ?
- Quel est le niveau de confiance de vos prospects (marché chaud versus marché froid) ?
- Quelle importance personnelle votre prospect accorde-t-il à votre offre ?
- À quel niveau d'urgence se situe-t-il ?

Regardez votre boussole, votre GPS, et sortez la grand-voile !

35

INTERVENANTE : SIXTINE MOULLÉ-BERTEAUX

FONDATRICE LE CRAYON ET CEO LE SURLIGNEUR

L'art de la séduction

Par où commencer, si vous avez un produit ou une prestation à vendre ? On se sent souvent un peu perdu au moment de démarrer l'aventure. Personnellement, si je devais tout recommencer de zéro aujourd'hui, voici ce que je ferais, en trois étapes précises.

Étape n° 1 : Votre atout charme, le personal branding

Je commencerais par révéler mon existence en créant un compte sur les réseaux sociaux, à savoir par exemple LinkedIn ou Instagram, en fonction de la cible que je cherche à viser : B to B ou B to C.

Par exemple, si je vendais des produits de beauté, des bijoux, des vêtements, je serais très présente sur Instagram. Mon objectif serait de créer ma communauté en postant notamment des reels, afin de créer mon image de marque, et en même temps développer une importante communauté au fil des jours.

Je pourrais ensuite proposer mes produits à une audience qui me connaît déjà et qui m'apprécie.

A contrario, si mon produit ou ma prestation était orientée B to B, je créerais alors un profil professionnel sur LinkedIn. Je commencerais à le développer en écrivant des posts sur ma thématique idéalement, cinq fois par semaine !

L'objectif serait donc de créer une audience. Le minimum, c'est à mon sens 10 000 abonnés sur Instagram, et 5 000 abonnés sur LinkedIn.. Ce n'est qu'à partir de là qu'il deviendra intéressant de mettre en avant mon produit.

Retenez une chose importante : une fois que vous avez créé une communauté, vous gagnez ensuite un temps fou, car cela vous évite de faire de la pure prospection sur un marché froid. Concrètement, le temps que vous allez passer à construire votre personal branding (marque personnelle) et à faire grandir votre communauté, vous l'auriez de toute façon utilisé pour faire de la prospection sur un marché froid !

Il y a un gros avantage dans le fait d'avoir une communauté : il vous sera plus facile ensuite de proposer vos produits à une audience qui vous connaît déjà, qui vous apprécie, qui sait qui vous êtes... De plus, cette communauté existe en tant que telle, et elle ne fera que croître au fil du temps, indépendamment des produits ou des services que vous proposez.

L'avantage d'avoir un bon personal branding, c'est que vos prospects sont généralement déjà convaincus que vous êtes quelqu'un qui peut leur apporter quelque chose. Ils se sont déjà rendu compte de la qualité de vos contenus.

Vous allez gagner un temps précieux !

Étape n° 2 : Le rendez-vous amoureux

La vente est un rapport de séduction. Lors d'un appel de vente, ne donnez surtout pas à votre prospect l'impression que vous avez besoin de lui. Au contraire, l'objectif serait que votre client soit lui-même demandeur de vos services.

En ce qui me concerne, j'explique toujours à mon futur client ce que je fais, puis il m'explique à son tour ce qu'il fait exactement. Je lui pose bien sûr des questions, en essayant de comprendre ses besoins réels. Je veux vraiment savoir si je peux réellement l'aider et répondre à ses attentes.

Je lui pose des questions un peu comme un psy le ferait, en fait...

Comme lors d'un rendez-vous amoureux, il ne faut surtout pas insister lourdement : parce que si votre client signe sous la pression, le rapport qui s'ensuit ne se construit pas sur des bases solides.

Donc, montrez à votre prospect que vous n'êtes pas trop collant, mais que vous avez compris quels sont ses besoins exacts. Demandez-lui par exemple : « Comment puis-je vous aider ? » N'oubliez pas que la vente, c'est avant tout une relation humaine !

Grâce au personal branding que vous aurez créé, vous n'aurez pas besoin d'essayer de convaincre à tout prix votre futur client, et de tenter de le persuader que vous êtes quelqu'un d'extraordinaire... Lors d'un *call*, vous entrez alors tout de suite dans le relationnel.

L'idéal, l'objectif ultime, c'est quand, à la fin de l'entretien, le client tente de vous convaincre que vous devriez vraiment travailler avec lui !

Étape n° 3 : La vie commune

La vente ne se termine pas une fois que vous avez signé avec votre client, loin de là. Prenez soin de cette nouvelle relation, soyez attentif... et n'essayez pas de nier les problèmes que votre client pourrait éventuellement rencontrer.

Pensez encore et toujours à une relation de couple ! D'abord, vous séduisez, puis vous posez des questions, vous êtes attentif aux besoins et aux préoccupations de votre partenaire, vous essayez de mieux le connaître... Ensuite, il s'agit d'entretenir cette relation, et le meilleur moyen de le faire, c'est bien sûr comme dans un couple : la communication !

Envoyez un message ne prend pas beaucoup de temps : juste cinq petites minutes, tout au plus. Alors, prenez soin de votre client : il sera satisfait de vos services, il vous recommandera à d'autres personnes, et il risque bien de devenir un client sur le long terme...

PARTIE VIII

LA GESTION FINANCIÈRE DE VOTRE ENTREPRISE

J'ai récemment coaché deux très jeunes entrepreneurs. Ils avaient créé leur boîte depuis environ un an et demi, et le succès avait été rapide, puisqu'ils réalisaient d'ores et déjà un chiffre d'affaires brut annuel se situant entre 150 000 et 250 000 € !

Pas mal, pour un début…

Mais, chaque fois que je parlais avec eux, je me rendais compte d'une chose étrange. Ces deux jeunes hommes – ils avaient respectivement 19 et 21 ans – paraissaient en permanence inquiets. Ils semblaient ressentir une énorme pression financière, et ne jamais savoir où ils en étaient exactement, ni s'ils gagnaient suffisamment d'argent, ni même quelles décisions ils pouvaient se permettre de prendre en termes d'engagements financiers.

Ils naviguaient visiblement à vue, comme s'ils étaient perdus dans le brouillard, malgré leur succès apparent… Pourtant, ils avaient des clients et déjà des revenus récurrents. De plus, c'était des fonceurs, ils l'avaient quand même démontré…

Qu'était-il en train de se passer ?

Il ne m'a pas fallu longtemps pour découvrir le fin mot de l'histoire. En fait, ils ne connaissaient absolument rien aux bases élémentaires de la gestion financière ! Mais alors, vraiment rien !

Ils n'avaient par exemple pas créé un tableau de P&L (*profit and loss* en anglais), c'est-à-dire de compte de pertes et profits, que l'on appelle d'ailleurs plus souvent un compte de résultat en français. Pourtant, c'est vraiment la base indispensable qui leur aurait permis de mettre en évidence l'écart entre les revenus engendrés et les dépenses effectuées, en notant avec précision tous leurs revenus, charges et dépenses sur l'année !

Malgré des débuts très prometteurs, ils ne savaient pas exactement quelles sommes rentraient, ni quand elles rentraient, ni même quelle était la partie prédictive de leurs revenus. Ils ne connaissaient ni leurs charges fixes ni leurs charges variables, et encore moins leur marge bénéficiaire... Ils ne savaient donc même pas quelle était la différence entre leur chiffre d'affaires, certes prometteur, et leurs bénéfices : ils n'avaient aucune idée de leur marge réelle !

En résumé, ces deux jeunes entrepreneurs ne savaient pas du tout où ils en étaient. Ils voyaient bien qu'ils avaient gagné de l'argent, mais c'est tout... Cette situation n'est pas viable à terme !

Vous êtes peut-être surpris en lisant ces lignes. Mais dites-vous bien que cet exemple étonnant n'a rien d'un cas exceptionnel : il s'agit de la réalité vécue par un certain nombre de Nouveaux Entrepreneurs, tout frais émoulus de leurs études, sans véritable expérience de la vie. Ils savent utiliser à merveille les outils du Nouveau Monde, les réseaux sociaux et le reste, mais ils n'ont pas les connaissances de base en matière de gestion d'entreprise. Et généralement, ce ne sont pas des choses que l'on apprend à l'école.

Les anciens codes sont aujourd'hui cassés et dépassés. Avec cette conséquence inédite : bon nombre d'entrepreneurs du Nouveau Monde sont encore très jeunes, et ils n'ont véritablement aucune formation en termes de gestion financière. Ils sont ambitieux, fonceurs, et c'est très bien ! Mais ils ont néanmoins de très sérieuses lacunes : c'est une situation inconfortable et dangereuse.

Dans ce chapitre, nous allons donc parler d'argent, et plus spécifiquement de la gestion financière de votre entreprise. Pour une raison simple : c'est absolument essentiel ! Comme nous allons le voir, réaliser un bon chiffre d'affaires est une bonne chose, mais ce n'est pas forcément corrélé au fait de faire rentrer du cash sur votre compte en banque.

Or, le cash, c'est ce qui fait vivre une entreprise, c'est son oxygène !

36

L'ARGENT : LE GRAND TABOU !

Avant d'entrer dans les notions qu'il vous faut connaître, j'ai très envie de vous parler d'argent, l'un des plus grands tabous de notre société.

Parler d'argent, c'est en effet très mal vu, et cela déchaîne souvent les passions. Les réactions varient en fonction des individus : de la gêne parfois, un sourire crispé, ou encore un repliement sur soi, en attendant que l'on change enfin de sujet… Mais ce thème peut aussi provoquer de l'envie, de la colère, et même, bien sûr, de l'admiration !

Tout dépend des gens, en fait.

Mais il y a une constante, notamment dans les pays francophones : on trouve assez peu de franchise et de véritable détachement, en fin de compte, par rapport à l'argent. Parler « cash » du cash, ça coince, ça fait grincer des dents… Même parler de sexe paraît cool et relaxant, comparativement ! C'est dire l'épaisseur du blocage…

Si l'on veut comprendre ce phénomène, je pense qu'il est impératif de distinguer deux cercles inévitablement interconnectés entre eux.

Le premier cercle, c'est la vision de l'argent qui imprègne l'imaginaire collectif de notre société. Le deuxième cercle, c'est la perception individuelle que l'on a de l'argent. Bien souvent, la société, l'éducation, les médias (le premier cercle) influencent notre perception personnelle des choses (le second cercle).

Un conseil : ne vous laissez pas avoir par le premier cercle ! Tous les grands enjeux sociopolitiques gravitent autour de l'argent, et notamment autour du pouvoir d'achat. C'est normal. Mais j'estime que notre société a néanmoins un rapport très ambigu, vicié et, disons-le, pathologique vis-à-vis de l'argent !

Pourquoi ?

Parce que l'argent est à la fois une incroyable et permanente source de rancœur et de frustration, d'énervement (il n'y a qu'à voir les manifestations de masse en France par exemple, qui ont toujours comme moteur l'argent !) et, dans le même temps, c'est une force dotée d'un terrible pouvoir d'attraction, qui suscite le désir, et qui provoque aussi admiration et pouvoir. C'est un rapport un peu schizophrénique, finalement...

Bon nombre d'entre nous ont été éduqués avec l'idée qu'avoir beaucoup d'argent, c'était un peu louche... Que les riches étaient tous des salauds, qui exploitaient les braves employés, eux-mêmes pétris de gentillesse et profondément humains...

Vraiment, la vie ce serait aussi simple que ça ? Vous y croyez ?

« Notre société a un gros problème avec l'argent. Dans un pays comme la France, c'est même schizophrénique ! »

À mon avis, cette vision manichéenne du monde est parfaitement grotesque. Du coup, on en veut aux millionnaires – les méchants capitalistes ! Mais, simultanément, l'argent est aussi un vecteur important du statut social d'un individu, qu'on le veuille ou non. On a tendance à juger les gens, à leur donner une importance, en fonction de leur métier, mais surtout de leurs revenus !

On accorde une forme de prestige aux gens qui gagnent vraiment beaucoup d'argent. C'est souvent un mélange d'émotions contradictoires d'ailleurs, un étrange sentiment mêlé d'admiration, d'envie, de soumission et de jalousie...

Tout cela est paradoxal mais en dit long ! C'est très significatif de ce sulfureux rapport d'« amour haine » que la plupart des gens entretiennent avec l'argent. Ils disent le mépriser, mais ils se crêpent joyeusement le chignon pour quelques milliers d'euros lors d'un héritage ! Et n'oublions pas non plus qu'à l'échelon individuel des ménages, l'argent est le principal sujet de conflit, la principale cause de frustration de la plupart des gens dans la vie active...

Donc, vous l'avez compris : je considère que notre société a un rapport névrotique à l'argent. Mais au fait, pourquoi est-ce que j'ai choisi de commencer ce chapitre par ce préambule? Juste pour me défouler? Pas seulement.

Le mindset du Nouvel Entrepreneur

En fait, c'est pour une raison essentielle : le Nouvel Entrepreneur doit absolument avoir un Nouveau Mindset par rapport à l'argent. Il lui faut se débarrasser définitivement du Grand Tabou! Il ne doit plus se mettre de barrière ni de freins psychologiques hérités de son éducation ou de la société, mais tout au contraire, s'en libérer!

Quels que soient vos objectifs financiers (tous sont respectables!), vous devez briser vos chaînes mentales. Vous devez comprendre et intégrer dans votre ADN que l'argent est une énergie, une conséquence de la valeur que l'on apporte, d'une manière ou d'une autre. C'est une force vitale, un carburant, mais c'est aussi un simple outil. Il ne faut ni le dévaloriser et le mépriser, ni même s'en méfier par principe! Parce que, comme tous les outils, tout dépend de ce que l'on en fait, et de qui l'a en main.

J'ai souvent vu des entrepreneurs qui n'osaient pas valoriser leur temps ou leur service au juste prix, malgré leurs compétences et la qualité de leur prestation ou de leur produit. Alors que d'autres, parfois moins bons ou sinon pas meilleurs qu'eux, facturaient leurs services trois ou quatre fois plus cher! Pourquoi un tel écart? Qu'est-ce que cela signifie?

Je vais vous le dire. La seule variable entre les deux types d'entrepreneurs était que les premiers avaient encore de sacrés blocages mentaux, hérités de l'environnement et de la société. Ils n'avaient peut-être pas encore suffisamment confiance en eux non plus. Mais cette confiance s'acquiert avec le temps et les résultats des clients.

Donc, libérez-vous de vos chaînes mentales!

Cela étant dit (ça soulage!), comment gérer très concrètement votre entreprise? Nous allons d'abord nous pencher sur votre «pourquoi financier» personnel, tant il est vrai que nous n'avons pas tous les mêmes ambitions, loin de là ! Je pense qu'il est important d'être au clair là-dessus, bien que l'on puisse aussi évoluer au fil du temps – c'est en tout cas ce qui m'est arrivé, comme vous allez le comprendre.

Nous verrons aussi quelles sont les principales KPI, les indicateurs clés de performance, que vous devez absolument connaître. Comme vous allez le voir, pas besoin de perdre son temps à en utiliser 20 ou 30 : 5 KPI suffisent !

Nous allons également parler de fiscalité : je sais, ce n'est pas très fun, mais il est important de s'en préoccuper dès le début de l'aventure entrepreneuriale, pour éviter d'être dévoré tout cru par la suite ! Il est bien sûr très possible, voire probable, que votre entreprise change de statut juridique et fiscal au fil du temps. L'important, c'est d'être sur le coup !

37

RÉFLÉCHISSEZ À VOTRE POURQUOI FINANCIER

Avant tout, je vous invite donc à prendre le temps de réfléchir à votre « pourquoi financier » personnel. Peut-être avez-vous déjà créé votre entreprise ou sinon, stimulé par la lecture de ce livre (je l'espère !), brûlez-vous d'envie de faire vos premiers pas, vous aussi, dans le Nouveau Monde ?

Dans les deux cas, c'est une excellente initiative, et je vous félicite de prendre votre vie en main. Néanmoins, cela ne signifie pas pour autant que vous ayez tous les mêmes rêves ni les mêmes ambitions. Nous sommes tous différents, et chacun des lecteurs de ce livre a ses propres envies et ses propres désirs.

Certains d'entre vous seraient heureux à l'idée de remplacer leur salaire actuel par les revenus de leur propre entreprise, et simplement enthousiasmés à l'idée de devenir leur propre patron. D'autres aimeraient vraiment être libres géographiquement et se transformer en « digital nomads », pour visiter les quatre coins du monde, reliés à leur entreprise par une simple et magique connexion internet. Et c'est un fait : bon nombre de Nouveaux Entrepreneurs vivent ainsi.

D'autres encore aimeraient surtout pouvoir profiter de leurs proches et de leur famille, en travaillant à domicile. Ils désirent créer leurs propres horaires, sans être obligés de montrer tous les matins patte blanche à un patron soupçonneux et potentiellement grincheux.

Et d'autres encore ont l'âme des conquistadors du Nouveau Monde : ils brûlent de bâtir un véritable petit empire ! Ils espèrent ensuite le valoriser, et peut-être le revendre dans quelques années avec une jolie plus-value... Quoi qu'il en soit, les conquistadors sont fans de business, ils veulent gagner beaucoup d'argent, et très vite si possible ! Si c'est votre cas, c'est très bien aussi, bien sûr (on a pulvérisé les tabous, rappelez-vous !).

Voici mon cheminement personnel.

À l'heure où j'écris ces lignes, j'ai des participations actives dans six sociétés différentes. J'aime essentiellement partager, coacher, entreprendre : c'est une vraie passion, c'est ce qui me nourrit intérieurement aujourd'hui ! Mais quand je me suis lancé dans l'entrepreneuriat, mon seul rêve était d'être libre et indépendant. J'espérais aussi être à l'aise financièrement, bien sûr, et pouvoir vivre confortablement, mais je n'avais pas forcément l'ambition de devenir riche ni de faire des affaires comme je le fais actuellement.

À partir du moment où j'ai commencé à vraiment gagner l'argent, j'ai bien entendu apprécié le confort que cela me procurait. Il est plus agréable de manger dans un restaurant étoilé plutôt qu'au Flunch du coin, de partir en vacances aux Maldives plutôt qu'au camping municipal de Trifouilly-les-Gonesses, de vivre dans un bel appartement plutôt que dans un clapier mal insonorisé avec vue sur le périphérique...

L'argent ne rend pas heureux en soi – ce n'est pas son rôle, quelle drôle de projection humaine, d'ailleurs ! – mais il apporte une certaine qualité de vie, et il enlève bien des soucis, il serait absurde de le nier.

Mais aujourd'hui, mes attentes et mes références ont changé. Je côtoie forcément beaucoup de Nouveaux Entrepreneurs à succès, notamment à Dubaï, qui est une pépinière en matière de business, une véritable ruche dynamisante. Une partie de mon temps de travail consiste d'ailleurs à entretenir mon réseau – un effet de levier qui ne doit jamais être négligé ! En revanche, je n'ai pas de goût particulier pour le luxe tapageur.

En fait, concrètement, dès que j'ai atteint 10 000 € par mois de revenus, je considère tout le reste comme du bonus !

Une Lamborghini, vous croyez ?

Soyons francs : mes revenus me permettraient aujourd'hui de rouler en Lamborghini et de prendre l'avion systématiquement en business class, mais je ne le fais pas ! Être addict au luxe n'a pas vraiment de sens, et c'est même quelque chose d'un peu pervers... J'ai vu des entrepreneurs se perdre à ce jeu-là ! Et il n'y a pas qu'eux à qui cela peut tourner la tête, d'ailleurs : de nombreuses stars du sport, du cinéma ou de la chanson se sont brûlé les ailes en devenant les esclaves des millions qu'elles gagnaient... Bon nombre de ces stars ont fini complètement fauchées. Pour quelle raison ? Parce que ces célébrités n'avaient tout simplement aucune éducation financière : elles n'ont jamais été préparées à gagner autant d'argent, et, encore une fois, ça ne s'apprend pas à l'école !

Les exemples sont nombreux, de l'ancien champion du monde des poids lourds Mike Tyson, déclaré en faillite en 2003, à l'acteur Johnny Depp, en passant par d'anciens champions de foot... D'où l'importance primordiale d'avoir une bonne éducation financière de base ! Croyez-moi, quel que soit le niveau de son business, un entrepreneur digne de ce nom doit connaître ses fondamentaux en matière financière.

Déjà, ce n'est pas parce que l'on génère un chiffre d'affaires important que l'on gagne forcément beaucoup d'argent ! Les exemples d'entreprises qui gagnent des milliards mais en perdent autant sont légion. Uber a par exemple perdu des milliards pendant des années, et c'est également le cas d'un géant comme Airbnb durant ses premières années, et de bien d'autres entreprises plus modestes.

Pourquoi est-ce que je vous recommande de prendre le temps de réfléchir à votre pourquoi financier ?

J'estime qu'il existe une différence flagrante de tempérament et de psychologie entre, d'une part, « l'entrepreneur artisan », dont le but principal sera de vivre confortablement et agréablement des revenus de son business, en toute indépendance (par exemple le prestataire de services freelance). Et, d'autre part, « l'entrepreneur industriel », c'est-à-dire le businessman dans l'âme. Mais on peut bien sûr évoluer, comme je l'ai dit. Personnellement, je me situais plutôt dans la première catégorie quand j'ai démarré, et aujourd'hui je suis clairement passé dans la seconde...

Certains aimeraient réussir à ne pas travailler plus de 20 heures par semaine tout en profitant tranquillement de leur temps libre avec leur famille. L'avantage, c'est que ce type d'entrepreneur intègre très vite la loi de Pareto, le fameux 80/20, et concentre toute son énergie à devenir le plus efficace possible durant son temps de travail.

D'autres entrepreneurs du Nouveau Monde sont totalement passionnés et investis dans le développement de leur entreprise. Au début de ce livre, j'ai levé le voile sur mon adolescence, et notamment sur mon addiction totale aux jeux vidéo. Je suis conscient que j'ai sans doute troqué cette addiction contre celle du business, qui me passionne totalement aujourd'hui. Mes résultats et mes réussites me stimulent, tout comme à l'époque j'étais galvanisé par mes victoires dans les jeux vidéo...

Mais les références ne sont plus les mêmes : je suis convaincu de réaliser aujourd'hui quelque chose de beaucoup plus productif, pour moi comme pour les autres ! Cependant, l'adrénaline et la dopamine sont toujours là, et bien là ! J'ai en fait une personnalité de type « addict », un peu excessive. Quand quelque chose me plaît et me stimule, j'y vais à fond ! J'ai aussi conscience de posséder une capacité de travail nettement au-dessus de la moyenne. Ce n'est pas de la vantardise, mais une simple constatation, et c'est la conséquence logique de mon tempérament naturel. Mais on peut vivre très heureux sans cela...

Voilà à quoi ressemble une de mes journées de travail habituelles :

Je me lève le matin aux environs de 7 h, et vers 8 h 30 je m'installe devant mon ordinateur. Je fais une pause sport vers 11 h 30, heure à laquelle j'ai rendez-vous avec mon coach. J'enchaîne ensuite toute la journée les rendez-vous téléphoniques, les visioconférences ou les rendez-vous physiques, sans temps mort, avec un planning millimétré deux semaines à l'avance. Et je ne vois pas le temps passer... D'ailleurs, il m'arrive souvent de travailler jusqu'à 23 heures !

De temps en temps, je vais faire du paddle en soirée avec des amis entrepreneurs (ce qui me permet, soit dit en passant, de réseauter – ou comment joindre l'utile à l'agréable version Alec Henry).

Je voyage assez régulièrement pour mon business, mais j'essaie alors de regrouper au maximum les déplacements. Par exemple, je peux très bien, en une semaine, me rendre à une réunion à Paris, puis à un rendez-vous à Nice, avant d'enchaîner par Genève, Bordeaux ou une autre ville, si mon programme l'exige.

Mon mode de vie n'est en aucun cas une contrainte, bien au contraire. En revanche, je vais être franc : certaines personnes de mon entourage me disent franchement qu'elles ne voudraient pas de ma vie, même pour tout l'or du monde ! Cela me fait sourire, bien sûr, et en fait je comprends leur point de vue. Mais j'adore ce rythme ! J'adore voyager, aller d'un rendez-vous à l'autre, surfer d'un projet à l'autre, et rencontrer d'autres entrepreneurs ambitieux et créatifs. C'est hyper stimulant pour moi, c'est ce qui donne du sel à mes journées !

En fin de compte, voici ce que l'on peut en conclure : l'important – comme dans toutes choses de la vie – c'est avant tout de bien se connaître. De savoir ce qui est réellement bon pour soi. C'est vraiment capital, mais pas forcément évident. Par exemple, si un entrepreneur de type artisan veut se transformer malgré lui – juste pour faire comme les autres – en entrepreneur businessman, il risque bien d'exploser en vol ! Et ce n'est pas ce qu'on lui souhaite, bien sûr...

« Connais-toi toi-même », disait déjà Socrate...

38

LES BASES DE LA GESTION FINANCIÈRE

Passons maintenant aux données que vous devrez apprendre très vite à maîtriser, dès le lancement de votre business.

Un KPI, c'est un indicateur clé de performance. Il y en a de nombreux. Grâce aux KPI, l'entrepreneur dispose de données précises qui lui permettent d'apprécier la situation réelle de son entreprise. Son état de santé à l'instant T, en quelque sorte ! Il peut aussi avoir une vision sur son évolution au fil du temps.

Si vous ne choisissez pas vos KPI, vous risquez de vous trouver dans la situation des deux jeunes entrepreneurs dont je vous parlais au début de ce chapitre : c'est-à-dire dans le flou total ! Notez que les indicateurs ne sont pas toujours les mêmes pour tout le monde et dans tous les cas de figure : ils varieront en fonction de vos priorités. Vous devez donc sélectionner uniquement les KPI pertinents qui vous sont utiles dans le cadre de votre activité spécifique.

Concrètement, je vous recommande de sélectionner 5 KPI importants pour votre business, et de vous concentrer sur ceux-là.

Les principaux indicateurs à connaître

- **Le chiffre d'affaires brut :**

C'est simple, et en général les gens n'ont pas trop de problèmes avec ça : le CA brut, c'est bien sûr la somme des ventes de biens et services que vous réalisez, sur une durée donnée.

Connaître son chiffre d'affaires brut est capital : il permet de savoir où on en est exactement en termes de vente. Donc, c'est utile, mais ça ne suffit pas : trop de gens confondent chiffre d'affaires et bénéfice net ! Mais ce sont deux choses distinctes : si par exemple votre CA brut annuel est de 100 000 €, mais que pour l'obtenir vous devez investir 30 000 € dans la pub, et qu'en plus votre marge bénéficiaire sur la vente de votre produit est de 30 %, cela revient à dire que votre bénéfice annuel se monte à... 0 € !

Le calcul du CA est le suivant : chiffre d'affaires = prix de vente × quantité vendue (il s'agit du nombre d'unités vendues de votre produit ou service multiplié par le prix de chaque unité vendue).

- **La marge brute :**

La marge brute correspond à la différence (HT) entre le prix de vente et le coût de revient d'un bien ou d'un service vendu (le coût directement lié à la réalisation d'un produit ou d'une prestation). C'est ce que va vous rapporter votre activité, mais sans prendre en compte l'ensemble des charges ni l'imposition. Dans l'exemple précédent, la marge est de 30 %, ce qui signifie que sur un produit vendu 100 €, vous gagnez concrètement 30 €.

Si vous êtes consultant freelance, prestataire de services ou apporteur d'affaires, vous obtenez votre marge brute en déduisant du prix de vente facturé les coûts que vous avez eus pour réaliser votre prestation. Par exemple, il peut s'agir des dépenses de sous-traitance : un consultant en communication qui travaille avec un graphiste indépendant pour la réalisation d'un mandat devra déduire le coût de cette sous-traitance pour obtenir sa marge.

Calcul de la marge brute : vente de marchandises ou services (HT) - coût d'achat de marchandises ou coût lié à la réalisation de la prestation.

- **Le taux de marge brute :**

Souvent, on se réfère au taux de marge brute.

Calcul du taux de marge brute : marge brute/prix de vente (HT) ×100.

Dans l'exemple précédent (30/100) × 100 = 30 %.

- **La marge nette :**

Elle représente, quant à elle, ce qui reste de la marge brute une fois l'ensemble des charges et des impôts déduits.

Par exemple, dans le cas d'une activité de consultant freelance, vous devrez déduire votre imposition, bien sûr, mais également vos frais de déplacement, vos frais de repas, le prix des outils et des logiciels nécessaires à votre activité, ou encore le coût de vos assurances professionnelles. Il s'agit donc de tous les frais qui sont liés de près ou de loin à votre activité.

- **Les frais généraux :**

Ce sont les coûts que vous pouvez avoir, mais qui ne sont pas directement rattachés au produit précis que vous avez vendu. Ils peuvent être fixes ou variables. Par exemple, si vous avez des locaux, ce sont des frais fixes. Si vous déléguez certaines tâches précises à un moment donné à un prestataire, ce sont des frais variables.

- **La Lifetime Value (LTV) :**

La durée de vie client permet de savoir combien vos clients rapportent à long terme. Par exemple, un client récurrent et fidèle peut acheter plusieurs produits chaque année chez vous.

- **Le coût d'acquisition client (CAC) :**

C'est le prix dépensé pour acquérir un nouveau client. Il est utile de le connaître, par exemple, si vous faites de nombreuses campagnes publicitaires sur les réseaux sociaux.

- **Le nombre de clients :**

Je pense que cet indicateur est assez évident. Cela dit, le nombre ne fait pas tout ! Si vous proposez des prestations ou un produit « high ticket », vous n'aurez pas besoin du même nombre de clients pour être rentable que si vous proposez des produits bon marché.

- **Le retour sur investissement (ROI) :**

C'est un ratio qui permet de mesurer ce que va vous rapporter un investissement initial, par exemple dans une campagne de pub. Il peut être positif, neutre ou négatif. La formule est : (gains - coûts de l'investissement)/coûts de l'investissement. Exemple : si vous investissez 10 000 € dans de la pub, et qu'elle vous rapporte 15 000 €, votre ROI est 50%. Soit : (15 000 € - 10 000 €)/10 000 € = 50%.

- **Le panier moyen :**

C'est le montant dépensé en moyenne par vos clients.

- **La satisfaction client :**

C'est l'un des KPI à ne pas sous-estimer ! Nous avons choisi de le privilégier dès le début avec Entrepreneurs.com ! Et on ne l'a jamais regretté...

- **L'EBITDA (earnings before interest, tax depreciation and amortization), que l'on traduit souvent en français sous le sigle BAIIA :**

Bénéfice avant intérêts, impôts et amortissements, c'est l'un des principaux indicateurs à regarder le jour où vous valoriserez votre société pour la revendre à un investisseur, ou faire rentrer quelqu'un au capital. Il mesure la profitabilité de votre business.

Son nom est assez explicite, puisque cet indicateur met en évidence le profit généré par l'activité indépendamment de sa politique de financement (charges d'intérêts), de sa politique d'investissement (amortissements) et de ses contraintes fiscales.

Comme nous l'avons vu précédemment, réaliser un important chiffre d'affaires n'est pas suffisant si le business n'est pas rentable. Par exemple, WeWork (société qui loue des espaces de coworking dans les grandes villes) a généré au premier semestre 2019 un CA de 1,5 milliard, pour... - 1,4 milliard de pertes d'exploitation !

L'EBITDA permet donc de mesurer le niveau de rentabilité du processus d'exploitation d'une entreprise : son objectif est d'identifier la création de richesse produite par une entreprise, dans le but de la comparer avec les autres entreprises du même secteur d'activité.

- **Le compte de résultat :**

Il donne une image de la performance réelle de l'entreprise.

Un résultat d'exploitation positif est un bénéfice (chiffre d'affaires > charges) : le modèle économique de l'entreprise est donc rentable.

Un résultat d'exploitation négatif est une perte (chiffre d'affaires < charges) : le modèle économique de l'entreprise n'est donc pas rentable, du moins pour l'instant.

Les quatre types de cash

Je vous recommande de bien saisir la différence entre les quatre types de cash qui gravitent en permanence dans l'écosystème d'une entreprise.

• **Le cash généré :**
Il s'agit de la valeur contractuelle totale de tous les accords que vous avez passés avec vos clients. Par exemple, si vous avez conclu un contrat portant sur un montant de 10 000 €, le cash potentiellement généré est de 10 000 €. Logique.

• **Le cash collecté :**
Il s'agit de l'argent que vous avez concrètement collecté de vos clients. Par exemple, sur le contrat précédent de 10 000 €, vous avez peut-être déjà reçu concrètement 3000 €.

• **Le cash à collecter (ou encours de trésorerie) :**
Il s'agit de la différence entre le cash généré (donc potentiel) et le cash réellement collecté. En reprenant l'exemple précédent, le cash généré est de 10 000 €, le cash collecté sur ce montant est de 3000 €, et par conséquent le cash à collecter (ou encours de trésorerie) est donc de 7000 €.

• **Les créances clients :**
Il s'agit des sommes dues contractuellement par vos clients pour vos produits ou votre prestation. Gardez toujours à l'esprit que l'argent qui n'est pas encore arrivé sur votre compte en banque n'est pas à votre disposition ! Donc, soyez prudent quant à d'éventuelles dépenses que vous pourriez engager.
Malheureusement, pour diverses raisons, certains clients ne nous paient jamais. Ou alors, ils ne nous paient que partiellement, sans jamais pouvoir honorer la totalité de la somme due.
Pour engager des dépenses destinées à développer votre entreprise, comptez avant tout sur le cash collecté.

Pensez à votre fiscalité !

Dès le début de la création de votre entreprise, je vous recommande de vous pencher sur l'aspect juridique et fiscal. Concrètement, tout dépendra bien sûr de l'envergure de la société que vous souhaitez lancer. Je sais très bien que, quand on a des projets plein la tête, qu'on fourmille d'idées et que l'on est impatient de se lancer, les questions concernant le statut juridique de l'entreprise (et tous les problèmes administratifs de ce genre) nous passent un peu au-dessus de la tête… Mais j'insiste : vous devez vous pencher dessus dès le départ de l'aventure !

Vous êtes un Nouvel Entrepreneur. Certains vous qualifieraient sans doute d'aventurier (et il est vrai, finalement, que l'entrepreneuriat est la véritable aventure moderne). Peut-être êtes-vous un aventurier moderne, mais vous n'êtes pas un irresponsable ! L'alpiniste qui se prépare à gravir une montagne vérifie son matériel et laisse le moins d'éléments possible au hasard. Pour vous, c'est exactement la même chose !

En France, comme dans de nombreux autres pays à travers le monde, les entrepreneurs les mieux lotis, fiscalement parlant, sont soit les plus modestes d'entre eux (par exemple les micro-entrepreneurs), soit les plus riches ! On retrouve exactement le même schéma que pour les salariés : les classes moyennes sont toujours concrètement les plus imposées. Comme c'est bizarre…

Si, au début, vous générez un chiffre d'affaires annuel relativement modeste (dont le montant maximum variera selon le type d'activité que vous exercez), le statut juridique le plus avantageux, en France, est celui de la micro-entreprise. Attention toutefois : ce régime fiscal est valable à trois conditions essentielles :

- Premièrement, il faut que votre chiffre d'affaires brut annuel soit relativement modeste. En 2023 : 77 700 € pour les prestations de service, et 188 700 € pour la vente de marchandises et denrées, ou de prestations d'hébergement (chiffre d'affaires annuel hors taxes).
- Deuxièmement, c'est un statut intéressant à partir du moment où vous n'avez pas d'employés et que vos charges de fonctionnement sont faibles.
- Troisièmement, il ne faut pas que vous soyez associé ni actionnaire d'un projet spécifique.

En revanche, si vous démarrez gentiment dans votre coin, la création d'une micro-entreprise est très facile et rapide à mettre en place, en quelques clics de souris. Par exemple, sur le site de l'Urssaf :

https://www.autoentrepreneur.urssaf.fr/portail/accueil/une-question/toutes-les-fiches-pratiques/creer-mon-auto-entreprise-1.html

Si vous souhaitez créer votre société avec un ou plusieurs associés, ou si vous estimez avoir certaines charges (locaux, employés, fournisseurs...), alors vous devrez sans doute choisir une autre forme juridique (SARL, SAS, etc.). Quoi qu'il en soit, je vous encourage vivement à prendre le temps de vous pencher sur les différents statuts potentiels propres au pays dans lequel vous vivez. À partir du moment où votre société génère au moins 100 000 € de chiffre d'affaires annuel, vous devrez alors absolument avoir recours à un expert-comptable compétent, qui vous évitera de vous faire dévorer tout cru par l'administration fiscale !

Et croyez-moi, cela peut faire une énorme différence en termes de revenus nets ! La création d'une holding, notamment, changera réellement la donne en votre faveur. Et retenez bien que l'optimisation fiscale est tout à fait légale : ce qui est illégal, c'est de cacher sciemment des choses à l'administration fiscale, mais pas d'essayer d'optimiser sa situation.

Je terminerai en vous donnant mon point de vue – impossible de résister à la tentation ! – sur le système fiscal français. Alors, voilà : c'est certainement le pire système au monde pour le développement de l'entrepreneuriat, tellement il est... oppressif, répressif et décourageant, dès lors que vous avez quelque ambition. Il ne faut d'ailleurs pas s'étonner si un si grand nombre d'entrepreneurs (qui, je le rappelle, sont une immense source de création de valeur et d'emplois dans la société) préfèrent partir travailler sous des cieux plus cléments !

Voilà, c'est dit.

Combien vaut votre temps ?

Je vous engage à vous remémorer en permanence que le temps, c'est de l'argent ! Votre temps personnel a une valeur réelle. Afin de rentabiliser au mieux votre entreprise, vous devrez bien sûr connaître vos forces et vos faiblesses, et ne pas oublier un élément essentiel : la notion de création de valeur ! Où, dans quel domaine spécifique, apportez-vous réellement de la valeur ajoutée ?

Si le coût d'un service que vous hésitez à utiliser pour vous faciliter la vie est inférieur à ce que vous gagnez grâce à vos tâches de prédilection, vous avez tout intérêt à déléguer.

Je vous donne un exemple concret :

Imaginons que vous facturiez 150 €/l'heure de coaching et que, dans le cadre de votre travail, vous devez aussi réaliser des vidéos YouTube pour vous faire connaître et fidéliser votre audience. Disons que la délégation du montage d'une vidéo revient à 50 €, et que vous estimez ce tarif a priori trop cher. OK, mais si vous avez besoin de trois heures de travail pour effectuer vous-même ce montage, cela signifie concrètement que renoncer à la délégation dans ce cas précis vous coûte 450 €, du moins si votre agenda est complet. Vous avez le choix, mais le mien sera vite fait !

Pensez également à la notion de temps. Combien de temps vous faudra-t-il pour acquérir une nouvelle compétence ? Et combien de temps vous faudra-t-il pour atteindre le niveau d'un expert qui vous propose ses services spécifiques ?

C'est pour ces deux raisons – création de valeur et notion de temps – que je vous invite toujours, à partir d'un certain stade du développement de votre entreprise, à vous poser les bonnes questions. Concentrez-vous, comme je le fais aujourd'hui, sur vos domaines d'excellence, et déléguez tout ce qui vous fait perdre du temps, tout ce qui sera sans doute moins bien fait, et donc tout ce qui fera diminuer la rentabilité de votre business !

Nous allons préciser tout cela dans le prochain chapitre.

Bien. Grâce à ces conseils et à votre engagement personnel, votre entreprise a décollé et vous commencez à gagner régulièrement de l'argent : je vous félicite, vous l'avez mérité !

Mais maintenant, comment passer à un niveau supérieur ? Comment développer votre business dans le but de ne plus corréler votre temps à de l'argent ? C'est ce que l'on va voir maintenant.

EXERCICE

<u>EXERCICE 1 :</u>

Identifiez trois croyances limitantes que vous avez sur l'argent et réfléchissez à la façon dont elles pourraient affecter votre réussite en tant qu'entrepreneur.

Croyance 1 :

....

Quel est l'impact sur votre réussite ?

....

....

....

Croyance 2 :

....

Quel est l'impact sur votre réussite ?

....

....

....

Croyance 3 :

....

Quel est l'impact sur votre réussite ?

....

....

....

ENGAGEMENT :

Selon vous, qu'est-ce que vous devez faire pour changer ces croyances limitantes au sujet de l'argent ?

....

....

....

....

....

....

....

....

....

CHALLENGE :

Travaillez sur l'une de vos croyances limitantes en pratiquant l'affirmation positive et en recherchant des preuves contraires à cette croyance.

~

Aidez les autres ! Partagez ces croyances à travers un format vidéo short pour permettre à un maximum de personnes de changer leur mentalité par rapport à l'argent. N'oubliez pas de me taguer pour que je puisse voir et partager vos contenus !

EXERCICE 2 :

Rédigez un paragraphe décrivant votre "pourquoi financier" en expliquant ce qui vous motive à entreprendre et à gagner de l'argent.

CHALLENGE :

Fixez-vous un objectif financier à atteindre dans les 12 prochains mois et élaborez un plan d'action pour y parvenir.

Objectif financier à atteindre : ....

Plan d'action pour y parvenir :

....

....

....

....

....

....

....

....

....

39

INTERVENANT : SIMON DARAGON

DOCTEUR EN DROIT FISCAL, MAÎTRE DE CONFÉRENCES À L'UNIVERSITÉ, CHEF D'ENTREPRISE ET FONDATEUR DARAGON CONSEIL

Conseils aux Nouveaux Entrepreneurs

Je vais commencer par donner quelques conseils qui me semblent particulièrement importants, et qui s'adressent plus spécifiquement aux Nouveaux Entrepreneurs. Dans un deuxième temps, nous verrons ensemble comment structurer et sécuriser votre entreprise.

Donc, vous démarrez votre aventure entrepreneuriale en utilisant les outils digitaux :

1. Adressez-vous à un spécialiste qui connaît déjà bien le monde très spécifique des entrepreneurs du digital : YouTubeurs, influenceurs, etc Car il s'agit d'un domaine qui a ses spécificités.
2. Adressez-vous à un jeune expert-comptable ! Il n'y a aucune volonté de ségrégation par l'âge dans ma remarque, mais plutôt du simple bon sens : il est important que votre futur partenaire fiscaliste connaisse déjà le monde digital, qu'il ait l'habitude du fonctionnement de cet écosystème, qu'il soit relativement à l'aise avec ces outils. Par exemple, la première fois que vous lui parlerez d'un compte Stripe, ce serait bien qu'il n'ouvre pas de grands yeux éberlués !
3. Si vous êtes résident fiscal français, n'oubliez pas que vous avez l'obligation de déclarer tout ce que vous faites lier à l'étranger : par

exemple, vous êtes tenu de déclarer vos comptes bancaires à l'étranger, mais aussi tout ce qui touche aux comptes d'actifs numériques (cryptomonnaies).
4. Si vous êtes résident fiscal français, n'oubliez pas non plus que l'argent gagné et versé sur un compte à l'étranger fait partie de vos revenus en France. Le fait de recevoir de l'argent sur des comptes étrangers n'a pas d'incidence sur la fiscalité.
5. Enfin, votre nationalité n'aura non plus jamais aucune incidence sur votre fiscalité. Que vous soyez Français, Suisse, Italien ou Portugais, ce qui compte réellement, c'est votre lieu de résidence fiscale (sauf dans certains cas très spécifiques, comme Monaco ou les É.-U.

D'autre part, et d'une manière plus générale, il y a plusieurs notions importantes à prendre en compte quand on parle de fiscalité.

Première notion : anticipez la structuration de votre business

Quand vous lancez un business, quand vous développez des activités entrepreneuriales, vous prenez forcément un risque. Il est extrêmement important d'anticiper la structuration globale de votre business, et de vos futures entreprises. Sinon, cela va tôt ou tard vous coûter beaucoup plus cher...

Prenons un exemple concret. Si je décide de lancer un business et de créer une SARL ou une SAS, dès que mon activité commencera à vraiment bien fonctionner, le plus intelligent sera d'imaginer très vite la création d'une société holding.

Pourquoi ? Parce que cela me permettra d'optimiser ensuite l'ensemble de mes activités, et d'éviter d'avoir des coûts comptables et fiscaux importants, directement liés au rajout tardif d'une société holding.

Je vais vous donner des chiffres concrets et parlants.

Si je crée une première société avec un capital de 1 000 € et que, le succès venant, je décide de créer une holding dans la structuration globale de mon business, mais que j'agis assez vite, en amont, la valeur de ma société initiale sera toujours de 1 000 €, car il n'y a pas encore eu de bilan, et qu'elle n'a pas encore été vraiment valorisée.

Je serai donc soumis à une fiscalité beaucoup moins vorace, puisque je ne paierai sans doute pas d'impôts.

En revanche, si j'attends trois ou quatre ans avant de me décider, une fois que ma société principale aura vraiment pris de la valeur, mon temps de réaction long sera pénalisé par une fiscalité assez lourde (par exemple 30 % !)

Sur un chiffre d'affaires de 1 million d'euros, je vous laisse calculer le montant total : en gros, vous avez travaillé trois mois pour les impôts ! Donc, c'est le premier point fondamental : il faut se structurer correctement, et il faut se faire accompagner le plus tôt possible.

Maintenant, à quel moment créer une société holding ?

Il faut procéder par étapes. Par exemple, commencez par créer une SARL ou une SAS. Puis, dès que votre entreprise générera suffisamment de cash flow que vous pourriez investir dans votre business, dans une autre affaire ou dans l'immobilier, alors c'est sans doute le bon moment pour créer votre société holding !

En fait, dès que votre société est stable, génératrice de revenus.

Deuxième notion : visez la sécurisation !

La deuxième notion capitale dont il faut tenir compte, c'est la sécurité ! Dites-vous bien : « En tant qu'entrepreneur, je me dois de sécuriser tout ce que je fais, à travers des décisions juridiques et comptables cohérentes. Sinon, le jour où j'ai un contrôle fiscal, je vais perdre beaucoup de temps et d'argent ! Et gagner des cheveux blancs... ».

L'objectif est donc la sécurisation de toutes vos décisions managériales concernant les domaines que, en tant qu'entrepreneur, vous ne maîtrisez généralement pas. C'est le rôle du fiscaliste expert-comptable : ce professionnel vous conseillera dans vos prises de décision.

Comme je le dis souvent, il faut trouver le juste équilibre : optimiser sa situation pour pouvoir dormir tranquille...

40

INTERVENANT : NICOLAS MARKOWICZ

FONDATEUR ET CEO LGM IMMOBILIER

Notez tout, calculez tout… et performez !

Personnellement, je n'ai fait aucune levée de fonds pour démarrer : aucune banque ne m'a suivi dans l'aventure pour me procurer un peu de trésorerie. J'ai d'ailleurs assez vite cessé mes démarches, car j'ai rapidement compris que cela ne m'apporterait pas grand-chose, en fin de compte.

J'ai donc créé mon entreprise avec mes fonds propres. C'est un élément très important à prendre en compte, parce qu'il interfère dans l'approche stratégique en matière financière. C'est normal : quand on met en jeu l'argent que l'on a économisé après des années de dur labeur, on analyse les risques financiers différemment.

En fait, cela freine énormément : on est forcément plus prudent !

Concrètement, en ce qui me concerne, j'étais dos au mur. Je n'avais pas de plan B : ma seule issue, mon seul et unique objectif, c'était la réussite !

Vous devez comprendre que la gestion financière de votre entreprise, c'est quelque chose d'extrêmement important. Et à dire vrai, je m'en suis aperçu au fil du temps…

Aujourd'hui, je sais parfaitement où je vais. J'ai une vision extrêmement précise de tout ce qui a trait aux finances de mon entreprise. Qu'il s'agisse de la masse salariale, des coûts liés à son développement, ou de quoi que ce soit d'autre : tout est extrêmement détaillé, documenté, parce que j'ai compris l'importance d'avoir une visibilité parfaite et un contrôle absolu, à l'instant T !

J'ai donc une vue d'ensemble précise de tous les coûts, sans exception, et de toutes les rentrées d'argent. Je peux ainsi avancer de manière très méthodique. Mais surtout, je peux anticiper et planifier le développement de mon entreprise par étapes précises.

Je fais aussi attention à toutes les dépenses. Prenons l'exemple de la masse salariale. J'ai eu besoin d'embaucher des collaborateurs à certains moments, mais toutes les personnes que j'ai engagées ont fait des efforts au début. Je leur parlais franchement, en leur mettant les cartes en main : « Si tout se passe bien, tu pourras gagner nettement plus par la suite, mais faisons un effort ensemble au début. ».

Si ces collaborateurs ont accepté de se serrer un peu la ceinture la première année, c'est parce qu'en fait, ils étaient séduits par le projet, par l'aventure que je leur proposais, par un quotidien qui en fin de compte leur correspondait. Mais ils savaient aussi qu'après un an ou un an et demi, ils pourraient gagner plus, et même peut-être encore plus que dans une autre entreprise.

Le gros avantage de connaître précisément ses chiffres, c'est aussi d'anticiper et d'être capable de s'adapter très vite, en fonction des perspectives de développement de mon domaine d'activité, ou encore des aléas économiques.

Personnellement, je sais que je peux réagir très vite !

PARTIE IX

LA CROISSANCE CONTINUE DE VOTRE ENTREPRISE

Vous avez fait le plus dur, c'est-à-dire pris votre envol et commencé à engranger un revenu relativement stable. Maintenant, comment faire passer votre entreprise à un niveau supérieur ?

L'objectif va être de démultiplier votre potentiel, et ce de deux façons. D'une part, en déléguant certaines tâches spécifiques aux bonnes personnes, pour pouvoir vous concentrer sur votre cœur de métier. Et d'autre part, en faisant bon usage des outils que nous avons aujourd'hui à notre disposition : les outils du Nouveau Monde !

À partir d'un certain stade de développement, vous allez en effet pouvoir passer à la vitesse supérieure. Vous allez déléguer certaines tâches, mettre en place des process et, bénéfice ultime, séparer votre temps de l'argent généré ! C'est à cette condition que vous pourrez vraiment multiplier vos revenus, et vous sentir encore plus libre...

Réfléchissez. Si votre entreprise dépend à 100 % de votre temps personnel, elle est soumise à un énorme risque. Par exemple, si vous êtes accidenté ou si vous tombez malade, ne serait-ce que quelques mois, vous n'avez plus de revenus...

Évitons cela !

L'entrepreneur « artisan » a fait un premier pas de géant vers la liberté, et franchement c'est déjà très bien. Mais il échange encore son temps (et ses compétences) contre de l'argent, comme le fait un simple salarié. Certes, en tant qu'entrepreneur, vous avez plus de liberté, bien sûr, et souvent un plus haut niveau de satisfaction dans votre travail. Mais il n'empêche : la vraie liberté, c'est d'arriver dans un deuxième temps à décorréler temps et argent.

C'est l'objectif idéal, à terme.

Donc : comment scaler, comme on dit en marketing ? Comment utiliser un effet de levier – ou mieux : plusieurs ! – qui donnera des résultats exponentiels ?

D'emblée, je tiens à préciser une chose importante. La plupart des gens pensent que, pour arriver à décorréler temps et argent, il faut beaucoup de temps. Ça paraît logique, en théorie... On commence lentement puis, petit à petit, on développe gentiment son entreprise et on met en place un système qui nous permet d'augmenter la valeur de notre temps, de déléguer, puis enfin de diriger en supervisant.

Par exemple, j'ouvre une boutique physique et je travaille toute la journée dans mon magasin. J'engage par la suite deux ou trois employés, puis des années plus tard, si j'ai de la chance, un gérant de magasin. Et là, je commence vraiment à déléguer. J'ouvre alors une deuxième boutique, et, au bout de quelques années, je gère mes magasins sans être obligé d'y passer mes journées.

C'est un modèle réaliste, mais en fait, c'est le modèle de l'Ancien Monde !

Dans le Nouveau Monde, nous cassons les codes et nous sortons de cette vision linéaire et temporelle. Décorréler temps et argent, ce n'est plus une question de temps, c'est une question de résultats ! Bien plus que la durée, voici les vraies variables qui entrent désormais en jeu pour réaliser cette déconnexion. En fait, il s'agit avant tout :

- de capacité ;
- d'envie ;
- d'engagement ;
- de compétences ;
- de talent ;
- d'opportunité ;

- de timing.

Et quand j'écris « timing », cela ne signifie pas : « Depuis combien de temps j'ai créé cette entreprise ? »... Cela veut plutôt dire : « Est-ce que mon marché est propice, à l'instant T, pour que mon offre puisse évoluer de cette manière ? Le marché est-il mûr pour que je propose mon produit à ce prix-là, ou de cette manière spécifique ? »

C'est une chose extrêmement importante à comprendre. La plupart des gens font l'erreur de se dire : « Cela ne fait pas assez longtemps que je fais ça, donc je ne suis pas assez légitime pour augmenter mes prix maintenant ! ». Ils pensent ainsi parce qu'ils se comparent aux autres ! Mais croyez-moi : si, par exemple, vous étiez le seul acteur de votre marché et que vous n'avez personne d'autre à qui vous comparer, vous verriez forcément les choses différemment.

Vous pourriez scaler très vite, d'une manière ou d'une autre.

Donc, ne faites pas l'erreur de penser qu'il faut absolument faire quelque chose depuis longtemps pour mériter d'être payé davantage ! Comprenez juste qu'en réalité, cela dépend essentiellement des différentes variables que je viens de mentionner.

41

AUTOMATISATION ET PROCESS : COMMENT PASSER DE 100 000 € À 1 MILLION PAR AN… ET PLUS ?

Pour arriver à développer votre business et à décorréler temps et argent, vous devrez utiliser des effets de levier. Pour gagner plus d'argent dans le même temps disponible, il n'y a en fait que deux solutions : mettre en place des systèmes, ou augmenter ses prix. Ou les deux à la fois. Il n'y a pas d'autre choix.

Procédons par étapes. Et récapitulons d'abord quels sont les leviers à votre disposition dans le Nouveau Monde.

Première étape : les outils du Nouveau Monde

Vous disposez aujourd'hui de nombreux leviers pour booster le développement de votre entreprise. Certains d'entre eux existaient déjà dans l'Ancien Monde, mais beaucoup d'autres font partie de l'ADN du Nouveau Monde.

- **1er levier : les réseaux sociaux**

L'un des plus puissants et principaux leviers propres au Nouveau Monde, ce sont les réseaux sociaux, bien sûr ! Ils vous permettront de montrer votre travail, d'une manière ou d'une autre. Et de créer du trafic organique, c'est-à-dire de vous faire connaître sans publicité. Grâce aux réseaux, vous pouvez construire une communauté autour de votre thématique de prédilection, et progressivement briser le premier cercle de confiance, la fameuse confiance en vous-même !

Or, vous avez compris à quel point c'est important...

- **2e levier : les outils numériques**

Le deuxième levier est constitué des nombreux outils numériques désormais à votre disposition. Par exemple, la plateforme qui vous permettra d'envoyer des e-mails en masse à vos prospects et de les programmer de manière automatique, ou de capturer des leads (prospects) avec une page d'opt-in optimisée, de créer un tunnel de vente... Il en existe plusieurs : Clickfunnels, LearnyBox, etc. Ou encore les outils qui vous permettront de bénéficier d'un assistant virtuel, comme c'est aujourd'hui le cas grâce à l'intelligence artificielle.

De nos jours, vous allez donc pouvoir automatiser un grand nombre de tâches. Profitez-en !

C'est d'ailleurs ce qu'a très bien compris notre ami Jean-Luc.

Toujours très motivé par l'esprit d'entreprise, Jean-Luc a lu ce livre, l'esprit aux aguets. Il a établi son plan d'action pour devenir lui aussi un Nouvel Entrepreneur. Après avoir défini sa niche, précisé son avatar, créé son offre, Jean-Luc a donc commencé par proposer un coaching individuel gratuit à ses prospects, spécifiquement adapté à sa thématique. Cette approche lui a permis de comprendre leurs doutes, leurs besoins, leurs blocages aussi... Et de leur proposer un coaching payant, bien sûr !

Cette expérience lui a permis de cibler sa niche et son avatar plus précisément. Il a ainsi affiné son offre. En fait, il s'est inspiré du chapitre 5 de ce livre pour créer une véritable offre Number One.

Grâce à ses premiers résultats, et à ses premiers clients satisfaits, Jean-Luc a pu obtenir des témoignages flatteurs. Il gagne donc maintenant très correctement sa vie, ce qui est cool. Mais à ce stade, le jeune entrepreneur souhaite multiplier son chiffre d'affaires, et scaler son business pour décorréler temps et argent.

Jean-Luc a donc créé une formation en ligne incluant une heure de coaching individuel. Sa présence sur son réseau social de prédilection (levier numéro 1) lui amène régulièrement de nouveaux prospects dans sa mailing list, grâce à une page de capture automatisée (levier numéro deux). Il envoie ainsi de façon automatique sa newsletter hebdomadaire à ses prospects, afin d'apporter de la valeur, de créer de la confiance et de la fidélisation – il lui suffit de l'écrire chaque semaine et de la programmer (levier numéro deux).

Résultat : son chiffre d'affaires explose, son business se développe de manière exponentielle ! Jean-Luc a désormais plus de temps (et d'argent !) pour voyager et participer à des séminaires réunissant d'autres entrepreneurs du Nouveau Monde. Pour réseauter, bien sûr, et parce qu'il adore ces échanges passionnants.

Et on en arrive au levier numéro trois...

- **3e levier : les gens !**

Le troisième levier, ce sont les gens, tout simplement ! Il y a tout d'abord les prestataires freelances que Jean-Luc peut désormais mandater pour effectuer certaines tâches spécifiques (c'est cool : ils sont bien meilleurs que lui !). Que de temps gagné ! Et le temps, c'est de l'argent, comme le dit à juste titre le proverbe... Ainsi, il travaille avec un rédacteur-copywriter qui rédige et programme ses e-mails, et mandate un ingénieur web pour la création technique de ses pages de vente.

Parallèlement, Jean-Luc a aussi développé un réseau de partenaires d'affaires, ce qui lui permet d'avoir des connexions avec de nouveaux clients...

Le réseau, c'est un levier très classique, mais il conserve toujours une puissance inégalée ! En tant qu'entrepreneur, n'oubliez jamais que le réseau peut vous offrir des opportunités auxquelles vous n'auriez jamais eu accès tout seul, et vous permettre d'exploser votre chiffre d'affaires grâce aux recommandations de clients ravis !

Et l'un des énormes avantages du Nouveau Monde, c'est que vos prestataires, mais également vos partenaires et votre réseau, résident indifféremment aux quatre coins de la planète, ou presque ! À l'heure où j'écris ces lignes, j'ai personnellement des participations dans six sociétés, et mes prestataires, partenaires ou employés habitent un peu partout sur la planète, bien que la plupart soient francophones : ils résident en France, en Suisse, aux États-Unis, en Indonésie, à Dubaï... Peu importe, en fait : chacun fait ce qui lui plaît !

J'appelle cela la « révolution du remote » !

C'est un levier très puissant du Nouveau Monde. Grâce à internet, nous disposons d'une formidable souplesse géographique. J'habite à Dubaï, et j'organise chaque jour des séances de travail en visioconférence avec des personnes en Europe ou ailleurs ! Parfois, ce n'est qu'au cours de la conversation que je me rends compte que mon interlocuteur ne se trouve pas où je le pensais...

- **4e levier : le temps**

Le temps, c'est quelque chose d'étrange. C'est le seul levier qui a la particularité d'être absolument égal pour tout le monde. Que l'on soit riche ou pauvre, jeune ou vieux, peu importe... Aujourd'hui, les outils numériques permettent de le compresser et d'atteindre simultanément des centaines, des milliers, voire des centaines de milliers de personnes à la fois !

Dans l'Ancien Monde, il fallait des moyens et de l'argent pour arriver à un tel résultat.

- **5e levier : les compétences**

Ah, les compétences ! Honnêtement, c'est sans doute le levier que vous devriez passer le plus de temps à développer ! C'est une vraie priorité. D'une manière générale, si vous êtes un jour vraiment le meilleur dans votre domaine spécifique, vous n'aurez sans doute plus jamais de problème d'argent !

- **6e levier : l'argent**

Ne nous mentons pas : c'est bien sûr un levier puissant pour développer votre business, par exemple en faisant des campagnes publicitaires. À un certain stade, c'est un vecteur forcément intéressant.

Cependant, si vous démarrez, ne dépensez pas votre argent à tort et à travers ! La plupart des business du Nouveau Monde peuvent être enclenchés avec 500 € d'investissement, à partir du moment où vous utilisez les outils que vous avez déjà, tels que votre ordinateur et votre smartphone ! Et la publicité n'est pas toujours rentable, en plus.

Je le rappelle : le meilleur investissement que vous puissiez faire au départ, c'est en vous-même, en vos propres compétences (levier numéro 5 !).

- **Et enfin : la stratégie des géants… et la vôtre !**

Comprenez bien que la plupart des grosses entreprises utilisent souvent ces différents leviers en même temps. C'est sans doute une très bonne chose pour les gros business, mais quand vous démarrez, n'essayez surtout pas de faire la même chose !

Mon conseil est le suivant : commencez petit à petit, étape par étape. Par exemple, vous pourriez démarrer une activité de prestation de services en freelance. Puis vous créez parallèlement du contenu sur le réseau social de votre choix (rappelez-vous : celui qui correspond le mieux à votre avatar !). Ensuite, vous mandatez des prestataires afin de développer votre entreprise et de proposer une nouvelle offre. Vous automatisez des process grâce aux outils numériques, vous étoffez votre mailing list de prospects, et ainsi de suite…

C'est un exemple parmi d'autres.

À moins d'avoir des partenaires financiers solides et de vouloir absolument lancer une start-up, ne vous prenez pas la tête en faisant des plans sur la comète ! Par exemple, vous n'avez pas besoin de rédiger un business plan de 150 pages, avec des projections sur trois ou cinq ans… De toute façon, elles n'ont que très peu de chances de se réaliser comme prévu !

Personnellement, je n'ai quasiment jamais fait de business plan, ni pour Trading House Online Sàrl ni pour Entrepreneur.com. Et cela ne m'a pas empêché de développer ces entreprises. Comment ? En me fiant principalement aux réactions du marché, en m'adaptant, mais pas en établissant des projections plus ou moins fumeuses…

Certes, parfois, un business plan peut s'avérer utile, mais ce n'est sans doute pas le cas pour la plupart des business du Nouveau Monde. Ce dont vous avez besoin, une fois que vous avez suivi les différentes étapes décrites dans ce livre, c'est de savoir combien vous voulez gagner en termes de revenus nets, et de tenir à jour vos KPI.

Voici la vraie règle à suivre. Quand vous démarrez, ne cherchez pas à tout planifier et à tout prévoir, mais concentrez-vous sur un élément essentiel : le fait de générer du cash, de faire rentrer de l'argent, par exemple en créant votre produit minimum viable (MPV, « minimum product viable »). Un MVP doit être un bon produit, mais simple et rapide à mettre en place.

Enclenchez le plus rapidement possible les actions concrètes qui vous permettront d'avoir des résultats. C'est la clé !

Et n'oubliez pas qu'avoir des résultats, dans l'entrepreneuriat, c'est tout simplement trois choses essentielles : l'argent qui rentre sur votre compte en banque, le fait d'avoir des clients, et la satisfaction desdits clients !

Deuxième étape : un ninja de la gestion du temps

Une journée compte 24 heures pour nous tous. Que vous soyez riche ou pauvre, jeune ou vieux, salarié ou indépendant, c'est pareil, comme on l'a dit. Mais la grande différence, c'est que pour un entrepreneur, la gestion du temps est absolument fondamentale ! Il doit être efficient, et l'efficience, je le rappelle, c'est le fait d'obtenir le plus de résultats possible en fonction des efforts déployés, ou encore avec le minimum d'efforts.

Tout commence donc par l'organisation de vos journées de travail. Personne ne vous dira quoi faire ni quand le faire. Grisant, non ? Le problème, c'est que cette liberté, qui est très enviable sur le papier, bien sûr, peut devenir un sacré problème si vous ne maîtrisez pas la gestion de votre temps de travail d'une manière totalement autonome et performante.

Il ne s'agit pas seulement de bosser un certain nombre d'heures quotidiennes, mais de mettre au point une routine et des process qui vous permettront d'être vraiment efficace et de gagner un temps précieux. On en revient toujours au bon vieux principe de Pareto et à sa loi 80/20 : 80 % de nos résultats proviennent de 20 % de nos actions !

Je vous invite donc à vous poser très régulièrement cette question : « Quelles sont les actions qui m'apportent le plus de résultats dans mon business ? Quelles sont les actions les plus importantes et quelles sont les actions secondaires ? ». N'hésitez pas à reconsidérer les choses de ce point de vue de manière récurrente, par exemple une fois par mois. Et mettez votre énergie sur les actions concrètes qui permettront réellement à votre entreprise de se développer. Telle doit être votre priorité !

Dans le troisième chapitre, j'ai eu l'occasion de mettre en exergue quelques grands principes universels d'efficacité. Je résume maintenant quatre points qui me semblent vraiment essentiels :

- Commencez si possible votre journée de travail par la tâche la plus importante et qui nécessite le plus de concentration mentale.

- Organisez-vous en monotâches :

Cela consiste à planifier le travail en blocs spécifiques consacrés chaque fois à une tâche précise. On est beaucoup plus efficace comme ça ! Vous pouvez bloquer une demi-journée ou une journée complète sur une tâche, voire une semaine entière, tout dépend. L'idée, derrière cette stratégie, c'est tout simplement de ne pas se disperser ni jongler avec les tâches, et éviter de diluer son attention. Restez focus, travaillez par mini-blocs, et démultipliez votre efficacité. Si par exemple vous devez tourner une vidéo, profitez-en pour en tourner trois ou quatre à la fois au minimum. Vous mettrez ainsi à profit la dynamique mentale dans laquelle vous êtes entré, et vous n'aurez pas non plus besoin de réinstaller tout votre matériel à chaque nouvelle vidéo.

- Dans le même esprit, éliminez les interruptions intempestives !

N'oubliez pas la loi de Carlson, qui met en exergue l'incroyable perte d'efficacité engendrée par chaque interruption. Il faut à chaque fois se reprendre en main, se reconcentrer... Quel gâchis ! Nous avons toujours besoin d'un certain temps avant d'entrer à 100 % dans une nouvelle tâche : c'est une sorte d'échauffement intellectuel obligatoire ! C'est pour cette raison que nous devrions éviter de nous interrompre trop souvent. L'objectif est au contraire d'entrer en phases de « deep work » (travail profond en anglais), cet état de concentration où l'on est totalement immergé dans une tâche précise. En fait, nous fonctionnons comme un avion, une fusée ou même une voiture : nous avons besoin de beaucoup plus d'énergie pour démarrer que pour maintenir notre vitesse de croisière...

- Éliminez les sources de distraction potentielles.

Par exemple, coupez les notifications sur votre ordinateur et sur votre smartphone. Si vous travaillez depuis chez vous, prévenez votre entourage que vous serez occupé de telle heure à telle heure.

Troisième étape : mettez en place des procédures !

Je vous invite aussi à optimiser votre environnement de travail et à mettre en place des procédures pour simplifier les choses et gagner un temps précieux. Par exemple, si vous avez une chaîne YouTube et si vous tournez régulièrement des vidéos, notez par écrit la procédure précise qui vous permettra d'agir de manière quasi automatique, dans le bon ordre, sans même avoir à y réfléchir.

Par exemple :

1. Installation du matériel (décrivez la liste et l'ordre précis)
2. Essais à réaliser (caméra, micro, lumière)
3. Tournage de la vidéo
4. Vérifications diverses, et montage

Au fil du temps, mettre en place un système de procédures personnelles précis vous fera gagner un temps précieux. À chaque fois que vous commencerez une nouvelle tâche, vous n'aurez plus qu'à suivre la trame précise que vous avez mise en place. Cela vous évitera aussi de procrastiner, puisque vous n'avez qu'à suivre le plan établi.

Vous voulez être encore plus efficient ?

OK, alors créez un fichier sur lequel vous noterez le temps passé exactement sur une tâche précise. Cela vous permettra d'optimiser votre planification du temps en fonction de critères très mesurés, et pas seulement au fil du temps.

Je vous recommande de mettre en place une procédure personnelle pour toutes les tâches principales que vous devrez effectuer dans le cadre de votre travail. Dites-vous bien une chose : plus vos process sont automatisés, plus vous aurez de place pour laisser parler votre créativité là où elle s'avère indispensable…

42

COMMENT DÉLÉGUER AUX BONNES PERSONNES

Dans ce livre, j'ai mis en avant les avantages du Nouveau Monde, notamment en termes de barrière financière minime, de liberté géographique ou temporelle. J'ai vraiment voulu vous faire comprendre que tout est possible aujourd'hui avec de l'envie, de la détermination, des compétences et de la persévérance. Il suffit, comme on l'a vu, d'un ordinateur et d'une connexion internet.

Pourtant, créer et développer sa propre entreprise, cela ne signifie pas forcément rester tout seul dans son coin derrière son ordinateur toute sa vie. L'entrepreneur du Nouveau Monde n'est pas un ermite : il a besoin des autres, d'une manière ou d'une autre. L'Homme est un animal social.

Personnellement, je n'ai jamais été vraiment seul. J'ai créé ma première entreprise avec mon associé Amin, et je suis conscient que j'ai eu beaucoup de chance, pour trois raisons essentiellement.

Première raison : depuis le début de cette formidable aventure, Amin et moi sommes parfaitement complémentaires. Je m'occupais essentiellement de la partie visible du business : la relation clients, la vente, bref, le « front end[1] », comme on dit... J'étais un peu le VRP du business. Que ce soit dans l'agence dans un premier temps, puis dans le consulting ou les formations en ligne. Amin, de son côté, régnait sur la partie invisible du business : le marketing, la stratégie client, la gestion opérationnelle des équipes, la livraison des produits (le delivery)... Bref, le « backend », ce que l'on ne voit pas.

Cette remarquable complémentarité nous a permis de nous répartir les tâches dès le début, et de nous renvoyer la balle de manière intelligente, beaucoup plus efficacement que si j'avais été seul : cela m'a beaucoup aidé ! Je suis conscient que cela constitue une grande chance. Mais au-delà de cette parfaite complémentarité, il y a encore deux autres éléments à prendre en considération.

La deuxième raison, c'est la confiance totale que j'ai pu lui accorder dès le départ, et que je lui accorde encore. C'est aussi une chance rare. Amin est très vite devenu un ami, et plus encore, je le considère aujourd'hui comme un membre de ma famille.

La troisième raison, ce sont ses compétences ! Mon associé de la première heure possède en effet des compétences et des capacités qui, à mon sens, sont véritablement hors du commun. Je le dis en toute franchise, Amin a un sens du marketing inné, et il cumule de nombreuses autres qualités, qui nous ont aidés à développer rapidement notre écosystème entrepreneurial.

Notre duo n'est pas resté seul longtemps. Après environ un an, nous avons recruté notre premier collaborateur, avec lequel nous travaillons encore aujourd'hui. Puis, assez vite, un deuxième, puis un troisième nous ont rejoints... C'était la meilleure chose à faire pour nous développer, pour grandir et aller de l'avant !

Nous avons décidé de privilégier nos domaines d'excellence et de déléguer ce que nous maîtrisions le moins bien, ou ce qui nous prenait trop de temps.

Aujourd'hui, mes collaborateurs résident donc un peu partout dans le monde. Certains sont employés de notre société, d'autres interviennent comme prestataires de service, payés au forfait ou ponctuellement, selon les missions.

Voilà où je veux en venir : à partir d'un certain stade du développement de votre entreprise, vous devrez déléguer certaines tâches si vous voulez réellement scaler votre business. Il s'agit d'être plus efficace, plus rapide, d'étoffer votre offre, et de pouvoir réaliser plus de choses à la fois, tout simplement.

Intéressant, mais comment déléguer ? Je vous propose de suivre le processus suivant.

Phase 1 : Identifiez vos zones d'excellence… et les autres !

Votre objectif, c'est l'efficacité ! Or, votre carburant personnel, c'est votre niveau d'énergie multiplié par votre temps disponible. À partir du moment où vous sentez que vous commencez à dilapider votre énergie dans de nombreuses tâches différentes et pas toujours d'égale valeur, c'est le signe que vous avez besoin de déléguer une partie du travail.

Beaucoup de gens sont persuadés que, s'ils font tout eux-mêmes, et notamment les tâches qu'ils maîtrisent le moins bien, ils vont forcément faire des économies. Cela paraît logique en théorie, mais en réalité, d'un point de vue entrepreneurial, c'est faux ! En fait, il s'agit d'un raisonnement à court terme : c'est plutôt le point de vue d'un salarié qui pense à faire des économies de bouts de chandelle. Mais ce n'est pas un raisonnement d'entrepreneur ! Dès que votre entreprise se développera, vous devrez vous concentrer sur vos domaines d'excellence.

À un certain stade, vous allez vous éloigner de l'opérationnel et vous vous consacrerez de plus en plus à la gestion de votre entreprise. Aujourd'hui, mon agenda est toujours totalement rempli sur les deux prochaines semaines, mais je ne m'occupe plus du tout de la partie opérationnelle. Mon rôle a changé : j'ai essentiellement un rôle de gestionnaire et de superviseur. Je délègue l'opérationnel à mes collaborateurs et à mon équipe. En fait, ce changement de rôle est tout simplement la conséquence de l'évolution normale et logique de mon business.

Donc, la première chose à faire quand vous allez commencer à saturer, c'est d'établir une fiche récapitulative de toutes les tâches que vous gérez aujourd'hui, puis de déterminer celles qui mériteraient d'être déléguées, et celles qui constituent le cœur de votre talent actuel.

Quel est votre véritable domaine d'excellence ? Quelles sont les tâches que vous pourriez confier à d'autres plus rapides ou plus compétents que vous ?

Phase 2 : Recrutez les bonnes personnes

De quels types de prestataires ou collaborateurs avez-vous réellement besoin ?

Je vous recommande de détailler en amont avec précision les compétences et les qualités nécessaires à la réalisation du travail que vous souhaitez déléguer. Listez tout ce que votre futur collaborateur, ou collaboratrice, devra savoir faire. Mais n'oubliez pas de noter aussi les qualités et l'expérience éventuellement indispensables pour bien réaliser ces tâches.

Soyez très précis, car ce travail en amont va vous permettre de rédiger une fiche de poste et un cahier des charges parfaitement calibré. N'exagérez pas les compétences ni le statut du poste dans le seul but – un peu ballot ! – de donner l'impression qu'une mission est plus importante qu'elle ne l'est réellement : ce serait contre-productif, même si cette stratégie est assez souvent utilisée par les RH dans le contenu des offres d'emplois classiques. Mais nous ne naviguons pas dans les mêmes eaux : rappelez-vous que votre objectif, en tant que Nouvel Entrepreneur, c'est l'efficacité, pas l'esbroufe !

Êtes-vous prêt à former quelqu'un, ou au contraire tenez-vous à ce que cette personne soit déjà expérimentée ? Notez les avantages par rapport à la situation, et tirez-en des conclusions rapides.

Souhaitez-vous engager un collaborateur qui soit disponible dans certaines tranches horaires précises, même s'il travaille à des milliers de kilomètres, ou au contraire votre principal critère de satisfaction portera-t-il spécifiquement sur la qualité du travail effectué, et le respect des délais souhaités ?

Une fois ces éléments posés, comment recruter ?

Vous avez le choix entre différentes possibilités. Vous pouvez publier une annonce sur votre groupe Facebook privé si vous en avez un, la partager à votre mailing list, poster votre annonce sur vos réseaux sociaux... L'avantage, c'est que vous allez vous adresser à des gens qui, en théorie, vous connaissent déjà et donc savent ce que vous faites ! N'hésitez pas non plus à leur demander de partager la fiche de poste aux personnes qui pourraient être intéressées.

Concernant l'annonce proprement dite, vous avez plusieurs possibilités également. Vous pourriez par exemple tourner une petite vidéo sur un mode informel, et expliquer vos besoins spécifiques. Ou encore rédiger une page web spécifique, et demander aux candidats intéressés de répondre à un questionnaire qui leur permettra de se présenter. Ils pourront aussi répondre brièvement aux questions de votre choix. Vous pourriez même leur demander de se présenter brièvement en vidéo ? Cette procédure vous permettra de filtrer les candidats pour réaliser une première sélection.

Dans un deuxième temps, le plus efficace sera souvent de faire passer aux candidats que vous avez retenus un petit test « grandeur nature » se rapportant au travail pour lequel ils ont postulé.

Un mot encore concernant le délicat sujet de la rémunération : ne sous-payez pas vos prestataires ou collaborateurs, si vous souhaitez qu'ils s'engagent à fond et, bien sûr, qu'ils restent avec vous sur le long terme ! Cela ne signifie pas faire monter inconsidérément les enchères, mais tout simplement payer le juste prix. L'idéal, c'est une situation win-win !

Phase 3 : Bienvenue à bord !

L'onboarding, c'est le processus qui consiste à intégrer un nouvel employé, un sous-traitant, ou encore un freelance dans son entreprise, et à lui fournir les outils et les informations nécessaires pour qu'il devienne rapidement un membre productif de l'équipe. Cela n'a l'air de rien, mais en fait vous devriez vraiment vous en occuper, afin que vos nouveaux collaborateurs soient vite efficaces et se sentent intégrés, d'une manière ou d'une autre, à l'équipe. Et même si vous travaillez avec un freelance, ce n'est pas une raison pour le laisser complètement isolé dans son coin.

Je vous recommande de fournir à vos collaborateurs tous les outils nécessaires qui leur permettront de comprendre comment vous fonctionnez, et de se mettre rapidement à niveau. N'hésitez pas à organiser une visioconférence pour leur présenter, le cas échéant, les autres membres de l'équipe avec lesquels ils vont travailler : c'est toujours très apprécié !

Quand les gens se connaissent, les choses sont plus faciles : le travail à distance ne signifie pas la fin du rapport humain, quoi qu'on en dise. Le remote, c'est seulement une façon différente de travailler et une liberté nouvelle !

Si vous avez prévu d'organiser des séances de travail récurrentes, expliquez au nouvel arrivant quelle en sera la fréquence : une fois par semaine, une fois par mois ? Ou même, pourquoi pas, une fois par jour si nécessaire ?

Voici un autre élément à ne pas oublier : dans certains cas, il peut s'avérer utile de faire signer à votre collaborateur ou à votre prestataire un accord de confidentialité. Il sera ainsi tenu de respecter une certaine discrétion par rapport à son travail. Il est facile de télécharger un accord de confidentialité sur internet, sauf si votre entreprise intervient dans des affaires aux enjeux sensibles, dans ce cas-là, cet accord devrait être rédigé par un avocat.

À vous de voir, bien sûr.

Phase 4 : Process et efficacité suprême !

Quand vous travaillez avec des collaborateurs ou des prestataires, le plus efficace consiste à mettre en place des procédures précises. Ces process vont vous permettre de clarifier et simplifier le travail de vos partenaires. Cela vous semble peut-être un brin technocratique, mais ne vous inquiétez pas, vous allez comprendre !

Schématiquement, on pourrait dire que l'action de transformer les « entrées » en « sorties » se fait par une procédure. Prenons la métaphore du gâteau au chocolat :

pour créer un délicieux gâteau au chocolat, vous avez besoin d'« entrées », à savoir les ingrédients nécessaires (œufs, chocolat, farine, sucre...). La procédure, en l'occurrence, c'est la recette qui vous donnera tous les détails de fabrication du gâteau. Et la « sortie », c'est le gâteau lui-même, donc le but visé !

Quand vos collaborateurs et prestataires ont une mission à accomplir, je vous conseille donc de mettre en place des process clairs, précis, et pratiques aussi ! Expliquez les grandes étapes à suivre et à valider, détaillez où et comment insérer tel ou tel document, etc. Ces procédures vous feront gagner un temps précieux, et vous allez beaucoup simplifier le travail de vos collaborateurs.

En fait, vous pouvez créer un process rapide et précis chaque fois que vous en avez besoin : pour la rédaction d'e-mails, l'acquisition de clients ou de prospects, la facturation, la création de webinaires (conférence en ligne), etc.

Vous pouvez donner vos instructions par écrit, par exemple dans un PDF explicatif, ou un fichier Excel à remplir à chaque étape. Mais également, pourquoi pas, en tournant de rapides et courtes vidéos thématiques qui expliqueront la procédure à suivre... Dans ce cas de figure, je recommande de privilégier la réalisation de plusieurs petites vidéos de trois à cinq minutes chacune plutôt qu'une seule longue vidéo de vingt minutes, dans laquelle le prestataire finira par se perdre...

Vous pourriez même, si vous voyagez souvent, faire comme moi : j'ai rédigé un process pour faire mes valises ! J'avais en effet tendance à systématiquement oublier le chargeur de mon smartphone, et j'étais obligé d'en acheter un nouveau à chaque voyage. C'est ridicule, non ? Aujourd'hui, je ne l'oublie plus...

EXERCICE

EXERCICE :

Suite à la lecture de ce chapitre, pouvez-vous résumer ce que vous avez compris et ce que vous pensez important de mettre en place :

....

....

....

....

....

....

....

....

....

....

....

....

....

....

43

INTERVENANT : LOÏC SARRIEU

FONDATEUR ET PRÉSIDENT SARRIEU PAYSAGISTE

D'employé de ma propre entreprise à véritable entrepreneur

Pendant trop longtemps, j'ai été dans un paradigme où j'exécutais toutes les tâches au sein de mon entreprise. J'étais et je voulais être de partout à la fois : je gérais l'administratif, l'opérationnel, le service client et j'en passe... En fait, j'avais constamment la tête dans le guidon, occupé à éteindre les incendies tous azimuts, et à me précipiter de tâche en tâche en regardant ma montre.

Mais en fait, comme je le sentais intuitivement, je n'étais pas réellement productif.

On pourrait dire que j'étais l'employé de mon propre business : un employé extrêmement bien payé, certes, mais pas le patron !

Ma vie privée en prenait un coup aussi, forcément : je passais de très longues heures au travail ! Je pense que beaucoup d'entrepreneurs se reconnaîtront dans cette description.

Un autre problème, c'est que je ne prenais pas toujours les bonnes décisions, car cette situation m'empêchait d'avoir la hauteur nécessaire à une gestion intelligente de mon entreprise.

Le déclic : la (vraie) délégation !

Après ma rencontre avec Alec, j'ai eu un déclic, et j'ai alors complètement changé de paradigme !

En quelques mois, je suis complètement sorti de l'opérationnel, grâce au recrutement de plusieurs employés afin de compléter mes effectifs. J'ai aussi délégué au niveau administratif, comptabilité, et même en ce qui concerne la supervision opérationnelle.

Bref, j'ai délégué à tous les niveaux... Je voulais me concentrer sur le réel développement de mon business ! Être là où seul moi peux et dois être.

J'ai donc embauché des collaborateurs clés à des endroits stratégiques. Ce changement de paradigme a totalement changé ma vie ! En engageant des personnes qui travaillent dans leur zone de génie, et qui sont bien meilleures que moi dans leur domaine respectif, je suis devenu un véritable entrepreneur, et non plus l'employé de ma propre entreprise.

J'ai également mis en place des process et systèmes très poussés.

Aujourd'hui, je suis totalement focus sur les tâches qui font réellement avancer mon business. Cette nouvelle approche m'a permis de scaler mes entreprises, de me déployer digitalement, de racheter d'autres sociétés et... d'exploser mon chiffre d'affaires !

Mais le plus important, en fin de compte, c'est que j'ai aujourd'hui une bien meilleure qualité de vie...

44

INTERVENANT : AMIN ACHOUR

ENTREPRENEUR

Vous n'échouez pas à la hauteur de votre croissance business, mais au plafond de votre croissance personnelle.

> *Il n'y a pas de passion à jouer petit, à se contenter d'une vie inférieure à celle que vous êtes capable de vivre.*
>
> — *NELSON MANDELA*

Imaginez qu'à la place de ce livre, vous détenez entre vos mains un ordinateur extrêmement complexe. Un super-ordinateur si complexe qu'il était relié à des centaines d'autres et nécessitait d'être entreposé dans un énorme hangar réfrigéré. Sans manuel d'explications. Sans aucunes instruction. Imaginez que vous deviez découvrir tout seul comment ce super-ordinateur fonctionne. Comment le configurer correctement ? Et comment en tirer le meilleur profit ?

Combien de temps vous faudrait-il à votre avis pour avoir réponse à ses questions ? Combien d'erreurs ou d'incompréhensions devriez-vous faire face ?

Même si vous étiez extrêmement motivé et déterminé, il vous faudrait des mois, voire des années.

Avec les bonnes instructions, les bons conseils, vous auriez été capable de faire fonctionner ce super-ordinateur en moins d'une journée. Et chaque jour, vous auriez été meilleur à l'utiliser, vous auriez été meilleur à en exploiter son plein potentiel, vous auriez pu découvrir, saisir ou même créer de nouvelles opportunités.

La raison principale qui empêche les personnes de ne pas exploiter leur plein potentiel, ainsi que la frustration, autant que l'inconfort, qui en découlent, n'est pas leur bonne volonté. Jouer petit n'est souvent pas un choix délibéré. Il est la résultante déterminée et déterminante de leur manque de connaissances.

Ainsi, s'il est aisé de considérer Nelson Mandela comme un orateur, sa citation cache surtout le joug qui condamne les esprits les plus ambitieux et motivés à devenir acteur de leur propre vie.

Ancré au plus profond de nous, nous possédons tous ce sentiment, dans un ou des domaines particuliers, que nous ne sommes pas aussi bons que d'autres personnes. Nous avons le sentiment que les personnes qui ***font*** mieux que nous ***sont*** mieux que nous. S'ils sont ***meilleurs*** que nous, nous concluons inconsciemment , que nous sommes ***pires*** qu'eux. S'ils valent plus que nous, alors nous valons moins. Ce faux syllogisme est la cause fondamentale du malheur des individus.

Cette image que nous avons de nous-même est nourrie et fabriquée par ce que les psychologues nomment « le concept de soi ». Sigmund Freud, Heinz Kohut, Carl Gustav Jung, pour ne citer qu'eux, ont dévoué leur vie à ce pan de la psychanalyse.

Le concept de soi est défini comme l'accumulation de toutes les croyances que nous avons acquises et intégrées au sujet de nous-même et du monde. Il est l'unité centrale qui contrôle et dirige notre subconscient. En somme, c'est la pièce-maîtresse de votre vie...

Vous voyez donc le Monde à travers un prisme formé par vos croyances et la structure de votre concept de soi. Vous agissez ainsi de manière concordante à vos croyances et vos pensées. Vous êtes qui vous êtes actuellement, où vous situez maintenant, directement à cause de l'exigence que vous avez de vous-même.

Seuls les schizophrènes n'y obéissent pas.

Votre « moi » extérieur est l'expression directe de votre « moi » intérieur, et ça ne peut en être autrement. Une pensée négative, erronée ou limitante, se traduira par un comportement tout aussi limitant, erroné ou négatif.

Dès lors que vous décidez de changer votre concept de soi, vous agissez et pensez différemment, en accord direct avec lui. En changeant délibérément votre concept de soi ce programme maître qui dirige la machine que vous êtes, votre vrai potentiel devient alors illimité.

Toutes vos attitudes, vos comportements, vos avis, vos peurs que vous avez aujourd'hui sont le résultat d'un apprentissage. Et par conséquent, si certains de ces éléments ne servent pas vos objectifs, pourquoi ne seriez-vous pas en mesure de les désapprendre ?

En effet, même si votre concept de soi est constitué de croyances erronées sur vous-même ou sur votre monde, en ce qui vous concerne, ce sont des faits, et vous penserez, sentirez et agirez en conséquence.

Or, il se trouve que vos croyances sur vous-même sont largement subjectives. Souvent, elles ne reposent même pas du tout sur des faits. Elles sont le résultat de l'information que vous avez recueillie tout au long de votre vie et de la façon dont vous avez traité cette information. Vos croyances ont été façonnées et formées par votre petite enfance, vos fréquentations, vos lectures et votre éducation, vos expériences, tant positives que négatives, et un millier d'autres facteurs.

La bonne nouvelle au sujet des croyances est que si toutes les croyances sont apprises, elles peuvent être alors désapprises, surtout si elles ne servent pas votre succès.

Quand vous êtes venu au monde, vous n'aviez aucune croyance du tout sur vous-même, votre religion, votre parti politique, d'autres personnes ou le monde en général. Aujourd'hui, vous « savez » beaucoup de choses.

Or, il y a beaucoup de choses que vous savez sur vous-même qui ne sont tout simplement pas vraies. Et c'est presque toujours dans le domaine des croyances auto-limitatives.

Le point de départ pour libérer davantage votre potentiel est d'identifier vos croyances auto-limitatives et de vous demander :

- « Pourquoi je crois que je ne peux pas ? »

- « Cette croyance est-elle basée sur un fait réel, tangible, vérifié plusieurs fois ? »
- « Et si elles n'étaient pas vraies ? »

Ainsi, vous l'aurez compris, il existe une cause pour chaque effet. En changeant donc la cause initiale, vous modifiez l'effet final.

Comme l'eut dit Nelson Mandela, « sème une pensée, et tu récolteras un acte. Sème un acte, et tu récolteras un comportement. Sème un comportement, et tu récolteras un caractère. Sème un caractère, et tu récolteras une destinée ».

Alors maintenant que vous avez compris le plus important... est-ce que vous aurez le cran d'avoir le courage nécessaire ?

Beaucoup de personnes veulent voir leur vie changer – mais peu sont prêtes à changer leurs choix... Et par conséquent, RIEN ne change.

Si, jusqu'à la lecture de ce livre, vous aviez le sentiment d'avoir passé votre temps à rêver votre vie... au lieu de vivre vos rêves. Il est enfin temps d'y remédier.

Bonne aventure à vous.

VOTRE VIE VOUS APPARTIENT !

J'aimerais, en guise de conclusion, récapituler brièvement les étapes clés que je vous recommande de suivre pour devenir un Nouvel Entrepreneur.

- **Étape n° 1 : Trouver ce que vous allez faire et... comment vous allez le faire !**

Il s'agit d'analyser votre situation personnelle et de prendre conscience des cartes que vous avez en main. Ces cartes, ce sont vos compétences, vos forces naturelles, les capacités qui vous distinguent des autres. Mais surtout, ne cédez pas aux sirènes qui pourraient vous pousser à vous lancer prioritairement uniquement dans un domaine qui vous passionne. Dans le business, la passion est souvent surévaluée...

Aïe, je vous sens faire la grimace !

OK, je précise ma pensée. D'une part, la passion seule ne suffira pas si elle ne rencontre pas un marché. D'autre part, il arrive souvent qu'une passion transformée en business perde soudain son attrait premier. Quand on devient son propre patron, la passion tient plus de l'idéal que d'une réalité pragmatique, et par conséquent elle ne doit pas être le seul critère à prendre en compte. Même s'il vaut bien sûr beaucoup mieux être intéressé par sa thématique...

Faites le point sur vos talents, sur vos goûts, sur votre réseau, sur les recommandations potentielles que vous pourriez obtenir, sur les débouchés concrets que vous pourriez rapidement trouver, sur les opportunités qui s'offrent à vous…

Identifiez aussi le potentiel de ces opportunités. Voici une équation simple : Argent = Compétences × Clients ! Ni plus ni moins.

Idéalement, votre client potentiel devrait avoir suffisamment d'argent pour vous rémunérer correctement. Essayez d'identifier la principale douleur ou le principal problème que vous pourriez résoudre, pour ce type de client précis.

Il est aussi possible que vous hésitiez entre deux opportunités distinctes qui s'offrent à vous. Vous aurez alors à choisir si vous préférez celle qui vous stimule le plus, ou celle qui paraît offrir le plus d'opportunités financières, à court et moyen termes. C'est en fait un choix très personnel, et je vous en laisse juge. Mais une fois votre choix fait, gardez à l'esprit que vous devez absolument être focus sur une seule opportunité afin de la développer au mieux.

Ne faites pas tout en même temps, ne vous dispersez pas !

- **Étape n° 2 : Quel est votre horizon de temps ?**

Voici un élément qui peut vous aider à prendre votre décision et sur lequel, à mon sens, on n'insiste pas assez : définissez votre horizon temporel en termes de retour sur investissement personnel !

Cela signifie que si vous avez besoin de cash rapidement, tenez-en en compte ! Ne vous lancez pas dans ce fameux projet qui vous tient tellement à cœur, le développement d'une nouvelle « appli » miracle, qui certes pourrait potentiellement vous rapporter des millions dans le futur, mais qui d'une part n'offre aucune garantie, et d'autre part ne sera rentable que dans un horizon de temps assez incertain…

Nous avons tous des horizons de temps en termes de retour sur investissement personnel différents. Si vous avez besoin d'argent, choisissez un business à cash-flow rapide, qui vous permettra en quelques mois déjà de gagner de l'argent. Ce sera beaucoup mieux pour votre portefeuille, mais aussi pour votre moral !

Par exemple, lancez-vous dans une activité freelance dans laquelle vous réalisez des prestations pour vos clients. Ce type de business model n'engendre pas de frais fixes importants, et les barrières à l'entrée sont faibles. En revanche, dans ce cas de figure, vous devez garder à l'esprit que vous échangez votre temps et vos compétences contre de l'argent.

Pour être très pragmatique, faites vos comptes et calculez la somme mensuelle que vous devez gagner pour vivre correctement, en fonction de votre train de vie actuel ! Et à partir de quand vous devriez idéalement pouvoir la gagner…

- **Étape n° 3 : Soyez focus et constant**

Vous l'avez bien compris, si vous avez lu ce livre jusqu'ici : créer son propre business dans le Nouveau Monde est un super plan, avec en ligne de mire une véritable liberté financière. Et je suis persuadé que cette liberté est plus précieuse que jamais, dans un monde qui a de plus en plus tendance à nous brimer et à restreindre nos libertés fondamentales !

Mais l'entrepreneuriat n'est en aucun cas un long fleuve tranquille ! Ne faites pas comme trop de gens qui se lancent et abandonnent : soyez concentré sur votre projet et avancez, pas à pas, chaque jour. La constance paie toujours à terme. Au besoin, faites un pas de côté, adaptez-vous, mais ne lâchez rien sur votre idéal, sur votre pourquoi fondamental.

Aujourd'hui, vous pouvez gagner de l'argent en utilisant judicieusement vos seules compétences et une connexion internet. Vous pouvez créer votre entreprise rapidement. Il est tout à fait envisageable, pour la plupart d'entre vous, chers lecteurs, de gagner 1500 à 5000 € par mois en étant à votre propre compte, et ce seulement… six mois après la lecture de ce livre ! J'en suis convaincu. Cela exigera, comme je l'ai largement souligné, de la détermination, de la persévérance et de la résilience. Mais la liberté financière est à la portée de la plupart d'entre nous !

Celles et ceux qui pensent que tout cela est trop beau, que je vends du rêve ou des mirages, bref qui n'y croient pas, sont à mon avis des gens qui voient trop petit et ont de sérieuses barrières mentales. Je leur conseille, plutôt que de perdre leur temps, d'offrir ce guide à quelqu'un d'autre, à qui cela pourrait rendre service…

En réalité, vous avez maintenant en main tout ce dont vous avez besoin pour démarrer votre épopée entrepreneuriale et profiter pleinement des avantages du Nouveau Monde. Utilisez ce livre comme un manuel, chapitre par chapitre, et commencez dès aujourd'hui à mettre en pratique ses enseignements. Planifiez chaque jour des actions concrètes, en commençant depuis le début, et faites les choses tranquillement, sans vous laisser impressionner. Mais avancez : il n'existe pas d'autres recettes miracle !

Mon souhait, ce serait que dans cinq ou dix ans, ou même dans vingt ans, vous considériez le livre que vous tenez entre les mains comme le fidèle compagnon de toute la genèse de votre projet entrepreneurial, le guide qui aura transformé votre vie, ou l'ami qui vous aura aidé à passer un nouveau cap... J'en serais vraiment profondément heureux.

Sachez qu'aujourd'hui, avec internet et les outils à votre disposition, vous n'avez pas besoin de chercher midi à 14 heures : vous pouvez vous aussi devenir un Nouvel Entrepreneur, en suivant des étapes précises sans vous décourager.

Bien sûr, vous aurez aussi besoin de développer certaines qualités fondamentales qui vous aideront énormément dans cette aventure passionnante mais exigeante. Voici celles qui me viennent immédiatement à l'esprit, elles sont à mon sens indispensables et que j'essaie de les cultiver en permanence. Elles m'ont beaucoup aidé dans ma propre aventure entrepreneuriale, et je ne cesse de m'y référer. Je cite donc, sans ordre particulier :

- l'ouverture d'esprit ;
- la capacité de remise en question ;
- l'autodiscipline ;
- l'humilité ;
- la persévérance ;
- l'empathie ;
- la volonté.

Pensez à les travailler, un peu comme on renforce un muscle : elles vous seront très précieuses au cours de votre magnifique voyage vers la liberté.

À votre succès !
Alec Henry

REMERCIEMENTS

Je tiens à remercier chaleureusement tous mes collaborateurs, sans qui rien ne serait possible : ils sont à la fois le guide et le sens de toutes mes actions.

Je remercie mes associés, qui m'ont accompagné, contre vents et marées, tout au long de cette formidable aventure, et qui sont toujours à mes côtés.

Je remercie aussi tous les partenaires qui m'ont permis d'avancer, jour après jour.

Je remercie également chaleureusement ma maison d'édition, jikji, et mes éditeurs, Erwan Simon et Clément Herbez, pour leur appui efficace et sans faille tout au long de ce beau projet.

Je remercie aussi Jean-Pierre Mathys pour ses précieux conseils lors de l'écriture de de livre.

Et je remercie mes proches, en particulier la femme qui partage ma vie, ainsi que mon frère de cœur, avec qui tout a commencé il y a quelques années…

À PROPOS DE L'AUTEUR

Suisse, installé à Dubaï, Alec Henry est un entrepreneur, conférencier, consultant, coach et auteur à succès. Il est aujourd'hui au capital de plusieurs entreprises et le leader d'un écosystème florissant.

Sa mission est de propulser vers le succès les entrepreneurs et les entreprises qui ont le courage de leurs ambitions par le biais du mouvement Entrepreneurs.com dont il est le fondateur.

Il est aussi le créateur du podcast « Le Déclic » dans lequel il invite les plus grands entrepreneurs français à partager leur parcours et identifier les secrets qui ont fait toute la différence.

facebook.com/alechenryoff
instagram.com/alechy
tiktok.com/@alechenry
twitter.com/AlecHenryOff
youtube.com/AlecHenry

POUR ALLER PLUS LOIN

Ce livre vous a permis de passer à l'action et vous souhaitez maintenant passer à l'étape supérieure dans votre business ?

Scannez ce QR code et voyons comment je peux continuer à vous accompagner :

NOTES

1. L'entrepreneuriat est mort, vive l'entrepreneuriat !

1. En Suisse, une régie immobilière est une société chargée de la gérance immobilière et mandatée par des propriétaires d'immeubles pour en assurer l'entretien et la perception des loyers et charges.
2. Scalable : adjectif (anglicisme informatique), signifie échelonnable, extensible, évolutif, distribuable. Scalabilité : se dit d'un système informatique (ou de l'un de ses composants) apte à s'adapter d'un point de vue dimensionnel, tant vers des tailles inférieures que vers des tailles supérieures. La « scalabilité » peut ainsi concerner un flux, un volume, un espace-temps, etc. Source : linternaute.fr

2. La voie qui mène au nouveau monde

1. « Scaler » signifie développer rapidement votre chiffre d'affaires sans être obligé d'augmenter drastiquement les ressources nécessaires en temps et en argent à ce développement.

5. Votre changement commence aujourd'hui

1. Paru aux éditions J'Ai Lu en 2013.
2. Vogler, Christopher, *Le guide du scénariste*, Dixit, 2013.
3. Mastermind : discussion ou rencontre régulière entre plusieurs personnes sur les objectifs, les accomplissements et les difficultés d'un projet ou d'une entreprise. Terme utilisé par les entrepreneurs qui se rencontrent lors d'événements business pour échanger des idées et des contacts.

7. La question à laquelle vous devez absolument obtenir une réponse

1. Sinek, Simon, *Commencer par Pourquoi. Comment les grands leaders nous inspirent à passer à l'action*, Performance, 2015.

8. Votre cerveau est votre allié… ou votre ennemi !

1. Kaizen : contraction de deux termes japonais : *kai* pour « changement », et *zen* pour « meilleur ».

12. Vous n'aurez rien sans rien

1. Cyril Northcote Parkinson (1909-1993) est un historien et essayiste britannique.
2. Paul Fraisse (1911-1996) est un psychologue français qui a travaillé sur la perception du temps.
3. Henri Laborit (1914 -1995) est un médecin chirurgien et neurobiologiste français. Il est également spécialiste du comportement humain et philosophe.
4. Carlson, Sune, *Executive Behaviour : A Study of the Work Load and the Working Methods of Managing Directors*, Strömbergs, 1951.

V. L'offre qui vaut des millions

1. Pécloter : en Suisse, avoir une santé chancelante. (*Larousse)*

22. Promettez moins, offrez plus et communiquez mieux !

1. Hormozi, Alex, *$ 100M Offers: How To Make Offers So Good People Feel Stupid Saying No*, Acquisition.com Publishing, 2021.

28. Les secrets du copywriting

1. Un cliffhanger, littéralement « personne suspendue au rebord de la falaise », est, dans la terminologie anglophone des œuvres de fiction, un type de fin ouverte, laissée en suspens, afin de créer une forte attente. Source : Wikipédia.

42. Comment déléguer aux bonnes personnes

1. Front end : en développement web, cette notion fait référence à l'ensemble des éléments visibles et accessibles directement sur un site web, par opposition au back end qui concerne les éléments invisibles de conception (comme le développement des bases de données, par exemple).

Printed in France by Amazon
Brétigny-sur-Orge, FR

15281569R00176